中国IT产业发展报告

（2020—2021）

李　颖　赵　岩／主编

REPORT ON
THE DEVELOPMENT OF
CHINA'S IT INDUSTRY
IN 2020—2021

電子工業出版社
Publishing House of Electronics Industry
北京·BEIJING

未经许可，不得以任何方式复制或抄袭本书之部分或全部内容。
版权所有，侵权必究。

图书在版编目（CIP）数据

中国 IT 产业发展报告. 2020—2021 / 李颖，赵岩主编. —北京：电子工业出版社，2021.10
ISBN 978-7-121-41942-3

Ⅰ. ①中… Ⅱ. ①李… ②赵… Ⅲ. ①IT 产业－产业发展－研究报告－中国－2020-2021 Ⅳ. ①F492.3

中国版本图书馆 CIP 数据核字（2021）第 182500 号

责任编辑：刘小琳　　特约编辑：韩国兴
印　　刷：北京天宇星印刷厂
装　　订：北京天宇星印刷厂
出版发行：电子工业出版社
　　　　　北京市海淀区万寿路 173 信箱　　邮编 100036
开　　本：787×1 092　1/16　印张：15.25　字数：225 千字　彩插：2
版　　次：2021 年 10 月第 1 版
印　　次：2021 年 10 月第 1 次印刷
定　　价：298.00 元

凡所购买电子工业出版社图书有缺损问题，请向购买书店调换。若书店售缺，请与本社发行部联系，联系及邮购电话：（010）88254888，88258888。

质量投诉请发邮件至 zlts@phei.com.cn，盗版侵权举报请发邮件至 dbqq@phei.com.cn。
本书咨询联系方式：（010）88254538，liuxl@phei.com.cn。

鸣 谢

中国科学院大学

国家工业信息安全发展研究中心

《中国 IT 产业发展报告（2020—2021）》编写组

组　　长：李　颖　赵　岩

副组长：黄　鹏　高晓雨

成　　员：申　畯　胡思洋　殷利梅　孙倩文　褚玉妍
　　　　　王慧娴　马瑞敏　李宏宽　陈倩倩　王宏洁
　　　　　闫　寒　徐　杰　李晓婷　李　端　王丽颖
　　　　　郑　磊　路广通　王丁冉　焦建彬　王大伟
　　　　　轩运动

中国科学院大学

中国科学院大学（以下简称"国科大"）是一所以科教融合为办学模式、研究生教育为办学主体、精英化本科教育为办学特色的创新型大学。

国科大以"科教融合、育人为本、协同创新、服务国家"为办学理念，与中国科学院直属研究机构在管理体制、师资队伍、培养体系、科研工作等方面高度融合，培养了中国第一个理学博士、第一个工学博士、第一个双学位博士，累计为18万多名研究生授予硕士学位或博士学位，毕业生中有137名当选为两院院士。

国科大拥有完备的学科体系，有博士学位授权一级学科点43个，硕士学位授权一级学科点55个，16类专业学位授权点，覆盖哲学、经济学、法学、教育学、文学、理学、工学、农学、医学、管理学、心理学等门类。

在保持自然科学领域优势的同时，国科大不断加强应用学科、新兴交叉学科及人文、社会科学学科的建设。2021年1月12日，在中国科学院、应急管理部、教育部、工业和信息化部等的大力支持下，中国科学院大学应急管理科学与工程学院（以下简称"应急管理学院"）正式揭牌成立。

应急管理学院将紧紧围绕立德树人根本任务，面向应急管理体系和能力现代化建设，发挥科教、产教融合办学优势，以数字化转型为抓手，从高端人才培养、搭建科研平台、建设高端智库等方面加强部院合作，为建设国际一流的应急管理学院而努力奋斗。

应急管理学院自成立以来，坚持体现国科大的高水平、高标准、高起点要求，在学院队伍建设、学生培养体系、招生指标申请、科研能力建设、应急学科构建、品牌活动锻造等方面积极开展工作，取得了一系列重要突破。

我国已经进入了建设社会主义现代化国家的新发展阶段，习近平总书记强调，要加强队伍指挥机制建设，大力培养应急管理人才，加强应急管理学科建设。应急管理学院面临重大的发展机遇和历史责任，要充分发挥中国科学院多学科交叉和集成创新的办学优势，积极探索具有中国特色的新时代应急管理理论体系，率先开展应急管理一级学科建设，建立开放共享的合作机制，打造高端交流合作平台，深入推进国家应急管理体系和能力现代化建设，培养和造就德才兼备的科技创新创业人才，为国家的创新驱动发展服务，为人类的文明进步做出贡献。

国家工业信息安全发展研究中心

国家工业信息安全发展研究中心（工业和信息化部电子第一研究所，以下简称"国家工信安全中心"）是工业和信息化部直属事业单位。

经过60多年的发展与积淀，国家工信安全中心始终坚持以"支撑政府、服务行业"为宗旨，围绕"工业信息安全、产业数字化、软件和知识产权、智库支撑"四大业务版块，形成了以"智库咨询、基础研发、技术服务、生态培育"为支撑的业务体系。业务范围涵盖工业信息安全、两化融合、工业互联网、软件、大数据、人工智能、数字经济、工业经济等领域，服务对象包括国家部委、国家级行业协会、地方政府、央企集团、头部企业、产业园区、高校院所等各类主体。

国家工信安全中心作为工信领域新型高端智库和技术服务机构，坚持以习近平新时代中国特色社会主义思想为指引，紧密围绕制造强国和网络强国建设要求，聚焦主责主业，为各级政府和行业主管部门提供高端智库咨询和决策支撑，为行业和企业提供技术产品、解决方案和公共服务。

国家工信安全中心信息政策所重点围绕制造强国和网络强国建设任务，立足深化供给侧结构性改革和加快建设创新型国家战略需求，致力于推动"工信安全智库"建设，长期以来聚焦网络安全、数字经济、信息技术产业等领域，开展基础性、战略性、先导性智库研究工作，为工业和信息化部、中共中央网络安全和信息化委员会办公室、国家国防科技工业局、国家发展和改革委员会等政府机关以及地方政府、行业企业提供智力支持和咨询服务。

前　言

2020年是极不平凡的一年，新冠肺炎疫情给全球带来严重影响，大国博弈形势日趋复杂多变，我国面临着全面建成小康社会和"十三五"规划的收官任务。面对全球IT需求普遍下滑的复杂形势，我国信息技术产业面临着产业链供应链不稳定性加剧、中小IT企业生存压力增加等多重挑战。"善于在危机中育先机、于变局中开新局"，这是党中央在科学把握我国发展环境深刻复杂变化的基础上对各行各业提出的要求。

新冠肺炎疫情发生以来，远程医疗、在线教育、共享平台、协同办公等得到广泛应用，大数据、人工智能、云计算等技术深化应用不断孕育新产品、新模式、新业态，为疫情防控和复工复产提供了重要保障。在党中央的领导下，产业主体创新奋进，在产业数字化、数字产业化、智慧城市、新基建等新需求的带动下，我国IT产业取得了稳中有进的发展成绩，产业规模保持中高速增长。集成电路、基础软件等关键技术产品研发及应用取得突破，工业软件等重点领域保持快速增长，开源社区等产业生态持续完善，5G、工业互联网等数字基础设施加速建设，以远程化、无人化、柔性化、智慧化为特点的IT新技术、新产品、新业态、新模式不断涌现，我国IT产业在"十三五"收官之年交出了一份合格的答卷。

对世界主要国家和我国重点城市2020年IT产业发展（ITII）指数的监测显示，我国产业实力稳中有升，在全球主要国家的整体排名中稳步上升。2020年，规模以上电子信息制造业实现营业收入同比增长8.3%，增速同比提高3.8个百分点；利润总额同比增长17.2%，增速同比提高14.1个百分点。软件和信息技术服务业规模以上企业累计完成软件业务收入81616亿元，同比增长 13.3%，实现利润总额 10676 亿元，同比增长 7.8%。我国已有 19 个中心城市实现 IT 产业集群化发展，深圳市、北京市、上海市的 ITII 指数位列前三名，第一梯队城市引领作用进一步凸显。

当前，IT 成为全球最活跃的创新领域，世界主要国家正在不断从国家战略角度增加支持力度，强化在人工智能、量子信息、高端芯片、新一代网络通信技术等领域的布局。全球产业链供应链的深度调整与旺盛的数字化需求，为 IT 产业带来了前所未有的发展空间。在产业数字化、数字产业化跨界融合的发展浪潮中，我国 IT 产业发展来到了一个新的十字路口。围绕安全与发展并重的时代主题，我国 IT 产业亟须通过前沿技术创新突破赢得新的发展优势，通过数字赋能万物获得新的发展空间。

2021 年是我国"十四五"建设的开局之年。《中华人民共和国国民经济和社会发展第十四个五年规划和 2035 年远景目标纲要》做出了加快数字化发展，建设数字中国的部署，提出迎接数字时代，激活数据要素潜能，推进网络强国建设，加快建设数字经济、数字社会、数字政府，以数字化转型整体驱动生产方式、生活方式和治理方式变革。发展壮大新一代信息技术、布局新型信息基础设施建设、培育信息消费等将成为新时期我国 IT 产业各界同人需要共同努力的使命。"蓝图已绘就，奋进正当时。"《中国 IT 产业发展报告》将一如既往地描绘、记录中国 IT 产业的创新变革，展现 IT 产业取得的发展成就，记录 IT 产业在建设社会主义现代化国家新征程中的生动实践。

在本报告的编写过程中，我们得到了工业和信息化部、深圳市人民政府和数字中国联合会的大力支持，以及众多业界专家的悉心指导，在此一并表示最真挚的感谢。由于时间、条件和能力有限，本报告中错误和疏漏之处在所难免，恳请读者批评指正。

李颖

中国科学院大学

2021 年 10 月

目 录

**第一章　全球IT产业市场震荡调整，加大产业扶持成
竞争新形势** …………………………………………… 001

一、全球IT市场环境震荡调整，政府干预力度不断增强 … 001

二、我国IT产业保持上升态势，高质量发展稳中有进 …… 017

三、我国IT产业持续夯实实力，创新突破亮点纷呈 ……… 023

四、我国IT产业融合潜能巨大，发展环境持续优化 ……… 027

五、各地加快IT产业发展引导，深北上引领优势显著 …… 030

**第二章　中国IT产业制度环境升级，发展与安全
长期贯穿新体系** ……………………………………… 036

一、国家政策利好IT产业发展，数字经济获高度重视 …… 036

二、数字基础设施成为发展重点，安全问题越发受到关注 … 038

三、区域协同发展战略加速落地，IT产业迎来新空间 …… 040

四、产业投资模式转变加速，市场融资渠道越发有力 …… 046

五、平台经济边界不断扩展，平台治理成为发展新课题 … 048

六、数据安全治理体系不断完善，数据管理要求获重视 … 053

第三章 中国IT产业内生动力强劲，协同与跨界融合塑造新生态 … 060

- 一、电子信息产业开启全链竞争，软/硬协同成关键驱动 … 060
- 二、软件产业深入"生态时代"，开源版图不断扩张 … 071
- 三、工业互联网聚焦行业应用，跨界融合孕育新兴业态 … 098
- 四、网络安全产业发展加快，应用推动升级模式渐显 … 111

第四章 前沿IT加速创新突破，IT体系变革激发新动能 … 126

- 一、主要国家和地区加强IT前沿布局，密集出台顶层规划 … 126
- 二、人工智能研发持续突破，智能应用助力新冠肺炎疫情防控 … 141
- 三、数据要素市场快速发展，数据驱动产业创新加速 … 145
- 四、量子科技取得先发优势，应用市场有望加快壮大 … 148
- 五、新一代网络通信技术布局加快，新兴应用正待破茧而出 … 150
- 六、区块链创新多场景应用，解决方案进入高增长阶段 … 152

第五章 新兴IT产品应用跨界落地，IT数字赋能延展催生新模式 … 163

- 一、线上化应用需求猛增，产业服务边界迎全方位扩延 … 163
- 二、无人化模式前景可期，产业运营效率获跨越性提升 … 169
- 三、柔性化制造落地加速，产业生产模式临近变革奇点 … 174
- 四、智慧化管理日趋成熟，产业赋能社会治理开辟新境 … 179

目录

第六章 中国IT产业迎来变局时刻，新时代需求孕育发展新格局 ……… 185

一、迎变局，我国信息技术产业面临新发展挑战 ………… 185

二、育新机，信息技术领域呈现融合发展新趋势 ………… 190

三、开新局，"十四五"蓝图催生IT产业发展新格局 ……… 200

附录 ……………………………………………………………… 206

附录A　IT产业发展指数（ITII）模型 ………………… 206

附录B　2020年中国IT产业十件大事 …………………… 208

附录C　2020年中国软件和信息服务业主要指标完成情况 … 210

附录D　2020年中国软件和信息技术服务业综合发展指数 … 210

附录E　2020年通信业主要指标完成情况 ……………… 210

附录F　2020年全国电子信息百强企业榜单 …………… 211

附录G　2020年度软件和信息技术服务竞争力前百家企业名单 ……………………………………………… 215

附录H　2020年中国互联网综合实力前百家企业 ……… 218

附录I　2020年国外工业信息安全相关重要政策文件 …… 221

参考资料 ……………………………………………………… 225

图目录

图 1-1　2018—2024 年全球云基础设施市场分布情况预测 ………… 004

图 1-2　2011—2020 年全球互联网用户数量和占世界人口比重 …… 005

图 1-3　2017—2020 年 8 个国家 ITII 指数梯队对比情况 ………… 019

图 1-4　2016—2020 年 ITII 指数中国综合得分情况 ……………… 019

图 1-5　2020 年 8 个国家 IT 产业实力指数排名 …………………… 020

图 1-6　2020 年 8 个国家 IT 产业创新指数排名 …………………… 021

图 1-7　2020 年 8 个国家 IT 产业融合指数排名 …………………… 021

图 1-8　2020 年 8 个国家 IT 产业环境指数排名 …………………… 022

图 1-9　2017—2020 年 ITII 指数中国产业实力指数、产业创新
　　　　指数得分情况 ……………………………………………… 024

图 1-10　2017—2020 年 ITII 指数中国产业融合指数、产业环境
　　　　 指数得分情况 ……………………………………………… 028

图 1-11　2020 年中国 19 个中心城市 ITII 指数得分 ……………… 030

图 1-12　2020 年中国 19 个中心城市 IT 产业实力指数得分 ……… 031

图 1-13　2020 年中国 19 个中心城市 IT 产业创新指数得分 ……… 032

图 1-14　2020 年中国 19 个中心城市 IT 产业融合指数得分 ……… 033

图 1-15　2020 年中国 19 个中心城市 IT 产业环境指数得分 ……… 034

图 3-1　集成电路各工艺节点研发费用情况 ………………………… 061

图 3-2　2015—2020 年中国大陆地区集成电路产业先进封装
　　　　产能全球占比 ……………………………………………… 064

图 3-3 我国集成电路产业净进口量与国内所需供给能力总量比值变化 ································ 066

图 3-4 我国集成电路市场规模与产值规模 ································ 067

图 3-5 2019 年营业收入前 10 名的软件产业基地 ································ 093

图 3-6 2019 年上市企业数量前 10 的基地 ································ 097

图 3-7 2020 年工业互联网行业非上市融资轮次分布 ································ 108

图 3-8 细分领域融资事件所占比例 ································ 118

图 3-9 2020 年网络安全各季度投融资轮次分布 ································ 120

图 3-10 2020 年网络安全投融资轮次各季度分布情况 ································ 120

图 3-11 2018—2020 年网络安全上市企业市值变化情况 ································ 122

图 3-12 2018—2020 年样本企业市值变化情况 ································ 123

图 3-13 2020 年网络安全投融资区域分布情况 ································ 125

图 4-1 2020—2025—2030 年量子技术市场规模预测 ································ 150

图 4-2 量子密码市场规模及增长率 ································ 150

图 5-1 2016 年 12 月至 2020 年 12 月我国网络直播用户及占比 ································ 168

图 5-2 2020 年 4 月我国受访网民观看带货直播的比例 ································ 168

图 5-3 2017—2020 年我国无人零售商店市场交易额及增长率 ································ 172

图 5-4 2019—2023 年我国政府和大型企业上云率预测 ································ 175

图 5-5 2019—2024 年我国工业云解决方案市场规模及预测 ································ 177

图 5-6 2020 年我国共享经济发展情况分析 ································ 179

图 5-7 我国 EGDI 指数排名及数值变化情况 ································ 180

图 5-8 我国与世界主要国家 EGDI 指数变化情况 ································ 181

表目录

表 1-1	全球 IT 支出预测	002
表 1-2	中国 IT 支出预测	002
表 1-3	2020 年世界人口统计及互联网使用情况	005
表 1-4	《2030 数字指南针：数字十年的欧洲之路》主要内容	008
表 1-5	2020 年以来我国 IT 产业遭遇的主要外部不公平贸易对待	010
表 1-6	2020 年 8 个国家 ITII 指数排名及得分情况	018
表 2-1	"十四五"时期数字经济重点产业领域	037
表 3-1	2020 年全球主要国家/地区半导体市场份额	062
表 3-2	2020 年全球专属晶圆代工十强榜单	063
表 3-3	中国大陆地区封测厂商技术水平分布	065
表 3-4	2020 年以来中国大陆地区主要地方性集成电路产业投资基金	069
表 3-5	2020 年 BrandZ 最具价值全球品牌中国上榜企业	076
表 3-6	主要地区信息技术应用创新产业发展的指导政策	077
表 3-7	主要国产操作系统兼容适配情况	080
表 3-8	国内外工业软件厂商收入与市值对比	082
表 3-9	工业软件产业链供应链企业图谱	084
表 3-10	"十三五"时期软件产业基地主要经济指标	094
表 3-11	2019 年各省软件产业基地现有用地面积	094
表 3-12	2019 年各省软件产业基地现有用地面积	095
表 3-13	2019 年各省软件产业基地营业收入情况	096

表 3-14	2019 年各省软件产业基地科研投入保障情况	097
表 3-15	2019 年科技活动经费支出前 10 的基地及占比	098
表 3-16	工业互联网阶段性发展目标要求	099
表 3-17	2020 年各政府部门促进工业互联网发展相关政策	102
表 3-18	工业互联网十五大"双跨"平台	104
表 3-19	2020 年工业互联网领域科创板上市情况	108
表 3-20	2019—2020 年发布的网络安全相关政策法规	111
表 3-21	2020 年网络安全行业融资超亿元事件	116
表 3-22	2020 年获多轮融资的网络安全企业基本情况	119
表 4-1	《关键与新兴技术国家战略》两大战略支柱主要措施与技术清单	127
表 4-2	《塑造欧洲数字未来》关键行动	130
表 4-3	《欧洲数据战略》核心框架及主要措施	131
表 4-4	《欧洲新工业战略》三大愿景与三大策略	133
表 4-5	2020 年欧盟新工业战略升级计划的主要内容	136
表 4-6	后 5G 信息通信系统相关计划的研究内容和资助金额	137
表 4-7	日本《统合创新战略 2020》的具体措施和内容	138
表 4-8	2020 年全国各省级行政区政府工作报告中区块链政策汇总	153
表 4-9	疫情防控期间部分区块链应用	160
表 5-1	疫情防控期间各地推动在线教育平台普及情况	164
表 5-2	疫情防控期间各大在线教育平台推广举措汇总	165
表 5-3	无人配送领域政策	170
表 5-4	无人工厂领域应用案例	174

第一章　全球 IT 产业市场震荡调整，加大产业扶持成竞争新形势

2020 年，全球 IT 产业仍保持增长态势，在智能化的趋势下，5G、人工智能、云计算、大数据等技术应用不断推动产业数字化、数字产业化发展。随着全球经济动荡及地缘政治摩擦的增加，IT 产业链面临着国际保护主义抬头的局势，欧美国家不断推出扶持政策，对 IT 产业链自主水平的重视逐步提高；我国 IT 产业龙头企业全球化发展的不确定性壁垒增加，产业供应链的稳定性风险提升。面对发展环境的剧烈变化，我国 IT 产业加强国际国内双循环发展布局，高质量发展态势稳中有进，品牌价值不断提升，在 5G、车联网、大数据、人工智能等领域创新突破亮点纷呈。同时，IT 产业作为数字基建的核心，各地加码布局，北京、上海、广东、深圳等地保持国内产业发展引领，在新时期不断完善政策手段，推动 IT 产业高质量发展。

一、全球 IT 市场环境震荡调整，政府干预力度不断增强

（一）全球 IT 产业喜忧交织，产业基础设施建设不断加速

新一代信息技术持续孕育万亿级新兴市场空间。2020 年受新冠肺炎疫情影响，全球经济震荡下行。IT 市场虽然受到冲击，但是产业数字化、数字产业化的发展趋势并未扭转。据高德纳咨询公司（Gartner）测算，2020 年全球 IT 支出下降 3.2%，其中 IT 设备支出下降 8.2%。2021 年全球 IT 支出预计将达到 3.9 万亿美元，比 2020 年增长 6.2%。在疫情防控中激发的远

程化需求成为推动 IT 市场增长的重要动力,预计随着远程工作环境的扩大,企业软件将出现 8.8% 的反弹(见表 1-1)。

表 1-1　全球 IT 支出预测　　　　　　　　单位:百万美元

细分市场	2020 年		2021 年		2022 年	
	支出	增长	支出	增长	支出	增长
数据中心	214985	0.0	228360	6.2%	236043	3.4%
企业软件	465023	-2.4%	505724	8.8%	557406	10.2%
IT 设备	653172	-8.2%	705423	8.0%	714762	1.3%
IT 服务	1011795	-2.7%	1072581	6.0%	1140057	6.3%
通信服务	1349891	-1.7%	1410745	4.5%	1456637	3.3%
总计	3694866	-3.2%	3922833	6.2%	4104905	4.6%

资料来源:Gartner,2021 年 1 月。

由于我国及时控制住疫情蔓延,稳步推进复工复产,率先实现经济增长由负转正,成为 2020 年全球唯一实现经济正增长的主要经济体。在全球 IT 支出震荡的态势下,我国的 IT 支出情况要好于全球。据 Gartner 测算,2020 年中国 IT 支出达到约 2.86 万亿元,比 2019 年增长 2.3%。2021 年,中国 IT 支出预计将达到约 3.09 万亿元,比 2020 年增长 7.7%(见表 1-2)。

表 1-2　中国 IT 支出预测　　　　　　　　单位:百万元人民币

细分市场	2020 年		2021 年		2022 年	
	支出	增长	支出	增长	支出	增长
数据中心	279510	13.0%	293126	4.9%	308842	5.4%
IT 设备	936886	-3.2%	1023572	9.3%	1053437	2.9%
IT 服务	338698	9.0%	378989	11.9%	426762	12.6%
通信服务	1201769	2.5%	1271841	5.8%	1332405	4.8%
总　计	2866737	2.3%	3087187	7.7%	3257141	5.5%

资料来源:Gartner,2021 年 1 月。

全球 5G 建设逐步提速,万物互联蓄势待发。在全球 IT 市场波动的形势下,5G 建设成为 IT 产业的发展亮点。在终端连接数量与 5G 手机出货量方面,2020 年全年我国新开通 5G 基站超过 60 万个,5G 终端连接数超

第一章 全球 IT 产业市场震荡调整，加大产业扶持成竞争新形势

过 2 亿，占全球总数的 87%。据国际数据公司（IDC）测算，2020 年全球 5G 手机出货量约为 2.4 亿台，其中，中国市场的贡献超过 1.6 亿台，约占 67.7%，且在未来 5 年内中国也将持续占据全球约一半的市场份额。根据全球移动通信系统协会（GSMA）的统计数据，预计到 2025 年年底，将有 410 家运营商在 123 个国家和地区商用 5G 网络。随着 5G 网络建设的逐步完善，万物互联的万亿级市场正蓄势待发。2020 年 12 月，据世界物联网大会披露，2021 年车联网市场将恢复增长，到 2024 年全球智能网联汽车出货量将达到约 7620 万辆，2020—2024 年的年均复合增长率（CAGR）为 14.5%。到 2024 年，全球出货的新车中超过 71% 将搭载智能网联系统。

云服务迎来逆势增长，云基础设施发展潜力无限。新冠肺炎疫情的全球蔓延使各行业的远程办公与运营需求被激活，基于云计算的业务服务需求大幅增长，全球云服务获得显著发展。Gartner 和 IDC 相关预测数据显示，2020 年云 IT 基础设施支出超过非云支出，达 695 亿美元，占 IT 基础设施支出总额的 54.2%，公有云服务等细分市场支出大幅增长 19%。未来 5 年，云 IT 基础设施将以 9.6% 的年复合增长率增长，到 2024 年达到 1056 亿美元，占 IT 基础设施支出总额达 62.8%，其中公有云占整个云 IT 基础设施市场的 67.4%，年复合增长率为 9.5%（见图 1-1）。

新冠肺炎疫情激发云端协同与智能化需求，IT 产业迎来新发展机遇。一方面，新冠肺炎疫情使各行业以云端协同为核心的办公与运营模式得到激活，并成为各行业主流办公与运营模式的重要补充，为整个信息技术产业带来新的增长需求。协同办公、远程控制等依托先进信息技术实现的云端工作和运营模式在各行业的需求呈暴发式增长，在一定程度上提升了各行业未来办公和运营模式的信息化水平，刺激了包括集成电路、通信设备、计算机、智能终端、服务器等电子信息制造细分行业的发展。自动化程度高、数字化水平高的企业通过开展远程协同办公、资源网络化调度、设备

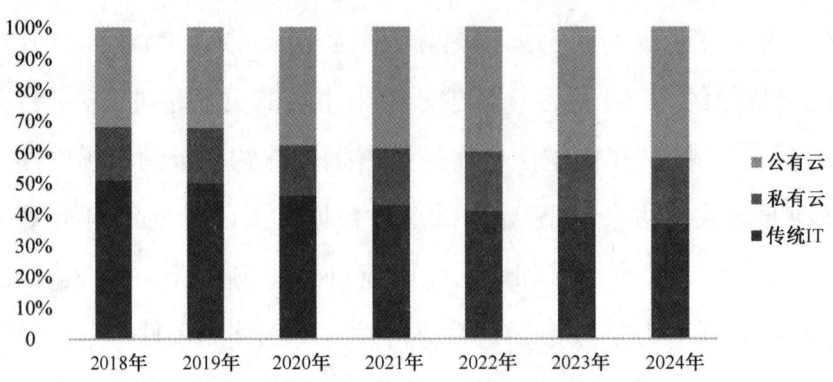

图 1-1　2018—2024 年全球云基础设施市场分布情况预测

资料来源：IDC 2020。

远程智能化运维和控制等方式，在新冠肺炎疫情中较早实现了复工复产，产能所受到的影响也相对较小，如三一重工股份有限公司（以下简称"三一重工"）基于根云工业互联网平台进行制造资源的优化配置及制造能力的智能恢复，对紧急生产需求做出快速响应，为新冠肺炎疫情时期的定制化生产和持续供应提供保障。同时，企业在新冠肺炎疫情防控中直观感受到数字化、智能化、云端协同等带来的突出效率优势，进一步刺激了制造企业业务上云、设备上云、数据上云等需求，推动了我国企业向智能化加速升级。经济合作与发展组织（OECD）发布的《2020 年数字经济展望》指出，新冠肺炎疫情加速了数字化转型，其成员国正在加强数字化转型的战略方针。中国规模以上工业企业生产设备数字化率、关键工序数控化率分别达到 49.4% 和 51.7%。

互联网用户规模持续扩张，移动互联网上网人数保持高速增长。互联网世界统计（IWS）数据显示，2011—2020 年全球互联网用户数量不断增长，占世界总人口的比例逐年上涨，其中亚洲地区互联网人口最多，占比达到 51.04%，总数达到 23.66 亿人（截至 2020 年 5 月），但渗透率尚低于全球平均水平，仅为 55.10%，仍具有较大发展空间（见表 1-3 和图 1-2）。

第一章 全球 IT 产业市场震荡调整，加大产业扶持成竞争新形势

表 1-3 2020 年世界人口统计及互联网使用情况 单位：亿人

世界地区	人口（2020 年估计）	互联网用户（2020 年 5 月）	渗透率	2000—2020 年增长	互联网用户数量占全球互联网用户比重
非洲	13.40	5.27	39.33%	11567%	11.37%
亚洲	42.94	23.66	55.10%	1970%	51.04%
欧洲	8.35	7.28	87.19%	592%	15.70%
拉丁美洲/加勒比海	6.58	4.54	69.00%	2411%	9.79%
中东	2.61	1.83	70.11%	5477%	3.95%
北美	3.69	3.49	94.58%	223%	7.53%
大洋洲/澳大利亚	0.43	0.29	67.44%	279%	0.62%
全球总计	78.00	46.36	59.44%	1187%	100%

资料来源：IWS、前瞻产业研究院。

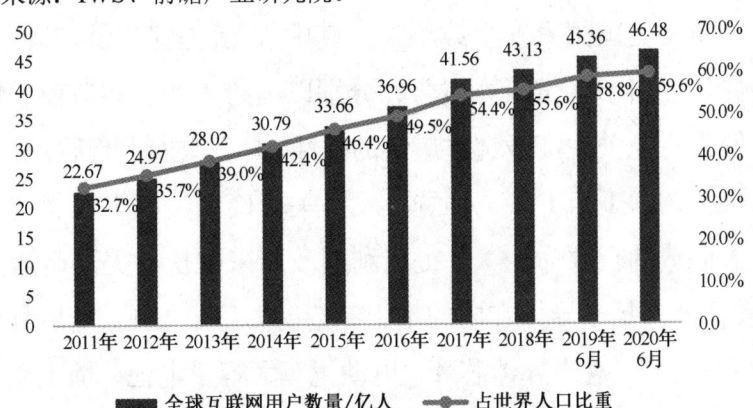

图 1-2 2011—2020 年全球互联网用户数量和占世界人口比重

资料来源：IWS、前瞻产业研究院。

中国作为亚洲的主要大国，互联网发展在区域内保持领先。《中国互联网络发展状况统计报告》显示，2020 年中国互联网上网人数为 9.89 亿人，其中手机上网人数达 9.86 亿人，网民使用手机上网的比例达 99.7%。2020 年全年移动互联网用户接入流量为 1656 亿吉比，比上年增长 35.7%。值得一提的是，我国网络视频（含短视频）用户规模达 9.27 亿人，较 2020 年 3 月增长了 7633 万人，占网民整体的 93.7%；其中，短视频用户规模达

8.73亿人，占网民整体的88.3%。另外，我国农村网民规模达3.09亿人，占网民整体的31.3%，较2020年3月增长了5471万人。

（二）全球IT产业链深度调整，加强供应链安全成常态化趋势

美国将供应链上升为国家战略，加强安全风险评估和预警。美国一直以来重视对产业供应链风险的识别和管控，将其作为保障国家经济安全、国土安全的重要组成部分。自2012年以来，为加强对供应链安全的管理和控制，提升美国在全球供应链领域的安全水平和控制力，美国将供应链安全提高到国家战略的高度，推出了《全球供应链安全国家战略》，此后供应链安全的战略地位不断提升，举措不断加强。

一是提高制造业、国防工业以及半导体领域的供应链弹性。2017年，美国政府公布《美国国家安全战略》，其中7次提到"供应链"。随后，美国政府先后推出了多份研究报告，分别以国防工业、制造业、信息通信技术产业等为对象关注产业链供应链的弹性。拜登政府上台后，供应链安全被进一步加强，2021年1月，拜登签发《关于确保美国本土制造未来由所有美国工人创造的行政命令》，提出利用政府采购扶持美国制造业产业发展，确保美国的包括半导体在内的本土制造能力稳定发展。随后拜登政府于2月签署行政命令，对半导体芯片、电动汽车大容量电池、稀土矿产品和药品领域开展调查，要求对美国上述领域的供应链安全进行全面、深入的评估，聚焦在减少对单一来源的依赖。2021年4月12日，拜登在美国白宫举行由半导体、汽车、IT企业管理层出席的"全球视频半导体对策会议"，明确表示美国将以当前全球半导体供需不足的情况为契机，从根本上改变此前依靠韩国等国的半导体生产结构，构建以美国为中心的全新的供应网。

二是加强供应链安全立法。目前美国在《联邦采购供应链安全法》的修订版中设立了联邦采购安全委员会（FASC），负责对关键信息与通信技术的识别与风险应对。2018年，美国政府推出《出口管制改革法案》（ECRA），重点对关键技术产品强化出口管制。2019年，特朗普政府推动

通过《外国投资风险评估现代化法案》，进一步加强了对外资的监管，特别是强化了对本土产业供应链的风险控制和安全审查。

三是美国政府将中美供应链竞争作为长期对外产业战略。2020年3月，受美国政府支持的美国网络空间日光浴委员会（CSC）发布报告，从关键技术审查、建立IT产业供应链信任体系、强化外国投资委员会职能和手段、限制竞争对手国家投资美国公司等方面提出了美国加强供应链管理的发展思路。2020年4月，特朗普签署行政命令，要求建立"外国参与美国电信服务评估委员会"，取代"电信小组"（Team Telecom），强化审查意图进入美国市场的外国电信公司，直指在美国运营的中国电信公司。为配合打压，美国参议院于2020年6月9日发布《美国网络面临威胁：监督中国政府代理人》的调查报告，渲染中国电信公司的威胁，呼吁美国联邦通信委员会对中国电信公司进行全面审查，并"建立撤销外国电信公司在美国运营许可的标准和程序"。随后，CSC发布《建立可信ICT供应链白皮书》，提出建立可信ICT供应链的五大可行策略和五大关键建议。2021年1月16日，CSC发布第五份白皮书《对拜登政府的网络安全建议》，这份白皮书旨在为即将上任的拜登政府提供网络空间安全方面的指导，建议明确要求将中国企业封杀在关键IT和通信设备供应链之外。据国家工业信息安全发展研究中心统计，自中美贸易摩擦以来，美国政府对中国实体制裁名单超过了300家，覆盖了我国主要高新技术企业和重点科研机构。

欧盟强化供应链安全评估，加强产业链安全建设。全球产业链供应链稳定的不确定性增加，欧盟重新审视高度依赖国外制造的问题，一改市场自由化和政府不干预的立场，转而运用更加积极的产业政策，意在构建新的战略体系，谋求在尖端技术和高端制造领域成为"世界领导者"，寻求占据经济发展的"制高点"。

一是强化供应链的网络安全评估。在全球保护主义抬头的形势下，2019年10月，欧盟委员发布了《5G网络安全风险评估报告》，对5G网络技术中软件、硬件安全等信息安全风险进行分析。随后欧盟出台《5G网络安全工具箱》，基于对供应商的风险评估而对所谓的"高风险"供应商采取限制措施，呼吁推动欧盟层面的标准化进程，协调安全认证机制，为欧盟5G产业链的安全建设铺路。

二是重视产业链供应链竞争能力分析。每年欧盟委员会均会发布《年度欧盟工业研发投资排名》，对全球46个国家和地区的2500家主要企业的年度研发投入进行调查，以分析欧盟产业的全球竞争力，半导体领域是其中重要的方向。欧盟ICT和卫生领域企业的研发投入增长幅度落后于美国和中国企业。2020年，华为技术有限公司（以下简称"华为"）排名第三，与2019年相比，排名跃升了两位。三是发布市场培育与能力建设路线图。为加快数字化转型，2021年3月9日，欧盟委员会发布《2030数字指南针：数字十年的欧洲之路》，从数字基建、数字人才、数字经济、数字政府、国际数字合作等方面规划了欧洲数字化转型的远景目标和途径，并承诺在10年内投入1500多亿美元以发展下一代数字产业（见表1-4）。

表1-4 《2030数字指南针：数字十年的欧洲之路》主要内容

重点方向	主要目标
以数字技术为基础的数字基建实现重大突破	瞄准网络、半导体、边缘节点、量子计算，提出2025年拥有第一台量子计算机；到2030年，所有欧盟家庭实现千兆网连接，所有人口密集地区覆盖5G；欧洲尖端和可持续半导体产值占全世界的20%；部署1万个气候中性且高度安全的边缘节点
数字技术人才大量涌现	到2030年，至少80%的成年人拥有基本的数字技能，2000万人成为信息通信技术专家，有更多的女性从事此类工作
数字经济繁荣发展	到2030年，75%的公司使用云计算服务、大数据和人工智能；90%以上的中小企业至少达到数字强度的基础水平；欧盟独角兽企业数量翻一番
数字政府建设取得重要成绩	到2030年，所有关键公共服务实现在线提供；所有公民可查阅电子病历；80%的公民可以使用数字ID解决方案
加强国际合作	欧盟将促进迅速启动成员国内部项目，努力通过国际组织和强有力的国际数字伙伴关系促进形成以人为本的数字议程。此外，欧盟强调通过创立数字连接基金等投资措施加强与外部伙伴的合作

资料来源：欧盟官网，国家工业信息安全发展研究中心整理。

第一章　全球 IT 产业市场震荡调整，加大产业扶持成竞争新形势

韩国出台半导体发展国家战略，加强巩固市场主导地位。为占据在全球芯片产业的领导地位，2021 年 5 月，韩国宣布在未来十年内斥资约 4500 亿美元建立全球最大的芯片制造基地，与中国和美国在全球范围内争夺芯片主导地位。韩国政府计划为新芯片技术研发项目的投资提供 40%~50%的税收抵免，为新工厂的支出提供 10%~20%的税收抵免，同时在板桥、基兴、华城、平泽和温阳，以及连接利川、龙仁和清州的中部地区，打造 K—半导体产业带，覆盖材料、设计、制造、组装等半导体产业各个领域。

（三）外部供需管制持续升级，我国 IT 产业供应链稳定但面临挑战

从供给侧看，美国联合其盟友对我国信息技术相关产业和龙头企业实施打压，对华技术出口管制正在不断升级。近年来，美国商务部、国防部多次通过实体清单加大对整个中国信息技术产业的出口限制，同时美欧等西方国家也对瓦森纳协议进行修改，进一步将光刻软件、大硅片制造等领域的技术纳入管制体系。从需求侧看，部分国家不断扩大和升级对我国相关信息技术产品的不公平性市场准入限制。2020 年以来，美国、英国、印度等国出于政治目的，针对我国通信、软件等产品多次设置市场准入壁垒，对我国产业链造成了冲击（见表 1-5）。在此背景下，我国信息技术相关产业受到较大冲击，除了难以获得市场、技术、人才等发展资源外，海外融资难度也进一步增大，美国政府多次施压美国联邦退休储蓄投资委员会（FRTIB），迫使其停止投资中国相关的股票。美国监管机构频繁施压制造不利环境，引发了做空中国公司股票的氛围。

表 1-5 2020 年以来我国 IT 产业遭遇的主要外部不公平贸易对待

供给侧			需求侧		
时间	实施主体	主要内容	时间	实施主体	主要内容
2020 年 1 月	美国商务部	修改《出口管理条例》，对中国取消民口产品豁免、强化军口产品管制、扩大美国政府对外国企业向中国出口美国产品的管制	2020 年 4 月	美国司法部、国土安全局、国防部、商务部、联邦通信委员会（FCC）	宣称与中国电信集团有限公司（以下简称"中国电信"）合作存在风险，建议 FCC 撤销和终止中国电信在美国的业务许可，FCC 要求 3 家中国电信运营商给予说明
			2020 年 6 月	美国参议院	称未能对 3 家中国电信运营商进行足够监管，敦促 FCC 决定吊销其运营牌照
2020 年 4 月	"瓦森纳安排"①	修改瓦森纳协议，将光刻软件、大硅片制造技术纳入管制	2020 年 6 月	印度电子信息技术部	禁止 59 款中国 App 在印度使用
2020 年 5 月	美国商务部	修改外国直接产品规则，限制使用美国设备为华为制造芯片	2020 年 7 月	FCC	FCC 正式将华为和中兴通讯股份有限公司（以下简称"中兴"）列为国家安全威胁，禁止政府资金采购
2020 年 5 月	美国商务部	以新疆人权问题为由，将云从科技集团股份有限公司（以下简称"云从科技"）、烽火通信科技股份有限公司（以下简称"烽火科技"）等 9 家中国机构列入"实体清单"	2020 年 7 月	美联邦采购检委会	禁止美国政府从任何使用包括华为、杭州海康威视数字技术股份有限公司（以下简称"海康威视"）等 5 家中国企业产品的公司采购商品或服务
2020 年 5 月	美国商务部	以从事与美国国家安全或外交政策利益背道而驰的活动为由，将达闼科技（北京）有限公司（以下简称"达闼科技"）、哈尔滨工业大学、哈尔滨工程大学等 24 家中国实体机构列入"实体清单"	2020 年 7 月	美国国防部、总务管理局、航空航天局	2020 年 8 月 13 日开始实施《约翰·麦凯恩国防授权法》，禁止执行机构进入、扩展或续签与使用华为等 5 家中国企业的设备、系统或服务的实体签订合同

① "瓦森纳安排"全称为"关于常规武器和两用物品及技术出口控制的瓦森纳安排"，是世界主要工业设备和武器制造国在"巴黎统筹委员会"解散后成立的一个旨在控制常规武器和高新技术贸易的国际性组织，"瓦森纳安排"于 1996 年在荷兰瓦森纳签署，包括澳大利亚、加拿大、法国、德国、日本、荷兰、英国、美国等"巴黎统筹委员会"成员国在内的 33 个国家，之后墨西哥、南非、印度、克罗地亚、爱沙尼亚、拉脱维亚、立陶宛、马耳他、斯洛文尼亚等国家陆续加入。

第一章 全球 IT 产业市场震荡调整，加大产业扶持成竞争新形势

续表

供给侧			需求侧		
时间	实施主体	主要内容	时间	实施主体	主要内容
2020 年 6 月	美国国防部	将浪潮集团有限公司（以下简称"浪潮"）、华为等 20 家中国信息技术企业认定为"中国军方拥有、控制或有联系的企业"	2020 年 7 月	法国网络安全局	敦促运营商尽量不使用华为 5G 设备
			2020 年 7 月	印度电子信息技术部	禁止 47 款中国 App 在印度使用
2020 年 7 月	美国商务部	以新疆人权问题为由，将合肥宝龙达信息技术有限公司、南昌欧菲光科技有限公司等 11 家中国企业纳入"实体清单"	2020 年 7 月	美国国务院	2020 年 4 月，推出 5G Clean Path 计划，所有与美国外交机构相关的网络信息往来，都要经过可信赖的 5G 电信设备，并点名不可信赖供应商就是华为与中兴。2020 年 7 月进一步公布"5G Clean Networks"列表，包含 24 家企业，将中国大陆企业排除在外①
2020 年 8 月	美国商务部	以帮助中国军方在南海修建人工岛为由，将中国交通建设有限公司（以下简称"中交集团"）、中国电子科技集团有限公司（以下简称"中国电科"）、中国船舶集团有限公司（以下简称"中国船舶"）等 24 家中国企业纳入"实体清单"	2020 年 7 月	美国国际开发金融公司、美国进出口银行等	政府机构将提供援助，帮助发展中国家替换华为的设备
			2020 年 7 月	英国政府	宣布 2020 年 12 月起停止购买新的华为设备。此外，5G 网络中目前所使用的华为设备在 2027 年前拆除
2020 年 8 月	美国商务部	将华为 38 家下属公司列入"实体清单"；使用美国技术或软件作为基础的外国产品禁止供应华为；处于"实体清单"上的华为相关子公司，禁止扮演采购者、中间收货人、最终收货人的角色	2020 年 8 月	美国特朗普政府、美国外资投资委员会（CFIUS）	特朗普表示，除非达成出售在美业务的协议，否则 TikTok 将在 9 月 15 日之前被强制关闭其在美业务。2020 年 8 月 6 日，特朗普签署行政令，将在 45 天后禁止任何美国个人或实体与 TikTok 及其中国母公司北京字节跳动科技有限公司（以下简称"字节跳动"）进行任何交易。2020 年 8 月 14 日，特朗普要求字节跳动在 90 天内剥离 TikTok 在美运营的所有权益

① "5G Clean Networks"由多个国家与企业共同建立。目前，包括英国、捷克、波兰、瑞典、爱沙尼亚、罗马尼亚、丹麦和拉脱维亚 8 个国家已选择只允许可信的供应商参与 5G 网络建设。

续表

供给侧			需求侧		
时间	实施主体	主要内容	时间	实施主体	主要内容
2020年8月	美国商务部	拟对半导体设备及相关软件工具、激光器、传感器等技术的出口进行新的限制	2020年8月	美国政府	宣布建立"清洁网络"（clean network），并点名华为、中国移动通信集团有限公司（以下简称"中国移动"）、阿里集团（以下简称"阿里"）等7家中国科技公司，以禁止更多来自中国的信息技术企业进入美国市场
2020年8月	美国国防部	将中国交通建设公司、中国运载火箭技术研究院等11家中国企业认定为"中国军方拥有、控制或有联系的企业"	2020年8月	法国政府	法国不会把任何一家公司排除在该国的5G建设项目之外，中国公司华为也不例外，但出于所谓的"信息安全"考量，更倾向于使用欧洲的供应商
2020年10月	美国商务部	2020年10月5日，美国商务部工业与安全局（BIS）发布了最终规则，对《关于常规武器和两用货物及技术出口管制的瓦森纳安排》2019年12月全体会议上达成的六项"新兴技术"实施新的多边管制。2020年10月15日，将六项技术添加到《出口管理条例》的出口管制清单（CCL）中，使受到出口管制的新兴技术总数达37项	2020年9月	美国财政部	2020年9月3日，美国宣布对11家外国公司及3名个人实施制裁，指控其违反美对伊制裁，帮助伊朗出口石油相关产品，其中涉及6家中国公司（5家为在中国香港注册的公司，1家为内地公司）以及2名中国个人
2020年10月	美国商务部	将中芯国际集成电路制造有限公司（以下简称"中芯国际"）列为出口管制企业，向中芯国际的部分供货商发出信函，对于向中芯国际出口的部分美国设备、配件等，须提前申请出口许可证	2020年9月	美国国务院	2020年9月3日，美国国务院对参与伊朗石油与石化行业相关交易的5家来自伊朗、阿联酋以及中国的公司及3名个人实施制裁

第一章 全球 IT 产业市场震荡调整，加大产业扶持成竞争新形势

续表

供给侧			需求侧		
时间	实施主体	主要内容	时间	实施主体	主要内容
2020 年 11 月	美国政府	2021 年 1 月 11 日起，禁止对 2020 年 6 月和 8 月共认定的 31 家"中国军方拥有、控制或有联系的企业"进行投资、股票证券等交易，并应剥离已投资的项目	2020 年 9 月	印度电子和信息技术部	禁用 118 款中国应用程序在印度使用
			2020 年 10 月	瑞典邮政、电信管理局（PTS）	禁止参加其举行 5G 频谱拍卖的企业使用中国科技公司华为和中兴的设备，要求相关电信企业在 2025 年 1 月 1 日前拆除现有网络基础设施中华为和中兴的设备
2020 年 11 月	美国财政部	以中国电子进出口有限公司支持"非法"的马杜罗政权，破坏委内瑞拉民主为由，对其进行制裁	2020 年 10 月	意大利政府	意大利政府动用特别审查权，阻止意大利电信集团 Fastweb 与华为签订协议，为其 5G 核心网络提供设备
2020 年 12 月	美国国防部	将中芯国际、中国建设科技集团、中国国际工程咨询公司和中国海洋石油集团有限公司（以下简称"中海油"）认定为"中国军方拥有、控制或有联系的企业"，至此，清单已列入 35 家中国企业。美国国防部还宣称在"适当情况下"会继续更新这份"黑名单"	2020 年 11 月	英国议会	提议《通信（安全）法案》草案，将英国政府 7 月对华为的制裁上升至法律层面。如果运营商使用华为的设备，每天罚款将高达营业额的 10%或 10 万英镑
			2020 年 11 月	印度电子和信息技术部	宣布禁用全球速卖通、钉钉等 43 款有中国背景的手机应用程序
2020 年 12 月	富时罗素、标普道琼斯、纳斯达克	富时罗素指数声明将移除海康威视、中国铁建股份有限公司（以下简称"中国铁建"）和中国航天卫星等 8 家中国公司的股票。标普道琼斯指数表示将在 2020 年 12 月 21 日开盘前，从所有股指中删除包括海康威视、中芯国际在内的 10 家中国企业的 A 股、H 股和 ADR（美国	2020 年 11 月	英国政府	自 2021 年 9 月起，英国通信公司禁止安装新的华为的 5G 设备。中兴也属于高风险供应商，不应在英国网络中使用
			2020 年 12 月	美国能源部	2020 年 12 月 17 日，签署命令，禁止向美国关键国防设施（CDF）供电的电力公司从中国进口特定的电力系统产品，声称此举旨在保护美国安全免受网络等形式的攻击

续表

供给侧			需求侧		
时间	实施主体	主要内容	时间	实施主体	主要内容
2020年12月	富时罗素、标普道琼斯、纳斯达克	存托凭证),将在2021年1月1日之前从其固定收益指数中删除11家中国企业发行的证券。纳斯达克声明,应美国政府相关指令,从其指数中移除中芯国际、中交集团、中国铁建、中国中车股份有限公司(以下简称"中国中车")4家中国企业	2020年12月	美国总统	2020年12月18日,签署《外国公司问责法案》,如果外国公司连续三年不符合美国公众公司会计监督委员会的审计要求,则将被禁止在美国任何交易所上市,该法案虽面向全球,但针对在美国上市的中国公司是其主要目的
2020年12月	美国商务部	2020年12月18日,以违反美国安全和外交政策利益驱动为由,将77家实体列入实体清单,其中有60家中国实体,包括中芯国际、大疆科技有限公司(以下简称"大疆")等众多信息技术产业相关实体	2020年12月	美国国会	在FCC的9000亿美元新冠肺炎疫情纾困计划法案当中加入相关条款,将补贴19亿美元用于替换掉华为、中兴的电信设备
2020年12月	美国商务部	修改《出口管理条例》,增加"军事最终用户"(MEU)清单和第一批103个实体,其中共有58家中国实体被列入清单,包括和记电讯国际有限公司(以下简称"和记电讯")、四川安德科技有限公司(以下简称"安德科技")等诸多信息技术企业	2020年12月	美国国土安全部	警告美国企业,避免过多接触和中国有关联的公司的数据服务和设备
2021年1月	美国政府	美国总统特朗普签署行政命令,将于45天之内禁止与支付宝、扫描全能王、QQ钱包、茄子快传、腾讯QQ、VMate、微信支付和WPS Office等8款中国应用软件进行交易	2021年1月	美国纽交所	2020年12月31日,纽交所发布声明称,为遵守特朗普政府禁止美国人投资"有军方背景的中国企业"的行政令,将启动对中国三大电信运营商的摘牌程序。2021年1月6日,纽交所声称由于收到美财政部外国资产管理局提供的更新细则,将于1月11日停止交易这三家公司的股票

第一章　全球 IT 产业市场震荡调整，加大产业扶持成竞争新形势

续表

供给侧			需求侧		
时间	实施主体	主要内容	时间	实施主体	主要内容
2021年1月	美国国防部	将小米科技有限责任公司（以下简称"小米"）、中国商用飞机有限责任公司（以下简称"中国商飞"）等9家中国公司认定为"中国军方拥有、控制或有联系的企业"	2021年1月	OTC Markets Group	OTCQX市场（美国场外证券的金融市场）的营运者OTC Markets Group 根据行政命令和相关监管指引，从2021年1月6日交易结束时起，将中芯国际撤出OTCQX市场，其证券将不再具有资格在 OTC Link ATS 上报价或交易
2021年1月	美国摩根士丹利	依据特朗普"禁止美国人投资中国军方拥有、控制的企业"的行政命令，自2021年1月27日起，从其全球证券指数"MSCI国家指数""相关非市值资本化加权指数""定制指数"中剔除中国广核集团有限公司、中国化工集团有限公司、中国核能电力股份有限公司、中国船舶重工集团有限公司、浪潮国际5家中国企业	2021年1月	美国际贸易委员会（ITC）	2021年1月21日，美国国际贸易委员会（ITC）决定对特定电连接器和保持架组件及其产品发起337调查，其中，立讯精密工业股份有限公司、东莞立讯精密工业有限公司涉案。该调查由美国安费诺公司于2020年12月18日向ITC提出申请，指控对美出口、在美进口或在美销售上述产品侵犯其专利权，请求ITC发布有限排除令和禁止令
2021年1月	日本经济新闻社	依据特朗普"禁止美国人投资中国军方拥有、控制的企业"的行政命令，自2021年2月2日起，从其"亚洲300可投资指数"中剔除中国电信、中国联合网络通信集团有限公司（以下简称"中国联通"）、中海油、中国移动、中国铁建、中国中车、中交集团建设7家中国企业	2021年1月	印度电子和信息技术部	自2021年6月起永久禁止59款中国手机应用程序，包括TikTok、百度、微信和UC浏览器等，此次永久禁令出台主要因印度电子和信息技术部的官员"不满"中国公司回应印度政府提出的各种质疑，这些所谓的质疑包括数据收集和数据处理方法，以及数据安全和隐私问题

续表

供给侧			需求侧		
时间	实施主体	主要内容	时间	实施主体	主要内容
2021年1月	美国商务部	发布"拒绝意图",意图拒绝大量出口至华为的许可证申请,并撤销至少一份先前签发的许可证	2021年1月	法国宪法委员会	要求法国境内的运营商升级网络到5G,并且将华为的设备从人口密集的城市中拆除
2021年3月	美国政府	拜登政府建立更明确的禁令,不得向华为出口5G设备所用的元件,包括半导体、天线和电池	2021年2月	美国联邦通信委员会	通过一项名为"安全可信网络补偿计划"的提案,以"国家安全"为由,计划拨款19亿美元,帮助美国农村网络运营商加快拆除及更换华为和中兴的设备
			2021年3月	美国联邦通信委员会	认定5家中国企业对美国构成国安威胁,包括华为、中兴、海能达通信股份有限公司、海康威视和浙江大华科技股份有限公司。这个名单将确保美国在建设下一代网络时不会采用对国家安全构成威胁的电信运营商的设备
2021年3月	标普道琼斯指数、富时罗素	富时罗素宣布在美国海外资产控制办公室的指导下,将依据美国前总统特朗普的行政命令,将小米自全球全市场指数和全球含A股指数系列剔除,2021年3月12日生效;标普道琼斯指数也宣布,将于2021年3月15日开盘前将小米、中微半导体设备(上海)股份有限公司及深圳笋筐技术有限公司从指数中剔除	2021年3月	巴西科技创新及通信部	部长法比奥·法里亚在国会5G工作组的公开听证会表示,华为将不在该国政府使用的专用通信网络供应商之列

资料来源:国家工业信息安全发展研究中心整理,截至2021年3月。

二、我国IT产业保持上升态势，高质量发展稳中有进

在全球IT产业发展环境深刻变化的形势下，中国IT产业发展危中有机。新冠肺炎疫情的暴发成为各界坚定数字化、网络化、智能化转型的分水岭。智慧城市、工业互联网、车联网、人工智能、远程办公等新应用不断推出，企业借助数字技术加快转型步伐。根据世界经济论坛的研究，自新冠肺炎疫情暴发以来，互联网使用量增长了70%，通信应用的使用量翻了一番。从2020年产业经济运行态势来看，面对严峻复杂的国内外形势，我国信息技术产业加快推进供给侧结构性改革，高质量发展与价值链升级成效显著，有效支撑了新冠肺炎疫情防控与复工复产，在新基建等一系列政策的推动下，产业增长态势在国民经济主要行业中体现了较强的带动性和恢复力。根据国家统计局、工业和信息化部统计数据显示，2020年，规模以上电子信息制造业增加值同比增长7.7%，规模以上电子信息制造业实现营业收入同比增长8.3%，增速同比提高3.8个百分点，利润总额同比增长17.2%，增速同比提高14.1个百分点；软件和信息技术服务业规模以上企业超过4万家，平均业务收入达到2.04亿元。

从IT产业发展指数[①]（IT Industry Development Index，ITII指数）来看，2020年中国IT产业稳步发展，结构持续优化，竞争力不断增强，创新成效突出，融合发展向深向远，虽然产业环境更加复杂多变，但整体表现稳健，中国的排名位于国际先进行列，并稳步提升。19个中心城市IT产业集群化发展、阶梯化分布态势进一步凸显，深圳、北京、上海的ITII指数位列前三名，区域引领作用凸显，深圳超越北京以微弱优势占据城市首位，

[①] IT产业发展指数包括产业实力、产业创新、产业融合、产业环境4个指标，编写组分别针对美国、中国、日本、德国、英国、韩国、印度、俄罗斯8个国家和国内19个副省级以上中心城市进行评估。本报告中的中国IT产业数据未包括中国香港、中国澳门和中国台湾的数据。

上海、杭州的IT产业发展迅速，第一梯队城市得分增幅较大。

具体来看，2020年，8个主要IT大国中美国的ITII指数仍高居首位，得分小幅上升，达到85.1分，其产业创新虽保持上升态势但产业实力得分有所下降；日本的IT产业稳步发展，发展环境不断优化，整体位列第二；德国由于产业实力指数、产业创新指数、产业环境指数的得分下降，被中国赶超，从第三位下滑到第四位；中国位列第三，得益于产业创新的发展，关键核心技术的不断突破，以及产业数字化、数字产业化水平的不断提升，推进了产业融合的提升，中国的ITII指数提高了1.3分，得分为78.6分，是主要国家中进步最快的国家；英国受到脱欧等不确定因素的影响，IT产业发展受到冲击，产业实力指数下滑了近10分，得分为74.4分，整体从第五位跌到第六位；韩国的IT产业实力表现突出，新一代半导体技术不断创新，产业实力稳中有进，ITII指数回升，达到75.1分；印度的IT产业融合程度持续改善，整体与俄罗斯得分拉大，得分64.5分位居第七；俄罗斯的IT产业表现持续低迷，以55.6分位列第八（见表1-6）。

表1-6　2020年8个国家ITII指数排名及得分情况

国家	IT产业实力指数	IT产业创新指数	IT产业融合指数	IT产业环境指数	ITII指数	指数变化	2019年排名	2020年排名
美国	86.8	87.9	83.5	80.5	85.1	0.8	1	1
日本	74.7	71.2	84.2	83.1	78.8	1.2	2	2
中国	80.5	78.8	79.5	72.2	78.6	1.3	4	3
德国	69.8	75.7	81.2	76.7	76.4	-1.1	3	4
韩国	74.8	66.7	81.0	76.8	75.1	0.7	6	5
英国	64.4	67.2	84.9	77.3	74.4	-0.5	5	6
印度	63.3	59.6	67.7	68.8	64.5	-2.8	7	7
俄罗斯	52.7	37.8	73.8	56.9	55.6	-7.4	8	8

资料来源：国家工业信息安全发展研究中心。

2020年，8个IT大国继续呈现3个梯队的发展格局，但梯队之间和梯队内部呈现明显变化。美国位居第一梯队，各项指标依然大幅领先；日本、中

第一章 全球IT产业市场震荡调整，加大产业扶持成竞争新形势

国、德国、韩国、英国组成的第二梯队与第一梯队的整体差距和2019年相比基本持平，在第二梯队内部，受新冠肺炎疫情影响，亚洲国家和欧洲国家的产业发展逐步分化，欧洲地区国家呈现下滑态势，与亚洲国家的稳中有进形成对比；印度和俄罗斯构成第三梯队，两国之间的差距进一步加大（见图1-3）。

2020年，中国进一步夯实产业基础能力，表现稳中有升，与美国的ITII指数差距进一步缩小到6.5分，达到78.6分，继续保持对国际先进水平快速追赶的态势（见图1-4）。

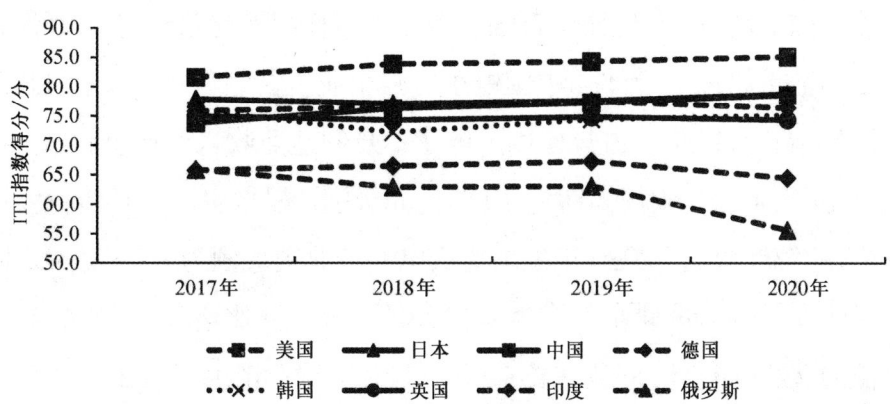

图1-3　2017—2020年8个国家ITII指数梯队对比情况

资料来源：国家工业信息安全发展研究中心。

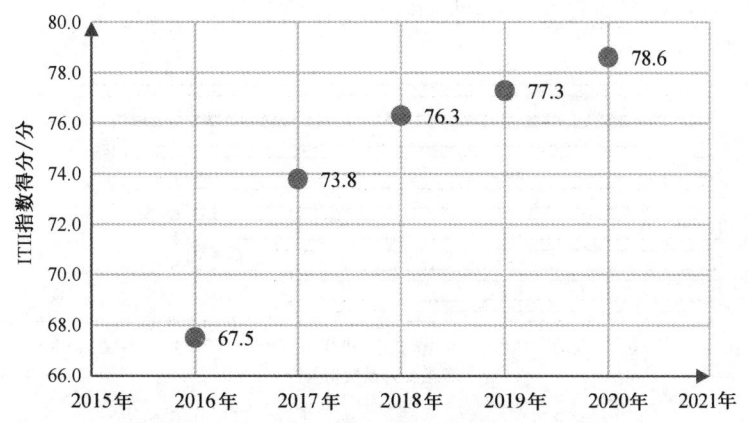

图1-4　2016—2020年ITII指数中国综合得分情况

资料来源：国家工业信息安全发展研究中心。

产业实力方面，美国的排名继续居首位，中国扎实推进产业发展并取得显著成效，得分为80.5分，在8个国家排名中保持第二位（见图1-5）。从IT产业重点领域的情况来看，2020年度中国软件和信息技术服务企业竞争力报告显示，中国软件企业百强企业2019年软件业务收入合计1.78万亿元，同比增长17.5%；百强企业实现利润总额4950亿元，同比增长13.5%，有21家企业软件业务收入规模超过100亿元，入围企业的软件业务收入门槛超过15亿元，百强企业软件著作权登记量超过4万件，获授权专利数量超过16万件；中国电子百强企业主营业务收入合计4.8万亿元，同比增长11.9%，占规模以上电子信息制造业收入的比重超过40%，其中有14家企业营收规模超过1000亿元级别。根据中国半导体行业协会（CSIA）的统计数据，2020年中国集成电路产业销售额为8848亿元，同比增长17%。其中，设计业销售额为3778.4亿元，同比增长23.3%；制造业销售额为2560.1亿元，同比增长19.1%；封装测试业销售额为2509.5亿元，同比增长6.8%。IC设计业是半导体产业的龙头，截至2020年，我国芯片设计企业数量达到2218家，"十三五"期间，年复合增长率达23.6%，是同期全球半导体产业年复合增长率的近6倍。

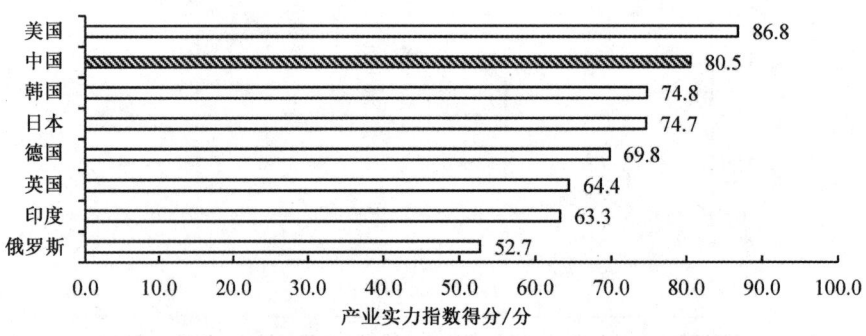

图1-5　2020年8个国家IT产业实力指数排名

资料来源：国家工业信息安全发展研究中心。

第一章 全球IT产业市场震荡调整，加大产业扶持成竞争新形势

产业创新方面，中国得分为78.8分，在8个国家中排名从第三位进一步跃升至第二位，超过了德国（见图1-6）。世界知识产权组织、美国康奈尔大学和英士国际商学院联合发布的《2020年全球创新指数》显示，中国连续第四年保持上升势头，排在第十四位，与2019年相比，排名保持稳定，人工智能、大数据等IT在医疗领域应用创新成为重要亮点。

产业融合方面，随着工业互联网、两化融合、数字乡村、新基建等政策的推进，2020年中国的IT产业融合指数得分由77.5分升至79.5分，仍位居第六，与发达国家的差距进一步缩小（见图1-7）。

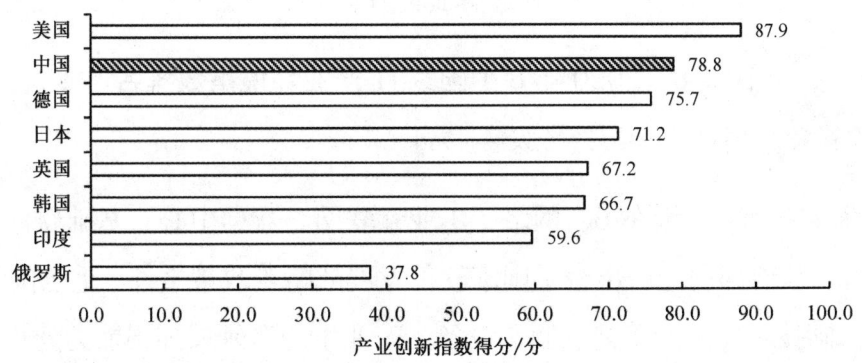

图1-6　2020年8个国家IT产业创新指数排名

资料来源：国家工业信息安全发展研究中心。

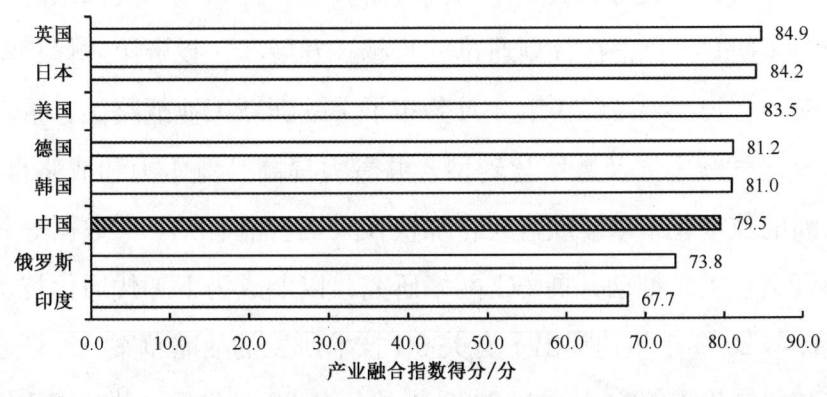

图1-7　2020年8个国家IT产业融合指数排名

资料来源：国家工业信息安全发展研究中心。

产业环境方面，中国IT产业环境不断优化，排名居第六位（见图1-8）。

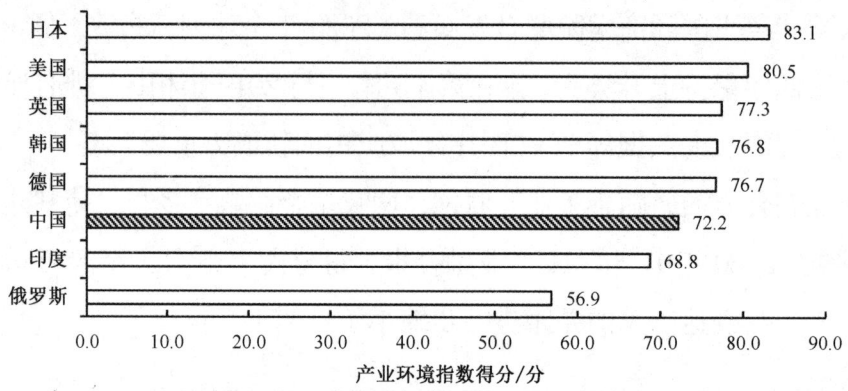

图1-8　2020年8个国家IT产业环境指数排名

资料来源：国家工业信息安全发展研究中心。

具体来看，中国在5G网络、工业互联网、数据中心、基础软件等重点领域，政府部门先后出台了国家软件发展战略等政策文件，重点围绕IT产业基础技术、生产工艺、制造设备、产业生态等领域加强能力建设，IT产业的价值和作用进一步得到重视和体现。美国国务院公布了"5G Clean Networks"列表名单，加强对国内企业的扶持力度，限制国外企业进入美国市场。同时，美国政府新设立了对外金融投资合作机构"美国国际开发金融公司"（DFC），正在计划通过"跨越式发展"，投资第六代移动通信技术（6G）。欧盟在2020年3月公布了《欧洲新工业战略》，重点推动欧洲工业向气候中立及数字化转型，并着力提高其竞争力和战略自主性，打造欧洲的数字化未来。欧盟还将加快在人工智能、5G、大数据等领域的研究和资金投入，推动开展6G网络研究，以期成为下一代通信技术的领跑者。日本2020年年初提出了有关6G技术研发的战略草案，计划通过财政支持和税制优惠等方式，在2020年预备2200亿日元，推动6G研发工作，争取在5年内掌握关键技术。同时，日本还同印度、澳大利亚等国谋划新的产业链供应链政策,引导在中国的企业进行产业外迁。韩国科学与信息通信技术部(MSIT)于 2020 年 8 月发布《引领 6G 时代的未来移动通信研发战略》,计划在 2021—2026 年内投资 2000 亿韩元研发 6G 技术,同时加强 6G 国际标准布局以形成产业生态系统主导力,从而确保韩国成为全球首个 6G 商用国家。德国政府于 2020 年 6 月推出总额高达 1300 亿欧元的规模最大的经济刺激计划,其中包括设立总额为 500 亿欧元的"未来基金",用于推动量子计算、人工智能等前沿领域研究。英国积极寻求建立一个由 10 个国家组成的联盟,支持 5G 设备和其他技术的替代供应商,以避免过度依赖中国,这 10 个国家是七国集团(G7)现有成员国(美国、加拿大、英国、法国、德国、意大利、日本)加上韩国、印度和澳大利亚。印度自 2020 年 6 月开始,不断推出市场限制政策,禁止中国的 5G 厂商和软件等信息技术企业进入印度市场。

三、我国 IT 产业持续夯实实力,创新突破亮点纷呈

2020 年,以数字技术为核心的新型基础设施建设为我国 IT 产业发展提供了重要机遇。党的十九届五中全会审议通过了《中共中央关于制定国民经济和社会发展第十四个五年规划和二〇三五年远景目标的建议》(以下简称《建议》),《建议》明确提出,要"系统布局新型基础设施,加快第五代移动通信、工业互联网、大数据中心等建设"。这是继 2020 年 3 月 4 日中共中央政治局会议吹响新基建"集结号"之后,中央再次强调新型基础设施建设的重要性。5G 网络、大数据中心、人工智能、工业互联网等数字新基建的巨大投资为 IT 产业增长带来了指数级的贡献,数字新基建与实体经济的深度融合,引发了 IT 产业系统性、革命性、群体性的技术革新和模式变革。2020 年,ITII 指数中以产业实力和产业创新为代表的内

生指标显示，中国IT产业稳步发展，产业规模和质量齐升，竞争力不断增强，IT产业实力指数得分达到了80.5分，产业创新指数得分达到了78.8分（见图1-9）。

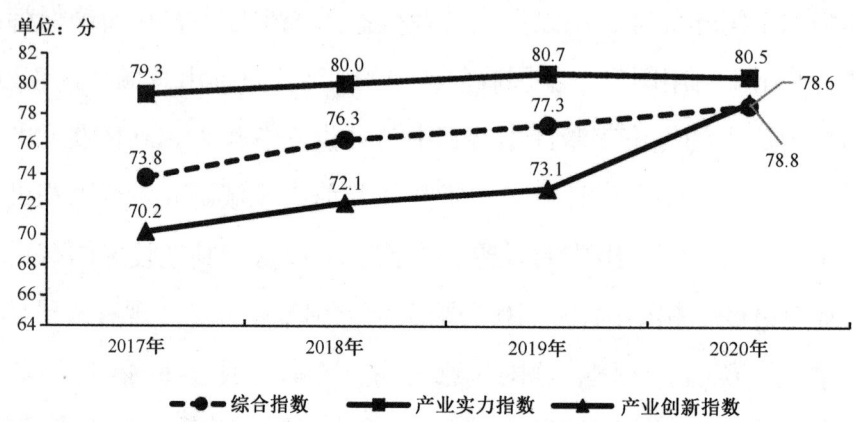

图1-9　2017—2020年ITII指数中国产业实力指数、产业创新指数得分情况

资料来源：国家工业信息安全发展研究中心。

在5G建设方面，近年来我国在5G方面投资力度不断加大，根据三大运营商的财报显示，2020年我国三大运营商的5G资本总开支超过1803亿元，同比增长338%。工业和信息化部数据显示，2020年中国已建成全球最大的5G网络，新建5G基站超过60万个，全部已开通5G基站超过71.8万个，5G网络已覆盖全国地级以上城市及重点县市，已连接5G的终端超过2亿个。作为支撑经济社会数字化、网络化、智能化转型的关键新型基础设施，5G在助力疫情防控、复工复产等方面发挥了重要作用，更在稳投资、促消费、助升级等方面潜力巨大，在直接拉动芯片、终端、基站等产业链上下游各个环节快速发展的同时，还与大数据、人工智能、物联网等技术深度融合，推动超高清直播、云游戏、虚拟现实、远程医疗、无人驾驶、智慧城市、5G矿山、5G港口、"5G+工业互联网"等一系列行业应用加速落地。例如,2020年11月2日,国务院办公厅印发《新能源汽车产业发展规划(2021—2035年)》,提出了推进新一代无线通信网络建设,加快基于蜂窝通信技术的车辆与车外其他设备间的无线通信(C-V2X)标准制定和技术升级,这标志着国家从顶层设计层面明确了要加快"5G+车联网"建设。随后,工业和信息化部批复了湖南(长沙)车联网先导区,这是继江苏(无锡)、天津(西青)后,国内第三个车联网先导区。中国信息通信研究院发布的《5G产业经济贡献》显示,5G将催生工业数据分析、智能算法开发、5G行业应用解决方案等新型信息服务岗位,并培育基于在线平台的灵活就业模式。按照中国信息通信研究院报告,预计到2025年,5G将直接创造超过300万个就业岗位,2020—2025年,5G商用将直接和间接拉动的经济产出超过35万亿元,为IT产业高质量发展注入强大的内生动力。

在大数据中心方面,近年来我国大数据中心建设速度不断加快。受新冠肺炎疫情影响,远程办公、远程教学、无接触服务等线上业务井喷式暴发,带来了数据流量的指数级增长,拉动了大数据中心的建设需求。2020年3月以来,电信运营商,华为、浪潮等服务器供应商,深圳市腾讯计算机系统有限公司(以下简称"腾讯")、百度在线网络技术(北京)有限公司(以下简称"百度")、阿里等互联网大厂竞相增加布局,在粤港澳大湾区、张掖、拉萨、重庆等地新建或扩建数据中心,投资规模达数百亿元。根据IDC测算,2020年中国大数据相关市场的总体收益将达到104.2亿美元,较2019年同比增长16.0%,增幅领跑全球大数据市场。其中,大数据硬件在中国整体大数据相关收益中将继续占主导地位,占比高达41.0%,大数据软件和大数据服务收入占比分别为25.4%和33.6%。全球大数据市场的IT投资规模有望在2025年超过3500亿美元,5年预测期内(2021—2025年)实现约12.8%的年复合增长率(CAGR),较上个预测周期有所上涨。其中，大数据服务将保持其主导地位，市场份额在50%左右。随着国家"加快完善数字基础设施，加快建设数字中国"大数据战略的实施，产、学、研、用各个环节纷纷加快部署。未来，随着5G、人工智能、云计算等技术的进一步成熟，企业上云、政务上云业务的进一步扩张，大数据中心相关产业链条将迎来更多发展机遇，为IT产业高速增长提供超大规模计算与数据存储保障。IDC预测，至2025年，硬件预计吸收中国大数据市场约40%的投资规模，超过软件和服务，增长稳定；大数据软件市场占比将逐年提升，2025年超30%的市场支出将流向软件，5年CAGR达到26.7%。

在人工智能方面，IDC与浪潮集团联合发布的《2020—2021中国人工智能计算力发展评估报告》预测，2020年中国人工智能市场规模将达到约62.7亿美元，未来4年将保持30.4%的年复合增长率，2024年，中国在全球人工智能市场的占比将达到15.6%，成为全球市场增长的重要驱动力。2020年11月，党的十九届五中全会上再次提出要"推动互联网、大数据、人工智能等同各产业深度融合"。未来，人工智能作为新型数字基础设施将赋能各行各业，带来智能医疗、智能教育、智能农业、智能交通、智能安防、智能能源、智能环境、智能文创、智能制造、智能金融、智慧城市等海量的应用场景，为IT产业助力传统产业智能化提供新引擎、新动能。

在工业互联网方面，根据工业和信息化部的统计数据，截至2021年9月，全国具有一定影响力的工业互联网平台已经超过100个，平台接入工业设备总量超过7600万台（套）。目前，"5G+工业互联网"在建项目超过1600个，标识解析五大国家顶级节点开通运行，二级节点已达156个，服务企业过万家。未来，在5G的赋能下，工业互联网将与工业制造企业加速融合，广泛应用于钢铁、工程机械、航空航天、家电、电力、港口、能源等多个行业，为 IT 产业赋能我国制造业转型升级带来新业态新模式。

在集成电路方面，我国集成电路多领域均实现突破。中芯国际在完成 14nm 制程工艺量产后，产能快速爬坡，服务客户不断扩展，第二代先进工艺（N+1）稳步推进，2020 年第四季度已开始产品验证并进入批量试产阶段；2020 年 6 月，上海微电子设备（集团）股份有限公司披露，首台 28nm 工艺的国产沉浸式光刻机将于 2021—2022 年交付，此前，国产光刻机一直停留在 90nm 水平以下；南京网络通信与安全紫金山实验室于 2020 年 6 月宣布 5G 毫米波芯片技术获重大突破，CMOS 毫米波全集成 4 通道相控阵芯片研制成功，我国的毫米波频段 5G 建设成本将大大降低，每通道成本将由 1000 元降至 20 元。

在基础软件产品方面，中国电子信息产业集团有限公司整合旗下上海中标软件有限公司和天津麒麟信息技术有限公司两家操作系统企业，成立专业从事国产操作系统研发的麒麟软件有限公司，进一步提升行业集中度；统信软件技术有限公司不断强化应用生态和场景建设，同华为、深信服科技股份有限公司等产业链上下游企业合作，拓展桌面、云等不同环境的 IT 应用，目前其操作系统已经支持 QQ、微信等主要应用软件，系统自带应用商店可以提供近 1000 款应用下载；在 Gartner 公布的 2020 年全球数据库魔力象限评选结果中，阿里云首次挺进全球数据库第一阵营——领导者象限，这也是中国数据库 40 年来首次进入全球顶级数据库行列。腾讯云、华为云同时进入"特定领域者"。

四、我国 IT 产业融合潜能巨大，发展环境持续优化

从 ITII 指数中以产业融合和产业环境为代表的外生指标来看，2020 年，中国 IT 产业融合指数达到 79.5 分，较去年的 77.5 分保持了高速增长态势；

国内政策、资金、人才等环境也持续优化，产业环境指数和去年基本持平，得分达到72.2分（见图1-10）。

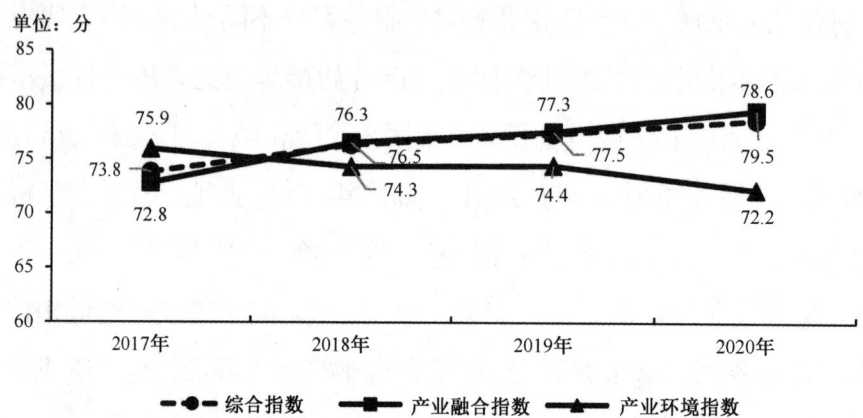

图1-10　2017—2020年ITII指数中国产业融合指数、产业环境指数得分情况
资料来源：国家工业信息安全发展研究中心。

在新基建政策的带动下，2020年我国IT产业的产业融合和产业环境不断获得提升。以产融合作及投融资发展环境为例，5G、工业互联网等IT产业新型基础设施领域的上扬趋势和潜能持续性显著。

在5G方面，企业不断加大投资力度，企查查大数据研究院发布的《我国5G产业发展研究报告》显示，2015—2020年，中国5G产业累计发生了356起融资事件，融资金额累计达1278.74亿元，其中，早期项目占比达50.3%。中国联通以780亿元的融资金额排名第一，闻泰科技股份有限公司、北京紫光展锐科技有限公司、魅族科技有限公司、北京千方科技股份有限公司、硅谷数模半导体（北京）有限公司、深圳市中兴微电子技术有限公司等位列其后。

在工业互联网方面，据国家工业信息安全发展研究中心跟踪监测数据显示，2020年国内工业互联网行业全年非上市投融资事件共310起，同比增长58.2%，其中超过三成事件达亿元规模，披露总金额突破350亿元，同比增长38.6%。跨行业、跨领域的工业互联网平台融资活跃，浪潮云于2020年3月和8月分别完成了C轮融资和1.5亿元战略融资，投后估值高达100亿元；海尔卡奥斯在2020年3月和7月分别完成了金额达9.5亿元和2亿元的A轮及A+轮融资，刷新了我国工业互联网平台A轮融资金额的最高纪录；树根互联在2020年12月完成了8亿元的C轮融资，成为信息技术领域新晋独角兽企业。工业互联网安全领域成为机构关注重点，长扬科技（北京）有限公司先后完成了B轮融资和1.5亿元的C轮融资，北京六方云科技有限公司完成了数千万元规模的B轮融资和战略融资，安天科技集团股份有限公司、深圳渊联技术有限公司、浙江木链物联网科技有限公司、北京中睿天下信息技术有限公司等企业也均在2020年实现两轮及以上融资。

在新基建产融合作方面，部分省市围绕经济转型升级的迫切需求，在区域性工业互联网产业投资基金建设方面也开启了有益的探索与尝试，并取得良好成效。例如，广州市联合三一集团有限公司共同发起设立了总规模100亿元的广州工业互联网产业投资基金，共同孵化了数控互联等重点企业，并以基金建设为纽带，吸引了三一重工华南总部在广州落地，并于当地主导成立工业互联网产业联盟，产生了良好的产业集聚效应和辐射作用；宁波市工业和信息化产业基金出资参与设立的国投（宁波）科技成果转化创业投资基金围绕工业互联网、先进制造业等重点领域，积极布局了杭州玳数科技有限公司、浙江木链物联网科技有限公司、浙江蓝卓工业互联网信息技术有限公司等众多浙江省内的高成长性企业，有效地激发了区域产业数字化转型的内生动力；福建省政府发起设立的东南数字化转型投资基金，充分整合政府、产业、科研、金融等多方资源，为探索工业互联网与区域经济结合落地发展路径、打造全方位生态服务系统积累了宝贵经验。

五、各地加快IT产业发展引导，深北上引领优势显著

从城市维度来看，面对新冠肺炎疫情导致的发展压力，各地IT产业保持稳步发展的态势，19个中心城市的ITII指数得分总体上保持增长。其中，深圳超越北京以微弱的优势占据城市发展首位，上海、杭州的IT产业发展迅速，第一梯队城市得分增幅较大；武汉、宁波、厦门、天津升入第二梯队，第二梯队城市数量增至9个；西安、沈阳、大连、长春和哈尔滨位列第三梯队（见图1-11）。

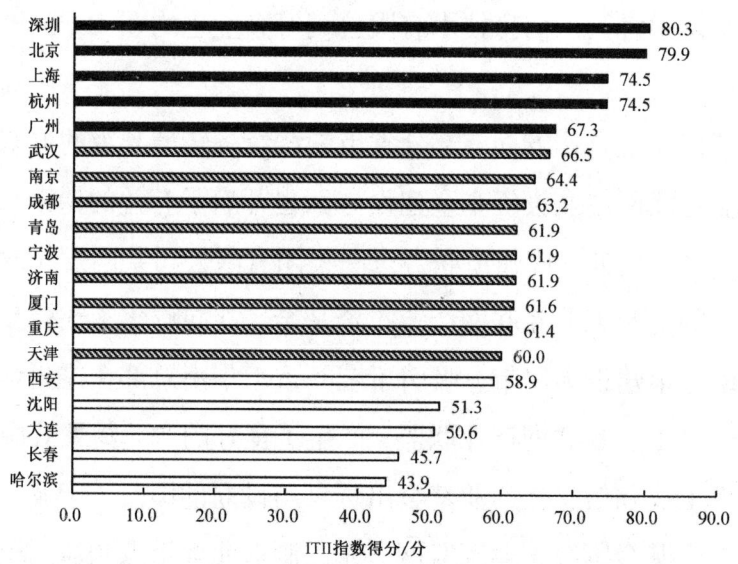

图1-11　2020年中国19个中心城市ITII指数得分

资料来源：国家工业信息安全发展研究中心。

产业实力方面，北京、深圳、上海的得分分别为83.4分、82.3分和79.2分，位列前三名，杭州、天津、广州紧随其后，14个城市得分在70分以上（见图1-12）。

第一章 全球 IT 产业市场震荡调整，加大产业扶持成竞争新形势

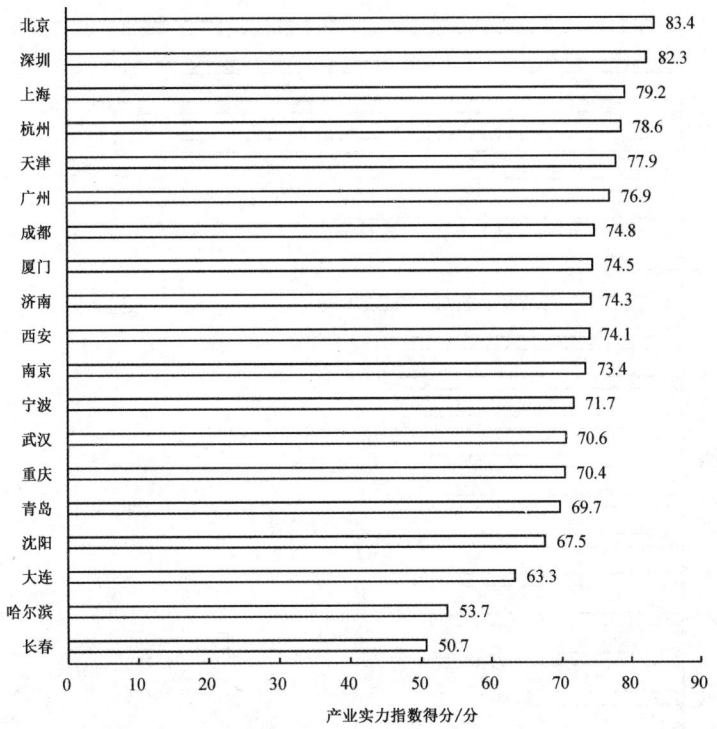

图 1-12 2020 年中国 19 个中心城市 IT 产业实力指数得分

资料来源：国家工业信息安全发展研究中心。

产业创新方面，19 个中心城市在创新投入和产出方面差距较大，指标得分极差达到 71.5 分，其中北京仍然遥遥领先，杭州从 65.1 分提升至 72.2 分，进步明显（见图 1-13）。

产业融合方面，深圳以 86.5 分居首位，杭州、北京、上海紧随其后，其他地区也稳步发展，19 个中心城市中的最高得分和最低得分相差 24.3 分，平均分达到 75.4 分（见图 1-14）。

产业环境方面，深圳、武汉分别以 75.2 分和 71.4 分位列第一、二名，其他地区在投融资环境和人才资源等方面差异较大。东部地区城市的 IT 产业环境优势明显，东北地区城市表现持续低迷（见图 1-15）。

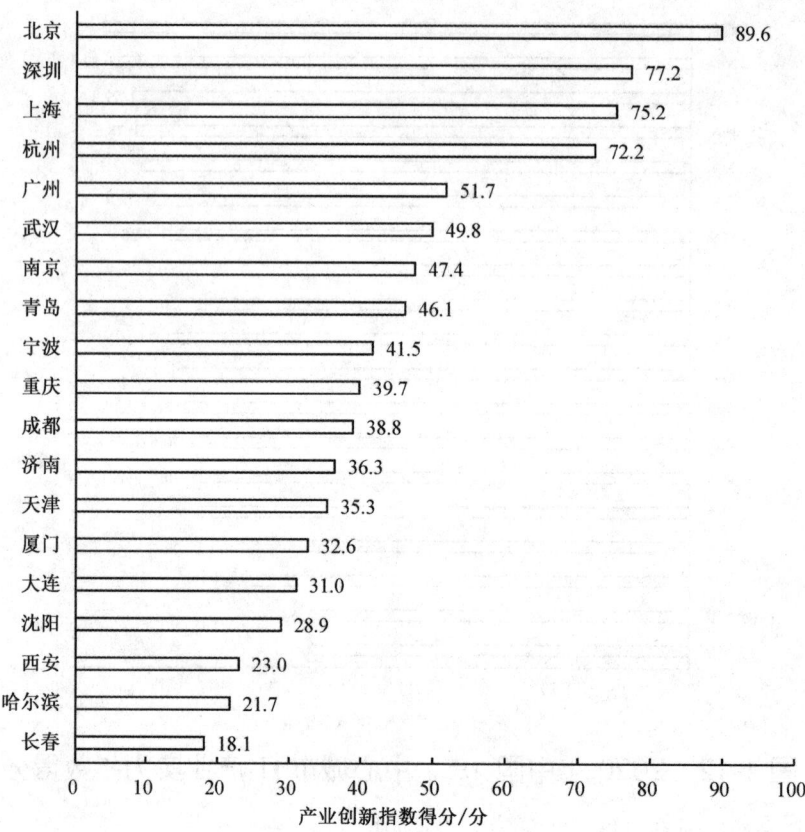

图 1-13　2020 年中国 19 个中心城市 IT 产业创新指数得分

资料来源：国家工业信息安全发展研究中心。

在代表性政策方面，北京、上海、广州、深圳、杭州等地积极抓住 IT 产业的发展机遇，不断出台鼓励政策。

北京先后印发了《北京市 5G 产业发展行动方案（2019—2022 年）》《北京市超高清视频产业发展行动计划（2019—2022 年）》《中共北京市委北京市人民政府关于加快培育壮大新业态新模式促进北京经济高质量发展的若干意见》《北京市加快新场景建设培育数字经济新生态行动方案》《关于支持中关村国家自主创新示范区集成电路产业发展的若干金融措施》等政策举措，从产业基础设施建设、产业链培育、技术创新、应用场景孵化、金融支持等角度全面支持 IT 产业的发展。

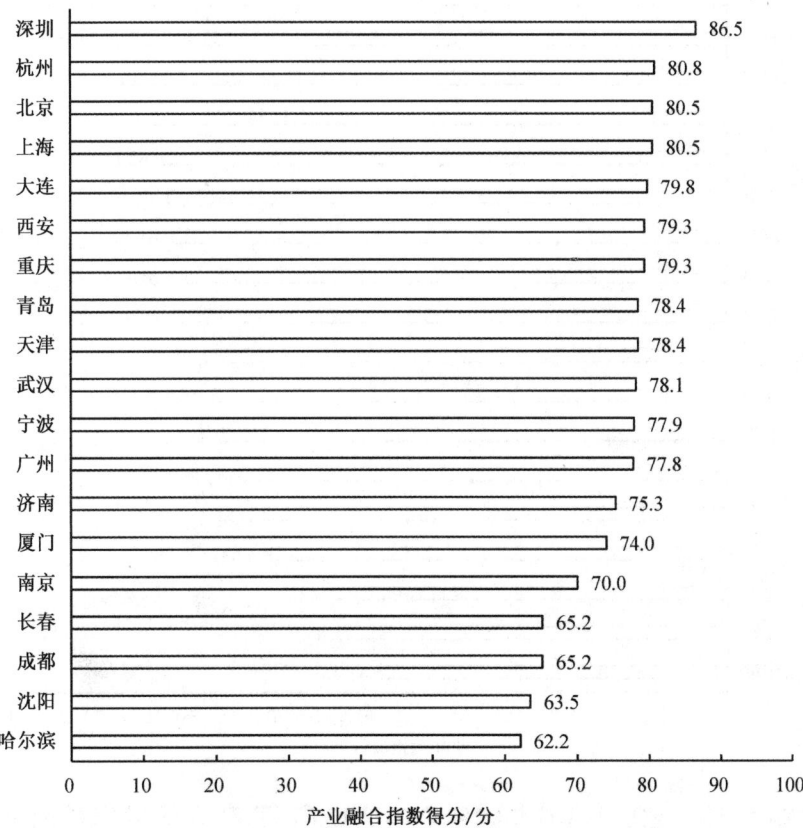

图 1-14 2020 年中国 19 个中心城市 IT 产业融合指数得分

资料来源：国家工业信息安全发展研究中心。

上海则在保持《上海市软件和集成电路产业发展专项支持实施细则》等政策支持力度的基础上，围绕产业发展的难度问题，率先出台了《上海市首版次软件产品专项支持办法》，支持人工智能、大数据、云计算、物联网、区块链等核心软件，操作系统、数据库、中间件、办公套件等基础软件，研发设计、生产控制、工控安全等工业软件，金融、电信、能源、交通、水利、电子政务、公共服务、国防科技等大型行业应用软件的发展，采用后补贴的方式，对首版次软件产品提供销售合同累计金额 20% 的支持，重点项目支持金额最高可达 200 万元。

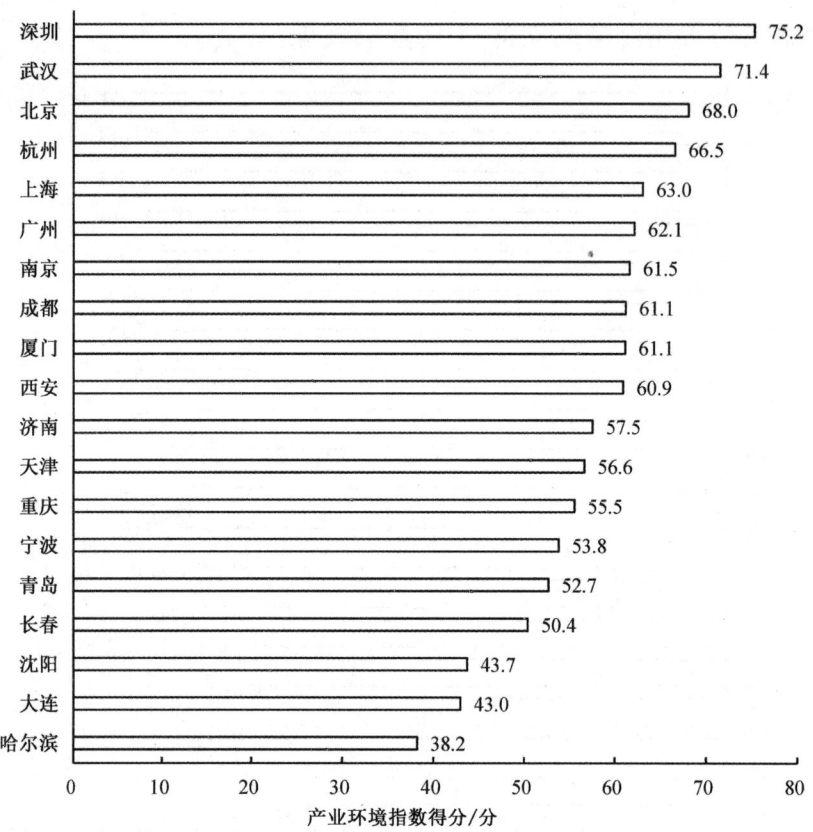

图 1-15　2020 年中国 19 个中心城市 IT 产业环境指数得分

资料来源：国家工业信息安全发展研究中心。

广州则在 2020 年密集出台了《广州市加快打造数字经济创新引领型城市的若干措施》《广州市加快软件和信息技术服务业发展若干措施》《广州市推动区块链产业创新发展的实施意见（2020—2022 年）》等一系列文件，结合 2020 年广东省出台的《广东省加快半导体及集成电路产业发展的若干意见》等文件，在芯片设计、平台型软件培育和制造设备研发、封测、设备及材料产业链方面，进一步优化产业布局，推动地方产业向中高端发展。

深圳通过《深圳市进一步推动集成电路产业发展五年行动计划（2019—2023 年）》，进一步明确了未来五年集成电路产业发展路线图，

第一章　全球 IT 产业市场震荡调整，加大产业扶持成竞争新形势

以"补短板、扬长板、抢未来、强生态"的思路为引领，以产业链协同创新为动力，以整机和系统应用为牵引，着力补齐芯片制造业和先进封测业产业链的缺失环节，聚焦提升芯片设计业能级和技术水平，前瞻布局第三代半导体，力图将深圳建设成为国内重要的集成电路产业增长极和国际知名的集成电路产业集聚区，并加大奖励力度，对深圳的集成电路企业年度营业收入首次突破 1 亿元、3 亿元、5 亿元、10 亿元、20 亿元的，分别给予企业核心团队 100 万元、200 万元、300 万元、400 万元、500 万元的一次性奖励。

杭州近年来先后印发了《杭州市全面推进"三化融合"打造全国数字经济第一城行动计划（2018—2022 年）》《中共杭州市委杭州市人民政府关于实施"新制造业计划"推进高质量发展的若干意见》等发展文件，提出了形成电子商务、信息软件、云计算、大数据、智能安防等优势产业为核心的新一代信息技术及应用万亿级产业集群的发展目标，加快打造"1+N"工业互联网平台体系，组织实施机器换人、企业上云等示范项目，推动各类基于物联网的集成创新和应用服务，打造世界级数字安防产业集群和工业互联网产业集群。结合《浙江省实施制造业产业基础再造和产业链提升工程行动方案（2020—2025 年）》对数字安防、集成电路、网络通信、智能计算等产业链的布局，杭州市在 IT 产业领域的区域龙头地位越发巩固。

第二章 中国 IT 产业制度环境升级，发展与安全长期贯穿新体系

IT 产业是国家的战略科技力量和关键的基础设施，面对国内外的复杂形势，为确保 IT 产业发展保持稳定向上的发展态势，2020 年，我国及时出台了《新时期促进集成电路产业和软件产业高质量发展的若干政策》《国务院办公厅关于以新业态新模式引领新型消费加快发展的意见》《工业互联网创新发展行动计划（2021—2023 年）》等多项引导政策，进一步提高税收优惠支持力度，鼓励 5G、集成电路、工业互联网等重点 IT 产业发展。在全面建成小康社会之后，IT 产业迎来新的发展阶段。2021 年 3 月，《中华人民共和国国民经济和社会发展第十四个五年规划和 2035 年远景目标纲要》（以下简称《纲要》）发布，"基本实现新型工业化、信息化、城镇化、农业现代化，建成现代化经济体系"被列为基本实现社会主义现代化的远景目标。IT 产业在经济社会数字化、智能化转型的各个环节中均获得政策鼓励，产业的高质量发展成为发展主题。

一、国家政策利好 IT 产业发展，数字经济获高度重视

近年来，我国 IT 产业发展迈上新起点，为发挥产业数字化、数字产业化发展红利，推动信息技术进一步对传统产业赋能赋智，壮大经济发展新引擎，《纲要》对数字经济发展做出详细部署（见表 2-1）。

一是加强关键数字技术创新应用，特别是高端芯片、操作系统、人工

第二章 中国IT产业制度环境升级，发展与安全长期贯穿新体系

智能、传感器等关键领域的技术产品应用成为当前政策鼓励的重点，包括通用处理器、云计算系统、量子计算、量子通信、神经芯片、DNA存储、开源软/硬件等相关技术创新和生态建设，被视为数字经济新优势领域而受到政策鼓励。

二是加快推动数字产业化。数据作为新时期重要的生产要素，为建立完善的数据生产、存储、应用的发展创新环境，为产业赋能、为社会赋智，《纲要》提出，要培育壮大人工智能、大数据、区块链、云计算、网络安全等新兴数字产业，提升通信设备、核心电子元器件、关键软件等产业水平。

三是加快推动产业数字化。目前人工智能、大数据、区块链、云计算等新技术不断赋能各行业，智慧城市、智能交通、智慧物流、智慧能源、智慧医疗、共享经济等新模式新业态为稳就业、促发展提供了新的动能。为扩大IT技术的应用，发挥赋能作用，《纲要》提出实施"上云用数赋智"行动，推动数据赋能全产业链协同转型。上海社科院发布的《全球数字经济竞争力发展报告》显示，中国与美国在数字经济竞争力上的差距呈逐年减小态势。在体现数字经济创新活力的"独角兽企业数量"上，中国连续两年超过美国。2020年中国独角兽企业数量达到217家，总估值为9376.9亿美元，美国独角兽企业数量为192家，总估值达8050.7亿美元。可以预见，在政策的支持下，我国数字经济将快速发展，云计算、大数据、物联网、工业互联网、区块链、人工智能、虚拟现实和增强现实等IT领域市场将不断扩大。

表2-1 "十四五"时期数字经济重点产业领域

领域	内容
云计算	加快云操作系统迭代升级，推动超大规模分布式存储、弹性计算、数据虚拟隔离等技术创新，提高云安全水平。以混合云为重点培育行业解决方案、系统集成、运维管理等云服务产业
大数据	推动大数据采集、清洗、存储、挖掘、分析、可视化算法等技术创新，培育数据采集、标注、存储、传输、管理、应用等全生命周期产业体系，完善大数据标准体系
物联网	推动传感器、网络切片、高精度定位等技术创新，协同发展云服务与边缘计算服务，培育车联网、医疗物联网、家居物联网产业

续表

领域	内容
工业互联网	打造自主可控的标识解析体系、标准体系、安全管理体系，加强工业软件研发应用，培育形成具有国际影响力的工业互联网平台，推进"工业互联网+智能制造"产业生态建设
区块链	推动智能合约、共识算法、加密算法、分布式系统等区块链技术创新，以联盟链为重点发展区块链服务平台和金融科技、供应链管理、政务服务等领域应用方案，完善监管机制
人工智能	建设重点行业人工智能数据集，发展算法推理训练场景，推进智能医疗装备、智能运载工具、智能识别系统等智能产品设计与制造，推动通用化和行业性人工智能开放平台建设
虚拟现实和增强现实	推动三维图形生成、动态环境建模、实时动作捕捉、快速渲染处理等技术创新，发展虚拟现实整机、感知交互、内容采集制作等设备和开发工具软件、行业解决方案

资料来源：《中华人民共和国国民经济和社会发展第十四个五年规划和2035年远景目标纲要》。

二、数字基础设施成为发展重点，安全问题越发受到关注

为对冲全球复杂局势及新冠肺炎疫情对国内经济造成的不利影响，党中央、国务院在2020年频繁强调要加快推进调结构增后劲的新型基础设施建设。2020年3月，中共中央政治局常务委员会召开会议提出，加快5G网络、数据中心等新型基础设施建设进度。5G基站、大数据中心、人工智能、工业互联网等以信息技术为代表的基础设施受到政策支持。"新基建"概念被写入《2020年国务院政府工作报告》中，明确提出"加强新型基础设施建设"。针对国家经济社会长期发展的需要，《纲要》中明确提出要"打造系统完备、高效实用、智能绿色、安全可靠的现代化基础设施体系"。

在中央政策的引导下，各地加快新基建建设布局：广东省印发了《广东省推进新型基础设施建设三年实施方案（2020—2022年）》，提出要高水平建成全光网省，打造双千兆网络标杆省，建立国内领先的人工智能、区块链等通用技术能力支撑体系，形成"创新能力+先进算力+通用技术能力"的创新基础设施集群体系；上海市提出到2022年，全市新型基础设施建设规模和创新能级迈向国际一流水平，"十四五"期末形成"GTPE"（G

级互联、T级出口、P级算力、E级存储）发展格局，使亚太信息通信枢纽的地位得到巩固和提升，建成具有国际影响力的超大规模城市公共数字底座；浙江省提出实施新型基础设施建设三年万亿计划，到2022年，率先建成以自主安全可控、自主深度算法、超强低耗算力、高速广域网络和互通数据平台为代表的新一代数字基础设施；天津市发布《新型基础设施建设三年行动方案（2021—2023年）》，提出到2023年，天津将实现5G网络全覆盖，车联网应用场景覆盖区域超过600平方千米，互联网医院达到30家以上，新建10个以上重大创新平台和科技基础设施等；深圳市提出到2025年累计建成5G基站5万个，成为全球领先的5G之都；福建省发布《国家数字经济创新发展试验区（福建）工作方案》，提出到2022年，全省数字经济增加值达2.6万亿元以上，年均增长15%以上，占GDP的比重达50%以上。

在政策的支持下，我国数字基础设施建设不断落地。前瞻产业研究院数据显示，2020年我国在工业互联网、大数据中心、5G、人工智能等新基建重点领域投资规模约为1万亿元，其中大数据中心、5G基础设施、工业互联网、人工智能等投资规模的占比分别约为52%、27%、11%、10%。据中国信息通信研究院统计，2021—2025年政府与民间对新基建的投资额合计将达到10.6万亿元。

随着数字基础设施对生产生活的支撑性、引领性不断增加，安全问题也越发受到主管部门重视。在供给安全方面，2020年，中央经济工作会议强调要增强产业链供应链的自主可控能力，并做出一系列部署，高端通用芯片、机器人高精度减速器、工业软件、光刻机等高端产品供给不足的问题受到重视。在网络、数据安全防护体系方面，《信息安全技术网络安全等级保护定级指南》正式实施、《数据安全法（草案）》正式向全社会征求意见，一系列制度规范为总体国家安全观下IT产业安全发展提出了新要求。在平台安全方面，工业和信息化部等十部门印发《加强工业互联网安全工作的指导意见》，明确建立监督检查、信息共享和通报、应急处置等工业互联网安全管理制度，建设国家工业互联网安全技术保障平台、基础资源库和安全测试验证环境，构建工业互联网安全评估体系，同时培育若干具有核心竞争力的工业互联网安全企业。

三、区域协同发展战略加速落地，IT产业迎来新空间

2020年，我国区域协调发展呈现新格局，京津冀、长三角、粤港澳大湾区等主要区域经济圈快速发展，IT产业迎来新机遇。目前京津冀一体化进程稳步推进，IT市场快速增长，新基建和新兴IT技术创新成为京津冀IT市场的主要动力；长三角地区的新基建和数字化转型保持领先，互联网数字化经济蓬勃发展，带动IT市场快速扩容；粤港澳大湾区数字化转型灵活多样，互联网经济发达，外向型产业蓬勃发展。

（一）京津冀聚焦新兴信息技术领域，逐步强化区域集聚发展新动能

2019年，习近平总书记到天津滨海—中关村科技园调研，在仔细观看"天河"系列超级计算机、飞腾芯片、麒麟操作系统、人工智能配电网带电作业机器人、无人机集群智能控制系统等产品展示后，习近平总书记强调，自主创新是推动高质量发展、动能转换的迫切要求和重要支撑，必须创造条件、营造氛围，调动各方面创新积极性，让每一个有创新梦想的人都能专注创新，让每一份创新活力都能充分迸发。要深化科技园区体制机制创新，优化营商环境，吸引更多在京科技服务资源到园区投资或业务延伸，促进京津两市真正实现优势互补、强强联合。

目前，京津冀信息技术产业快速发展，产业互补支撑格局逐步形成。

第二章　中国 IT 产业制度环境升级，发展与安全长期贯穿新体系

京津冀大数据产业集聚逐步显现，逐步形成了由基础架构、数据资源、应用服务和支撑服务构成的完整大数据产业链。2019 年，在工业和信息化部评选的 94 个大数据优秀产品和应用解决方案案例中，京津冀企业入选 33 个，在全国各区域中处于领先地位。其中，大数据产品案例 10 个，主要涉及数据采集存储、分析挖掘、交易流通、清洗加工、安全保障；大数据应用解决方案案例 23 个，主要涉及工业、交通、能源、医疗、金融、商贸等行业领域。2020 年，工业和信息化部发布 94 个疫情防控和复工复产复课大数据产品和解决方案，京津冀地区占据榜单的三分之一。"一网畅行"疫情防控和复工复产大数据系统、通信大数据行程卡等新技术新应用上榜，并获得社会广泛应用。同时，京津冀已成为我国人工智能发展的区域性引擎，竞争力居全国前列，是国内人工智能学术创新的重要策源地，企业数量超过 300 家。北京中关村人工智能领域逐步形成"龙头引领、创新蔚然成风"的发展生态。另外，京津冀新型显示产业集群发展迅速，以京东方科技集团股份有限公司和北京维信诺科技有限公司两大龙头企业为核心，目前建有包含高世代液晶、柔性 AMOLED 在内的 3 条面板生产线，13 条触控一体化显示模组生产线，自动化生产率超过 85%，液晶显示模组产能稳居全国第一，下游聚集了小米、冠捷显示科技（中国）有限公司、天津三星视界有限公司等一批智能终端应用企业，产品涵盖通信、家电、车载等多个领域。

随着京津冀协同发展战略的深入实施，区域内 IT 产业协同化程度不断提高，区域创新分工、联系与协同能力不断增强。一方面，京津冀区域产业分工格局日渐清晰。其中，北京围绕"四个中心"的功能定位，着力打造培育新能源智能汽车、人工智能、科技服务等十大高精尖产业，加快实现产业高端化。天津围绕"一基地三区"的功能定位，产业转型升级步伐不断加快。河北围绕"三区一基地"的功能定位，大力发展先进制造业

和高新技术产业，推动产业逐步迈进中高端。另一方面，京津冀区域产业融合水平逐步提高。根据第四次全国经济普查结果分析，北京法人单位在津冀地区的产业活动单位为 1.2 万家，比 2013 年增长 225.9%；天津法人单位在京冀地区的产业活动单位为 0.3 万家，比 2013 年增长 117%；河北法人单位在京津地区的产业活动单位为 0.1 万家，比 2013 年增长 55.3%。在北京·张北云计算产业基地、北京·沧州渤海新区生物医药产业园等重大产业合作项目的带动下，北京到天津、河北投资的认缴出资额累计超过 7000 亿元。

（二）长三角正形成多层面、立体式的一体化数字经济发展新局面

习近平总书记 2020 年 8 月在扎实推进长三角一体化发展座谈会上指出，要深刻认识长三角区域在国家经济社会发展中的地位和作用，结合长三角一体化发展面临的新形势新要求，坚持目标导向、问题导向相统一，紧扣一体化和高质量两个关键词抓好重点工作，真抓实干、埋头苦干，推动长三角一体化发展不断取得成效。

长三角一体化发展涵盖上海、江苏、浙江、安徽一市三省，是我国经济发展最活跃、开放程度最高、创新能力最强的区域之一。其 IT 产业区域一体化发展已进入从数字到产业，再到产品的立体化全覆盖阶段。

从整个数字化层面来看，数字一体化已经在长三角 27 个中心区城市初见雏形。数字经济增速接近 20%，数字经济占当地经济总量的比重超过 40%、占全国数字经济总量的比重接近 30%。经国家工业信息安全发展研究中心测算，长三角地区城市群的数字经济发展水平总体评分从 2019 年的 58.3 分上升至 2020 年的 60.5 分，迈入了数字经济发展快车道。特别是受新冠肺炎疫情影响，实体经济数字化转型升级迎来新机遇，公共服务加速数字化变革，产业数字化和公共服务数字化变革两项测算指标得分分别从 2019 年的 64.4 分和 73.1 分上升至 2020 年的 69.0 分和 75.7 分，成为带

动长三角地区整体数字经济发展水平的两驾马车。

从 IT 产业战略规划导向来看，上海更加突出国际一流导向，发挥龙头作用，鼓励设立区域分支机构；江苏注重跨区域创新资源统筹配置与整合优化，统筹建设各类国家技术创新中心；浙江突出民营经济、数字应用优势，强化引进大院名所机制；安徽则更加聚焦特色领域，强化科学中心建设，实施联合攻关。三省一市在战略层面形成了求同存异、融合发展、联动创新的布局。

从产业层面来看，长三角区域的集成电路和软件信息服务产业规模分别约占全国的二分之一和三分之一，形成了一批国际竞争力较强的创新共同体和产业集群。作为集成电路产业龙头城市，上海市集成电路行业协会发布的统计数据显示，2020 年上海集成电路产业实现销售收入 2071.33 亿元，同比增长 21.37%。其中，设计业实现销售收入 954.15 亿元，同比增长 33.39%；制造业实现销售收入 467.18 亿元，同比增长 19.87%；封装测试业实现销售收入 430.9 亿元，同比增长 12.64%。目前，上海地区集聚了中芯国际、上海华虹宏力半导体制造有限公司、上海华力微电子有限公司、华大半导体有限公司、紫光展锐、上海微电子装备（集团）股份有限公司、盛美半导体设备（上海）股份有限公司等多家企业，仅浦东张江已集聚了集成电路设计、芯片制造、封装测试、设备材料等企业共 200 余家，2020 年产业营收规模首超千亿元，达到 1027.88 亿元，同比增速高达 22.5%。苏、杭两地重点聚焦以电子信息、云计算、大数据为主的偏下游应用端，2020 年杭州地区数字经济核心产业实现增加值 4290 亿元，同比增长 13.3%，规模以上工业企业数字化改造覆盖率达 97.4%。南京依托强大的科研实力，产业链上游新材料、智能装备等产业实力不断提升。在产业合作方面，长三角地区已经成立的长江流域园区合作联盟与长江流域智能制造与机器人产业联盟，辐射长江流域 100 多家园区和数千家智能制造、机器人、人工智能产业链企业；2020年5月，总投资100亿元的中国移动（江苏扬州）数据中心项目落地，将承载"移动云""网络云""IT云"三大云能力中心，可容纳约30万台服务器，并依托5G和云计算能力辐射全长三角区域，随着数据"跑道"打通，长三角产业发展将驶入"快车道"。

从产品层面来看，新兴信息技术领域的相关产品在区域内的协同集聚发展，已成为支撑长三角IT产业高质量发展和产业链中高端升级的重要力量。目前，上海已有近300家大型企业开展工业互联网应用，形成了15个具有影响力的工业互联网平台，带动了6万多家中小企业上云上平台，平均降本7.3%、提质6%、增效9.2%、减存4.2%。为进一步加速推动"长三角工业互联网一体化发展示范区"建设，沪苏浙皖"一市三省"经信部门签署《共同推进长三角工业互联网一体化发展示范区建设战略合作协议》，将共同发挥"示范区"的头雁效应，助力世界级先进制造业集群建设。目前，长三角产业分工协作持续优化，错位发展格局清晰且渐入高速正轨，产业链呈现深度融合的发展态势。

（三）粤港澳大湾区多维度一体化发展态势加速

2020年10月14日，习近平总书记在深圳经济特区建立40周年庆祝大会上指出，粤港澳大湾区建设是国家重大发展战略，深圳是大湾区建设的重要引擎。要抓住粤港澳大湾区建设重大历史机遇，推动三地经济运行的规则衔接、机制对接，加快粤港澳大湾区城际铁路建设，促进人员、货物等各类要素高效便捷流动，提升市场一体化水平。

随着区域经济一体化水平的不断提升，以数字技术为代表的前沿科技加速成熟及应用，为粤港澳三地协同发展创造出有利的催化条件，直接促进了三地IT科技与产业要素立体化流动，多维度的区域一体化发展态势加速演进。当前，整个粤港澳大湾区IT产业的一体化协作发展已不仅仅是地理层面的集聚协同，还伴随着细分产业层面的交互支撑。

第二章 中国IT产业制度环境升级，发展与安全长期贯穿新体系

从产业分工角度来看，当前，粤港澳大湾区的IT产业格局基于各类生产要素的集聚，正形成向外辐射的三大发展圈层：以高端研发、金融服务为核心的现代服务业内核层（香港—深圳—广州—珠海—澳门），以先进制造业为支撑的辐射层（东莞—佛山—中山），以及以特色产业为驱动的外缘层（惠州—江门—肇庆）。2019年2月，国家颁布《粤港澳大湾区发展规划纲要》，对大湾区"9+2"城市群分工协作进行了顶层设计。多元化的产业区域合作正助力构建粤港澳大湾区IT协同发展、开放、创新的产业体系。深圳的中心地位和辐射作用显著，带动了包括东莞、惠州等地的电子信息产业发展。在珠江东岸的电子信息产业，技术创新以应用为导向，以电子元器件、通信设备、半导体等为代表的产业链优势突出。在珠江西岸的先进装备产业，已形成以佛山、珠海为核心，中山、江门、肇庆等城市产业分工的协作体系。此外，为弥补原始创新及核心技术上的短板，广东正携手港澳，加快建设以广深港澳科技创新走廊为主轴的大湾区发展创新极，共建综合性科学中心。目前，广东已在新材料、人工智能、生物医药等领域与港澳合作新建10家联合实验室，并完成了3批共10家省实验室布局，吸引了8家香港科研机构、41位港澳科学家前来合作。

在新兴技术创新与应用领域，以人工智能为例，粤港澳大湾区内各城市均将发展人工智能产业作为其工作重点之一，不仅都在政策上提供了大力支持，还提供了不同程度的预算补贴，抓住自身优势不断发力并形成一体化的协同效应。《广东省新一代人工智能发展规划》将广州、深圳、珠海确立为人工智能产业的核心区，以东莞、佛山、惠州三区域为连接带，并提出到2025年，产业核心规模达3000亿元，产业规模达18000亿元的目标。香港在财政预算案中拨款100亿元用于医疗科技及人工智能的研究。澳门则是在文件中强调了人工智能在建设智慧城市中的应用场景。2021年2月，深圳市审议通过了《深圳市推进粤港澳大湾区建设2021年工作要点》

（以下简称《工作要点》），《工作要点》提出加强广深港澳科技创新走廊沿线创新载体建设，加快推进深圳湾实验室、量子信息领域实验室建设，推动人工智能与数字经济广东省实验室落地建设。未来深圳将依托粤港澳大湾区大数据中心建设，积极推动深圳与港澳之间、与广东省内其他地区之间的数据融通合作，发挥数据要素的核心价值。

四、产业投资模式转变加速，市场融资渠道越发有力

为在常态化疫情防控中做好"六稳"工作，扩大战略性新兴产业投资，更好地发挥战略性新兴产业的重要引擎作用，加快构建现代化产业体系，推动经济高质量发展，2020年9月11日，国家发展和改革委员会、科技部、工业和信息化部、财政部四部门联合印发《关于扩大战略性新兴产业投资培育壮大新增长点增长极的指导意见》，"加快新一代信息技术产业提质增效"被列为首要支持方向。在政策覆盖范围方面，5G、工业互联网、人工智能、物联网、车联网、大数据、云计算、区块链等IT领域相关产业链供应链被列为支持重点，覆盖基础材料、关键芯片、高端元器件、新型显示器件、关键软件等重要环节，同时智慧广电、媒体融合、5G广播、智慧水利、智慧港口、智慧物流、智慧市政、智慧社区、智慧家政、智慧旅游、在线消费、在线教育、医疗健康、数字乡村等信息技术赋能赋智的新业态新场景也获得重点鼓励。

在支持手段和方向上，随着近年来减税降费等政策的实施，为进一步确保市场主体的发展活力，财政政策导向支持有所调整，政府资金的引导作用被进一步加强。《纲要》提出深化投融资体制改革，发挥政府投资撬动作用，激发民间投资活力，形成市场主导的投资内生增长机制。指导意见提出统筹用好各级各类政府资金、创业投资和政府出资产业投资基金，

第二章 中国IT产业制度环境升级，发展与安全长期贯穿新体系

创新政府资金支持方式，强化对战略性新兴产业重大工程项目的投资牵引作用。从中央财政支出情况来看，财政部《关于2020年中央和地方预算执行情况与2021年中央和地方预算草案的报告》数据显示，2020年全国财政收入同比下降14.3%，为2009年以来首次负增长，31个省份中有30个出现了收入负增长，收支矛盾异常突出。2021年财政预算将重点助力提升产业发展水平，加快发展现代产业体系，发挥政府投资基金的引导作用，带动社会资本加大投入，推动集成电路、新材料、新一代信息技术等产业加快发展。从产业投资基金发展来看，根据清科研究中心统计，截至2020年年底，国内已设立的政府引导基金主要以产业基金为主，主要围绕七大战略性新兴产业，目标规模及已到位金额占比分别为67.9%和68.8%。

目前，IT企业借助市场融资渠道获得的支持不断创新高。在投融资态势方面，2020年，广东省、北京市、浙江省、江苏省及上海市5个省市中企业IPO数量占全国整体的71%，首发融资金额占比全国超过82%，远超其他省份，形成了IPO的第一梯队。其中，广东省上市企业数量总数领先全国，半导体及电子设备（19家，融资金额134.54亿元）、机械制造（12家，融资金额160.48亿元）、IT产业（10家，融资金额124.23亿元）位列前三。北京市IT产业上市企业达到17家，金额达到254.11亿元，北京京东世纪贸易有限公司年末市值超过千亿元。上海市半导体及电子设备上市企业达到6家，金额达到596.48亿元，单家企业融资接近100亿元。Wind数据显示，2020年，A股IPO前三大热门行业分别为：计算机、通信和其他电子设备制造业，融资金额达到1030.08亿元，企业数量达到57家；医药制造业，融资金额达到437.58亿元，企业数量达到30家；软件和信息技术服务业，融资金额达到363.67亿元，企业数量达到35家。从2020年8月首批创业板注册制新股上市以来，截至2021年2月25日，创业板注册制下共有84家企业成功上市。按照证监会的行业分类标准，农

副食品加工业募集资金总额最高，达到 139.33 亿元，其次是计算机、通信和其他电子设备制造业，募集资金总额达到 94.01 亿元。科创板方面，截至 2021 年 2 月 25 日，在科创板上市的 231 家企业中新一代信息技术产业共有 80 家科创板上市企业，占科创板上市企业总数的 35%。在 IT 领域上市企业中，企业产品技术水平不断提高，我国在产业链供应链关键位置的 IT 企业不断获得市场认可。国产办公软件供应商金山软件股份有限公司、国产工业设计软件供应商广州中望龙腾软件股份有限公司等企业在资本市场陆续成功上市，中芯国际成为科创板首家回归 A 股的境外已上市红筹企业。可以看到，我国 IT 企业和资本市场的互动越发向产业链技术附加值高的领域迈进，我国资本市场的日趋成熟为我国 IT 产业发展提供了有力支撑。

五、平台经济边界不断扩展，平台治理成为发展新课题

飞速发展的互联网平台改变了原有的经济形态，也为未来的 IT 治理带来了一定的张力。平台一端联系着广大消费者，另一端联系着平台上的经营者和众包劳动者，在为各方带来收益，为社会创造价值的同时，平台与各类主体之间的矛盾也不断滋生。在"超级 App"联系的用户广度和被用户依赖程度不断加深的趋势下，互联网平台逐渐成为许多社会活动的载体，承担起了部分公共治理的功能。网络和数字时代，"平台"成为在政府和市场之间的具备双重性质的跨界组织形态。妥善处理各方关系，加强平台治理正成为一大重要课题。

（一）互联网平台成为政策落地载体

互联网平台成为各级政府及部门联系群众的枢纽。习近平总书记指出，随着互联网特别是移动互联网发展，社会治理模式正从单向管理转向双向互动，从线下转向线上线下融合，从单纯的政府监管向更加注重社会协同

第二章 中国IT产业制度环境升级，发展与安全长期贯穿新体系

治理转变。

为顺应这一趋势，中国各级政府积极拥抱移动互联时代，加强政务新媒体建设。2018年12月，国务院办公厅发布《关于推进政务新媒体健康有序发展的意见》，对"政务新媒体"首次进行了全面、规范、系统的概念表述和功能定位。2019年4月18日，国务院办公厅再次制定印发《政府网站与政务新媒体检查指标》和《政府网站与政务新媒体监管工作年度考核指标》，从中央政策层面加快了科学管理和规范指导。微信、微博、抖音等互联网平台成为政府联系群众的重要枢纽，截至2020年12月，经过新浪平台认证的政务机构微博为140837个，各级政府共开通政务头条号82958个，开通政务抖音号26098个，中国297个地级行政区政府开通了"两微一端"等新媒体传播渠道，总体覆盖率达88.9%。

由平台企业打造的"超级App"逐渐成为城市管理的助手。如今，群众可在微信、支付宝等平台缴纳电费、水费，领取社保、公积金，乘坐公共交通，享受各类公共服务，这有效推动了市民生活智慧化。在新冠肺炎疫情防控期间，平台企业在城市生活中的作用进一步凸显。支付宝和微信相继推出了"健康码"，并迅速覆盖全国。通过大数据技术，将居民身份信息、住址、症状情况等信息进行关联分析，为每个市民提供表示不同状态的"健康码"，通过颜色标注市民是否为风险人群，为超市、酒店、学校等公共场合的人群管理提供支持，提升了疫情防控的人群管理效率，同时为快速复工复产和经济社会恢复常态化运转提供了重要保障。美团、饿了么纷纷推出"无接触配送"，并进一步扩大非餐类配送的范围，使居民足不出户就可享受基本生活服务。

各类电商平台成为中小企业合规管理的推进器。电子商务平台是用户消费、中小企业经营的"双边市场"，它们往往不直接向消费者提供全部服务，而是为平台上的中小商家、普通劳动者提供交易平台。随着这一模

式日渐成熟，平台企业对平台上的经营者发展出了一系列内部管理规则，成为政府监管的延伸。例如，美团点评依据《中华人民共和国食品安全法》《网络食品安全违法行为查处办法》等相关法律法规，制定了《美团点评餐饮安全管理办法》，从入网餐饮商户资质核查、在网商户管理、商户退出、消费者保障、配送安全等角度做出了全方位规定。同时，美团点评还开发了"天眼""天网"两个餐饮大数据平台，建立起在网商家电子档案数据库，与各地监管部门打通数据平台，通过大数据分析挖掘出"问题商家"，同步移交给主管部门查处。淘宝则制定了《淘宝规则》，对平台上商家售假、侵权、虚假宣传等各类不当行为制定了惩罚标准。

（二）互联网平台成长为惠民政策的触手

疫情防控期间互联网平台帮助惠民政策精准快速触及群众。例如，部分城市借助微信和支付宝向市民发放消费券，有效实现了提振消费、降低居民生活成本的目的，成为经济复苏的助推器。以郑州市为例，该市于2020年4月3日发放了第一期5000万元数字消费券，150秒被抢光。截至2020年4月16日，郑州首期消费券圆满收官，共核销金额3925万元，带动消费5.52亿元。此外，互联网平台还协助调配社会资源，在疫情防控的最紧要关头承担起了重要使命。例如，阿里旗下的物流平台"菜鸟"开通了援助疫区的"绿色通道"，仅2020年1月底至2月初短短十余天的时间内，将各界提供的约200万只口罩、50多万双手套、4万多套防护服、2万多副护目镜运往湖北。腾讯旗下各产品均开辟了"援助武汉"捐赠渠道，仅2020年1月，就有超过730万人次爱心网友参与募款，全国65家慈善组织通过腾讯公益平台共筹得逾3.7亿元善款。

网络扶贫有效开展，互联网平台成为扶贫工作生力军。2020年，在新冠肺炎疫情暴发的背景下，我国农产品电商快速发展。《2021中国农产品电商发展报告》数据显示，2020年，我国农村电商市场规模达28015.7亿元，同比增长22.35%。农村居民对耐用品消费、服务消费以及线上消费等需求增长快速，消费升级需求强烈。政府电商扶贫模式、"832平台"扶贫模式、电商企业扶贫模式、直播带货扶贫模式、陇南模式等"拉式供应链"模式为我国如期完成脱贫攻坚任务贡献巨大。全国832个国家级贫困县的网络零售总额达3014.5亿元，同比增长26.0%。截至2020年年底，全国共有5425个淘宝村、1756个淘宝镇，这些淘宝村和淘宝镇在阿里平台的店铺有296万个，提供直接就业机会828万个，销售额突破1万亿元。京东平台自上线以来，共实现农产品交易额超过5800亿元，帮助全国贫困地区上线商品300多万种，实现扶贫销售额超过1000亿元，直接带动了100万户建档立卡贫困户增收。2020年，京东平台农产品线上成交额比2014年增长了63倍。

互联网平台成为公共服务信息化的重要载体。随着我国数字经济的蓬勃发展，医疗、教育、安防等行业的信息化正在加速开展，互联网平台在其中起到了重要作用。在新冠肺炎疫情的影响下，互联网对这些行业的改造正在加速进行，这为公共服务数字化变革带来了利好。线上诊疗、线上寻医的手段迅速触及广大用户，在线教育也成为当前的措施之一。例如，支付宝App推出"在线义诊"，并上线面向医护人员及患者的"心理援助专线"。腾讯联合央视新闻上线了覆盖超过1800个门诊信息和43个城市的"全国发热门诊地图"，为百姓寻医提供帮助。优酷、钉钉发起"在家上课"计划，全国的中小学生可免费在家上课。腾讯教育平台则向湖北地区免费开放教学产品，鼓励各类机构开展线上教学。

（三）平台治理成为新型治理体系中的重要课题

平台企业在消费者权益保护方面面临治理难题。互联网平台联系着亿万消费者，在消费者权益保护方面面临着诸多前所未有的问题。一是保护消费者隐私的问题，尤其是平台企业收集和使用消费者个人数据的边界问题，其中既包括消费者使用平台服务所产生的消费、搜索等行为数据，也包括消费者"不经意"间留下的行程、语音等其他数据。二是平台承担责任的范围问题。互联网平台往往不是商品和服务的直接提供者，而是为商家、网店、餐厅、个体劳动者等提供线上经营的场所。对于平台上的经营者售假、虚假营销、侵犯知识产权等问题，作为互联网平台应该承担何种责任，是各方正在探索的新问题，目前国际上对此亦无统一的"标准答案"。例如，针对社交媒体上发布的侵犯知识产权的内容，美国认为平台企业仅承担"通知并删除"的事后责任，欧盟则强调要对其进行事前监管。三是算法层面的合规问题。随着大数据和人工智能技术的发展，平台企业对算法的应用日益广泛，如对商品、资讯等进行个性化推荐等，这同时也带来了伦理方面的隐忧。算法可能会存在歧视性，可能会助长虚假言论和错误信息扩散，还可能产生信息茧房。在新闻资讯平台上，智能算法集中向用户推荐其所感兴趣或认同的内容，这无形中固化了不同群体间的意见分歧，使社会偏见难以消弭。

平台企业与平台上的经营者、劳动者的关系问题引发关注。根据国家统计局的统计数据，2020年全国网上零售额为117601亿元，比上年增长10.9%。其中，实物商品网上零售额为97590亿元，同比增长14.8%，占社会消费品零售总额的比重为24.9%，比上年提高4.2%。网络渠道逐渐成为各路商家售卖商品的"主战场"，这使得电子商务平台上的经营者对平台的依赖度提升。与之相伴的是电子商务平台向平台上的商家收取的"技术服务费"（佣金）持续上涨，引发了平台上的经营者的不满。2020年4月，重庆、南充、河北、云南等多地的餐饮协会曾先后公开呼吁美团外卖平台降低佣金费率。此外，平台企业与劳动者的关系也成为悬而未决的新问题。在平台模式下，快递员、外卖小哥、网约车司机等新兴职业快速兴起。这些职业劳动时间相对灵活，入职和离职门槛较低，且从业者常常身兼多职，已经成为就业的有力支撑。然而，互联网平台企业大多通过第三方劳务公司与劳动从业者形成雇佣关系,将人力资源配置外部化。大多数众包劳动者甚至没有签订任何合同,对劳动保障与社会保障的挑战较大,甚至存在被算法不合理监督的风险,就业状况引发了社会的广泛关注。

平台企业之间的垄断与不当竞争问题突出。平台企业能够创造价值,有赖于其庞大的市场规模。例如,2020年,在原本商家已经接近饱和的状态下,美团活跃商家数量依旧上涨了10%,达到了680万家。平台企业自身的市场规模,形成了其对经营者和消费者两端的核心吸引力。而随着我国互联网普及率的上升,新入网人口数量正在逐步缩减,互联网企业对有限市场的竞争日趋激烈,甚至有时表现为恶性竞争。其中,尤其突出的问题是"强制二选一",即领先的互联网平台利用其市场优势地位,强迫平台上的商家退出竞争对手平台的行为。"强制二选一"问题存在一定的普遍性,各家平台均是其受害者。阿里在综合电商领域对京东和拼多多"二选一",但在酒店和外卖领域分别遭到携程和美团的"二选一"。美团在外卖领域对阿里旗下的饿了么"二选一",但在酒店和打车领域遭携程和滴滴"二选一"。2020年12月,市场监管总局依据《中华人民共和国反垄断法》对阿里在中国境内网络零售平台服务市场滥用市场支配地位的行为立案调查。2021年4月10日,市场监管总局依法对阿里做出行政处罚,责令其停止违法行为,并处以其2019年销售额4%,共计182.28亿元的罚款。此次对平台企业的监管治理,体现出政府监管层面积极营造公平的市场环境,保持产业发展良性市场活力的政策导向。

六、数据安全治理体系不断完善,数据管理要求获重视

IT不断对各行业赋能,大量数据在各机构主体间聚集、流动、交互,强化数据治理、发挥数据效能越发成为时代趋势。目前,我国数据治理体系不断完善,数据安全立法进程不断加快,以"数据安全法""个人信息

保护法"为代表的数据安全保护法律体系正在逐步建立,公民数据安全保护意识日渐增强,App 治理工作有序推进。

(一)数据安全顶层设计初步建立,统领我国数据治理规则体系

2020 年 6 月 28 日,第十三届全国人大常委会第二十次会议审议并公开发布了《中华人民共和国数据安全法》(草案),2021 年 6 月 10 日,《中华人民共和国数据安全法》(以下简称《数据安全法》)经第十三届全国人大常委会第二十九次会议通过并正式发布,并于 2021 年 9 月 1 日起施行。《数据安全法》总结和提炼了近年来实践中的数据治理要求并将其上升到法律高度,勾勒出我国未来数据安全保护方面的主要制度框架,成为总体国家安全观下新的拼图,为相关工作的开展提供了法律支撑。

一是确立数据交易及数据交易服务提供者的合法性。《数据安全法》第十九条规定"国家建立和健全数据交易制度,规范数据交易行为,培育数据交易市场"。第三十三条对数据交易的中介机构提出专门要求,规定"从事数据交易中介服务的机构"应当要求数据提供方说明数据的来源,审核交易双方的身份,留存相应的审核和交易记录"。如果数据交易中介机构违反这项规定,导致非法来源数据交易的,最高会面临 100 万元的罚款或吊销经营许可证。但由于数据交易的复杂性和多样性,以及数据权属在法理层面仍存在诸多争议,并未对数据交易的具体制度做出规定,而是留待实践中根据具体数据类型和应用场景来探索。

二是将数据分类分级写入法律。在《数据安全法》出台之前,我国已经对金融、电力、卫生健康、关键基础设施等重点领域提出了数据分级分类保护的要求标准,但通常为技术标准,最高为部门规章。而《数据安全法》首次在法律中对数据的分级分类管理以及风险评估做出了明确要求。通过对数据的分级分类管理,为数据进行精细化安全管控提供了依据。在管理层面,结合分级分类制度,数据安全的管理制度、保障措施、岗位职

责等可以更加契合业务实际。在技术实现层面，根据数据的不同级别和类别，可更加有针对性地建立不同层次的安全防护体系，例如，对安全性要求高的数据需要实现数据加密、脱敏、防泄露等多种防护手段，而对安全性要求低的数据则实现审计即可。

三是明确数据主权、推动数据跨境流动。《数据安全法》首次提出数据出口管制制度，对与履行国际义务和维护国家安全相关的属于管制物项的数据依法实施出口管制，不仅关注境内的数据获得，同样赋予了管辖境外数据活动的"长臂"，并且加入了"对等原则"，即如果境外国家（地区）在与数据和数据开发利用的投资、贸易等方面对中国订立和采用了歧视性措施，中国也有权采用对等措施进行反制。除了设置自己的"长臂"，《数据安全法》对海外的"长臂"（如欧洲 GDPR、美国 CLOUD 法案）同样进行了回应，针对海外执法机构在境内调取数据，同样进行了限制，原则上要求有关组织、个人应当向有关主管机关报告或依据中国加入的国际条约，方可提供数据。

（二）数字人民币试点步伐加快，多地区积极推进场景化应用

随着数字技术和数字经济的不断发展，中央银行数字货币（CBDC）作为金融科技的代表性发展成果已然成为社会各界关注的焦点，包括我国在内的许多国家都已开展了关于 CBDC 的研发工作。中国人民银行数字货币起步较早，2014 年中国人民银行已启动数字货币前瞻性研究，2016 年年初中国人民银行数字货币研究所正式开展数字货币专利的申请并于 2018 年将数字人民币的研发和试点项目正式命名为"DC/EP"。2020 年 8 月，商务部印发《全面深化服务贸易创新发展试点总体方案》，提出在京津冀、长三角、粤港澳大湾区及中西部具备条件的试点地区开展数字人民币试点，将数字货币试点由深圳、苏州、雄安等 4 个试点城市（地区）拓展到对应的京津冀、长三角等 4 个经济区域。2020 年 10 月，又增加了上海、海南、

长沙、西安、青岛、大连6个试点测试地区。2020年11月，中国人民银行发布《中国金融稳定报告（2020）》，报告指出数字人民币体系已基本完成顶层设计、标准制定、功能研发、联调测试等工作。2021年2月，香港金融管理局、泰国中央银行、阿拉伯联合酋长国中央银行及中国人民银行数字货币研究所宣布联合发起多边央行数字货币桥研究项目（m-CBDC Bridge），其目的是探索CBDC在跨境支付中的应用。

数字货币发展趋势不可逆转，数字货币应用场景也不断深化。北京、上海、苏州、广东、大连、青岛、福州、西安等多地试点动作不断。在交通出行方面，自2021年8月1日起，北京地铁新增支持数字人民币线下购票/卡、补票和充值及亿通行App线上购票等场景的应用，实现了数字人民币在轨道交通过闸及购票支付场景的全覆盖。在购物消费方面，2021年8月6日，上海、苏州两地首次同时发放数字人民币红包的活动正式开启，将向上海、苏州市民发放50万份总计2000万元的数字人民币礼包，其中苏州名额10万人、上海名额40万人，从中签率来看，该轮数字人民币红包的中签率有望超过10%。在帮扶方面，2021年8月4日，西安市上线了"智联机关"移动服务平台，上线17家企业百余种帮扶产品，均可实现用数字人民币购买。除试点地区加速推进外，也有新一批地区在争取试点机会，其中福州市正在积极成为数字人民币试点城市。

（三）地方性数据管理规则不断创新，探索构建适应发展需要的治理体系

作为我国改革开放的前沿阵地，2020年7月15日，深圳市司法局公布《深圳经济特区数据条例（征求意见稿）》，2021年7月6日，深圳市第七届人民代表大会常务委员会公告（第十号）公布《深圳经济特区数据条例》（以下简称《数据条例》），自2022年1月1日起施行。《数据条例》除总则和附则外，主要分为个人数据保护、公共数据管理和应用、数

据要素市场培育、数据安全管理和法律责任等几个部分，对现有数据安全管理规则提出了一些突破性尝试。

一是创新性地提出数据权。国内目前对数据权存在立法空白，这是数据要素市场化配置的基础问题、核心问题。基于数据作为法律关系中客体的特殊性，数据权是一种与传统民法中物权、知识产权等权利存在不同的新型权利，其具有财产权、人格权和国家主权属性。《数据条例》首次提出，自然人、法人和非法人组织依据法律、法规和本《数据条例》的规定享有数据权，数据权是权利人依法对特定数据的自主决定、控制、处理、收益、利益损害受偿的权利。规定自然人对其个人数据依法享有数据权；公共数据属于新型国有资产，其数据权归国家所有，由深圳市政府代为行使数据权；数据要素市场主体对其合法收集的数据和自身生成的数据享有数据权。

二是建立数据跨境国际合作机制。《数据条例》支持数据国际合作，建立数据跨境流通机制，通过与其他国家、地区或组织建立双边、多边合作机制，建设数据跨境流通自由港，构建国际化数据合作平台。建立个人数据和重要数据跨境流动白名单制度，保障数据跨境流通中的个人数据安全及国家安全。由市政府制定数据跨境流通自由港规则，由数据跨境流通自由港监督管理机构负责监督实施，保障数据跨境合作机制的有效运行。

三是建立数据质量管理体系。为突出数据质量在数据价值有效发挥中起到的基础性作用，《数据条例》强化数据要素市场主体的数据质量管理义务，要求其建立数据质量管理自我评估机制，配合市数据统筹部门对有关数据质量管理情况的监督检查工作。

四是建立数据价值评估体系。为推动数据要素价格市场化改革，引导市场主体依法合理行使数据要素定价自主权，《数据条例》推动将政府制定数据定价规则与数据价值评估准则，鼓励建立数据价值评估机构进行数据价值评估，同时规定数据评估机构与评估专业人员的义务，保障数据价值评估工作顺利开展。

作为中国特色自由贸易港，海南省人大常委会于2019年9月27日审议通过了《海南省大数据开发应用条例》（以下简称《应用条例》），《应用条例》立足建设中国特色自由贸易港的时代要求，突出了大数据开发、应用和产业促进，进行了管理机制创新，为海南自贸区、自贸港建设提供信息化基础支撑。

一是构建了数据、人员、资金、管理、技术"五集中"体系。《应用条例》授权设立省内的大数据管理机构，作为实行企业化管理但不以营利为目的、履行相应行政管理和公共服务职责的法定机构，并推进"全省一盘棋、全岛同城化"理念，统筹建设全省电子政务基础设施，相关举措为打破政府部门信息化建设各自为政、碎片化建设奠定了法律基础。

二是推动数据要素流动。《应用条例》明确支持基础电信运营商建设国际海底光缆及省内登陆点等信息基础设施，提高海南的国际通信互联互通水平，提倡运用大数据提升投资贸易自由化、便利化水平，建设具有国际先进水平的国际投资、贸易"单一窗口"，推动数据协同、简化和标准化，为企业提供全程数据服务。

三是推动大数据与区块链等信息技术的融合。《应用条例》明确支持大数据与区块链等信息技术的融合发展，开展数字金融、物联网、智能制造、供应链管理、数字资产交易等多个领域的融合应用。

四是保障可信数据交易。《应用条例》较为系统性地从可以交易的数据类型、数据交易基本原则、数据交易市场相关规范、鼓励和引导数据交易主体在依法设立的大数据交易平台进行数据交易等方面做出规定，从而为数据交易提供了基本遵循，为将来形成新型的数据服务商、交易商奠定了基础。

（四）数据管理能力成熟度评估体系逐步形成，开启企业数据规范化管理篇章

随着大数据在经济社会各领域的深入应用，数据管理的重要作用日益凸显，数据管理已成为盘活数据资源、打通数据流程、发挥数据作用的基础支撑。工业和信息化部信息技术发展司指导全国信标委大数据标准工作组研制形成 GB/T 6073—2018《数据管理能力成熟度评估模型》（DCMM）国家标准，初步建成了数据管理能力与成熟度评估机制。目前，中国电子信息行业联合会在工业和信息化部信息技术发展司的指导下，成立了 DCMM 工作指导委员会，并制定相关管理办法及合作框架。自 DCMM 工作指导委员会成立以来，已在广州、南京、杭州、深圳、北京、济南、宁波、西安等地开展了多场 DCMM 宣贯会，推动 DCMM 国家标准宣贯、评估、培训等相关工作，有效提升了行业、地方数据管理水平。此外，确立了北京市、天津市、河北省、山西省、上海市、江苏省等 9 省（市）成为第一批 DCMM 评估工作试点地区，并遴选出广州赛宝认证中心服务有限公司、中国电子技术标准化研究院、国家工业信息安全发展研究中心等 5 家评估机构，评出软通动力信息技术（集团）有限公司、中汽数据（天津）有限公司和贝壳技术有限公司等 6 家首批贯标企业。

第三章　中国 IT 产业内生动力强劲，协同与跨界融合塑造新生态

2020 年，我国 IT 产业逆势成长。电子信息领域，规模以上电子信息制造业营业收入同比增长 8.3%，增速同比提高 3.8%，利润总额同比增长 17.2%，增速同比提高 14.1%，集成电路产量 2614.7 亿块，同比增长 29.6%。软件和信息技术服务业领域，累计完成软件业务收入 81616 亿元，同比增长 13.3%。2020 年，软件产业全国综合发展指数值达到 138.4，比上年上升 9.5，近 5 年来年均上升幅度为 7.7，显示了我国软件和信息技术服务业综合发展呈现持续向好的发展态势。

一、电子信息产业开启全链竞争，软/硬协同成关键驱动

（一）电子信息产业链上下游能力水平不断提升，市场空间持续高速增长

电子信息行业整体技术水平正在进入非线性上升阶段，技术复杂度呈指数级增长态势。全球以智能化和万物互联为核心的新一轮科技革命和产业革命不断深入，并在信息技术领域形成强交互，整个电子信息行业技术发展路径已进入变革深水区。与此同时，技术水平和技术复杂度由量变转向质变成为必然。当前，半导体关键设备的研发需要涉及等离子体物理、射频及微波学、结构化学、微观分子动力学、光谱及能谱学、真空机械传

输等多种科学技术及工程领域学科知识的综合应用,是人类历史上最复杂的工艺技术之一。随着摩尔定律逐渐接近物理极限,集成电路制造技术的制程节点也已探索至3nm,一条芯片生产线大约涉及50多个行业、2000~5000道工序。技术复杂度的提升最直接的表现是研发费用的增长,SemiEngingeering数据显示,28nm工艺节点的研发投入约为5000万美元,已量产的最先进的5nm工艺的研发费用已超过5亿美元(见图3-1),预计3nm工艺节点的研发费用最高将达到15亿美元。

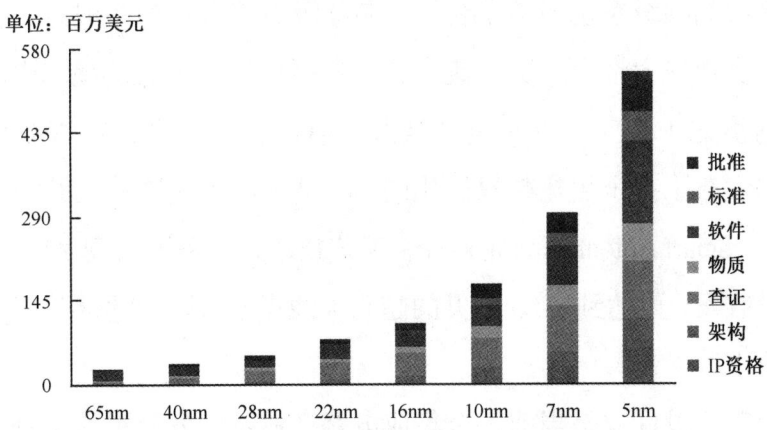

图 3-1 集成电路各工艺节点研发费用情况

资料来源:SemiEngingeering。

随着技术复杂度的大幅上升,行业的技术创新与产品性能升级开始更多依赖多种类技术的系统性整合与多种类子系统的高度协同,而非单一的基础技术或核心部件。当前,一部智能手机的性能取决于主板、处理器、屏幕、存储设备、拍照模组、电池等多个关键组件的系统集成,单一组件的升级或性能优势已无法支撑整个产品的市场竞争力。半导体制程技术虽然依旧在不断升级,但随着摩尔定律逐渐触碰物理极限"天花板",仅依靠制程节点的不断缩小而实现芯片性能跃迁的模式越发不可持续,半导体行业开始进入后摩尔时代(More than Moore),后道封测环节的晶圆级封装（Wafer Level Package，WLP）、系统级封装（System in Package，SiP）等相关技术在延续摩尔定律和提升芯片性能方面开始扮演越来越重要的角色。

企业将创新、产业、金融等资源布局沿供应链上下游不断扩展，从而构建自身可协调掌控的"全供应链"竞争力，以提升自身技术与资源整合能力。台积电作为芯片制造领域的龙头厂商，已建设完成包括基片上晶圆封装（CoWoS）、集成扇出型封装（InFO）、系统整合单晶片封装（SoIC）在内的高阶晶圆级系统封装平台，其晶圆级封装方案与一般意义上的封装相比，可实现更大带宽、更高速度、更强可靠性、更低功耗。中芯国际也与国内封测龙头企业江苏长电科技股份有限公司联合设厂以布局晶圆级封装，并发布了首个超宽频双极化的 5G 毫米波天线芯片晶圆级集成封装 SmartAiP（Smart Antenna in Package）工艺技术，具备可实现 24～43GHz 超宽频信号收发，可达到 12.5 分贝的超高天线增益，以及适合智能手机对超薄厚度要求等优势。

我国芯片设计业是当前整个集成电路产业链中发展最快的环节，根据中国半导体行业协会的数据，2020 年中国集成电路产业销售额为 8848 亿元，同比增长 17%。其中，设计业销售额为 3778.4 亿元，同比增长 23.3%；制造业销售额为 2560.1 亿元，同比增长 19.1%；封装测试业销售额为 2509.5 亿元，同比增长 6.8%。另外，根据 IC Insights 发布的《2021 年麦克莱恩报告》(*The McClean Report 2021*)，2020 年中国大陆地区集成电路公司在芯片设计（Fabless）领域占全球份额的 15%（见表 3-1）。

表 3-1 2020 年全球主要国家/地区半导体市场份额

国家/地区	IDM 份额	较 2019 年变化	Fabless 份额	较 2019 年变化	整体 IC 市场份额	较 2019 年变化
美国	50%	-1%	64%	-1%	55%	基本持平
韩国	30%	+1%	1%	基本持平	21%	基本持平

第三章 中国IT产业内生动力强劲，协同与跨界融合塑造新生态

续表

国家/地区	IDM份额	较2019年变化	Fabless份额	较2019年变化	整体IC市场份额	较2019年变化
中国台湾地区	2%	基本持平	18%	+1%	7%	+1%
欧洲	9%	基本持平	1%	-1%	6%	-1%
日本	8%	+1%	1%	基本持平	6%	基本持平
中国大陆地区	<1%	基本持平	15%	基本持平	5%	基本持平

资料来源：IC Insights，国家工业信息安全发展研究中心整理。

晶圆代工行业属于技术、资本和人才密集型行业，行业壁垒较高，因此市场集中度高。芯思想研究院发布的数据显示，根据总部所在地划分，前十大专属晶圆代工公司中，中国台湾地区有台湾积体电路制造股份有限公司（以下简称"台积电"或"TSMC"）、联华电子股份有限公司（以下简称"联电"或"UMC"）、力晶积成电子制造股份有限公司（以下简称"力积电"或"Powerchip"）、世界先进半导体公司（以下简称"世界先进"或"VIS"）、稳懋半导体股份有限公司（以下简称"稳懋"或"WIN"）5家，整体市场占有率为76.54%，较2019年的73.79%增加2.75个百分点。中国大陆地区的中芯国际和华虹集团，占据了第四和第五的位置，年收入均保持两位数高速增长，市场占有率分别为5.43%和2.92%（见表3-2）。

表3-2 2020年全球专属晶圆代工十强榜单

2020年排名	2019年排名	公司	总部	2019年营收/亿元	2019年市场占有率/%	2020年营收/亿元	2020年市场占有率/%	营收年增长率/%
1	1	台积电	中国台湾地区	2225	60.51	2924	63.22	31.40
2	3	联电	中国台湾地区	310	8.43	387	8.37	24.91
3	2	格芯半导体有限公司（简称"格芯"）	美国	373	10.13	360	7.78	-3.45
4	4	中芯国际	中国大陆地区	200	5.44	251	5.43	25.39
5	5	华虹集团	中国大陆地区	113	3.07	135	2.92	19.47
6	7	力积电	中国台湾地区	75	2.04	102	2.20	35.71

续表

2020年排名	2019年排名	公司	总部	2019年营收/亿元	2019年市场占有率/%	2020年营收/亿元	2020年市场占有率/%	营收年增长率/%
7	6	高塔半导体有限公司（简称"高塔"）	以色列	79	2.15	79	1.71	0.08
8	8	世界先进	中国台湾地区	59	1.60	71	1.53	20.39
9	10	东部高科	韩国	44	1.21	61	1.32	36.99
10	9	稳懋	中国台湾地区	45	1.21	57	1.22	26.98
		十强营收		3523		4425		25.60

资料来源：芯思想研究院，国家工业信息安全发展研究中心整理。

与我国集成电路设计业和制造业相比，封测业虽然在全球产业链的占比较小，但地位相对较高。中国大陆地区封测厂商的技术平台已经基本和海外厂商同步，先进封装市场产值在全球的占比稳步提升（见图3-2）。我国的封装业起步早、发展快，但是主要以传统封装产品为主。近年来，国内厂商通过并购，快速积累先进封装技术，技术水平已经基本和海外厂商同步，WLCSP、SiP、TVS等先进封装技术已经实现量产。未来，随着

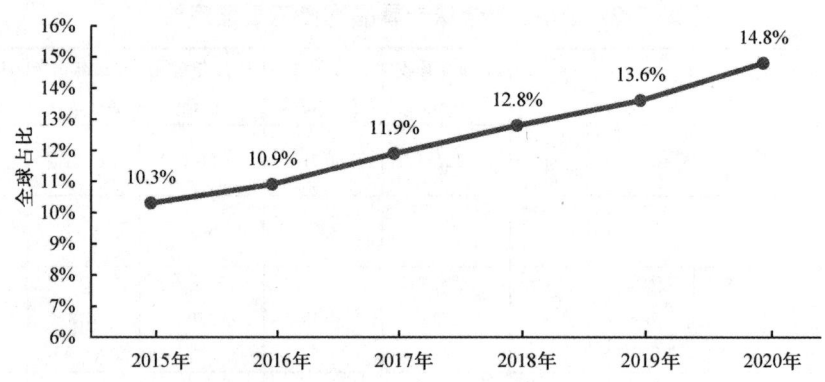

图3-2　2015—2020年中国大陆地区集成电路产业
先进封装产能全球占比

资料来源：IC Insights。

第三章 中国IT产业内生动力强劲,协同与跨界融合塑造新生态

国内晶圆厂的产能扩张,封测行业将迎来快速成长的契机。SEMI的数据显示,2017—2020年全球计划投产半导体晶圆厂62座,其中26座位于中国大陆地区,占全球总数的42%。随着大批新建晶圆厂产能的释放及国内主流代工厂产能利用率的提升,晶圆厂的产能扩张也势必蔓延至中下游封装厂商,将进一步提升我国封测业整体产能和先进产能的全球占比。中国大陆地区封测厂商技术水平分布如表3-3所示。

表3-3 中国大陆地区封测厂商技术水平分布

企业	SIP	TSV	WLCSP	BUMP	Fan-out	FC
日月光半导体有限公司	有	有	有	有	有	有
武汉安靠科技有限公司	有	有	有	有	有	有
江苏长电科技股份有限公司	有	有	有	有	有	有
矽品精密工业股份有限公司	有	有	有	有	有	有
通富微电电子股份有限公司	有	—	有	有	—	有
天水华天科技股份有限公司	有	有	有	有	有	有

资料来源:IC Insights。

集成电路设备方面,中国大陆地区已稳居全球集成电路设备第一大市场。AMAT、ASML、KLA、Lam、DNS和TEL全球前六大集成电路设备企业的数据显示,2020年第四季度,中国大陆地区贡献的全球集成电路设备行业收入比例达到25%,与中国台湾地区持平,高于韩国(23%)。2020年,中国大陆地区集成电路设备的市场需求占全球的27%,居首位;其次是中国台湾地区和韩国,占比分别为23%和22%。成熟制程方面,以具有代表性的华虹(无锡)项目为例,2020年启动新建月产能为4万片的12英寸特色集成电路生产线,工艺等级为90~65/55nm。

(二)外部环境不确定性增加,国内大循环市场空间巨大

从供给侧角度来看,我国集成电路产业整体对外依存度仍处于较高水平,但近十年已呈下降趋势。产业对外依存度可由产业净进口量(进口量与出口量之差)与国内所需供给能力总量(净进口量与国内产值之和)的比

值进行反映。根据测算，2020年我国集成电路产业对外依存度为63.17%，已经比2011年的85.05%下降超过20%，平均每年下降超过2%，可见我国集成电路产业的创新发展取得了较好的进步（见图3-3）。

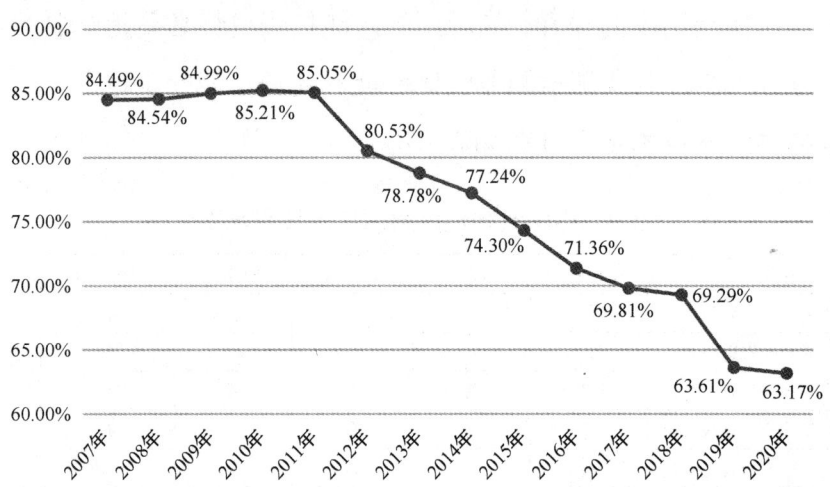

图3-3 我国集成电路产业净进口量与国内所需供给能力总量比值变化

资料来源：海关总署、中国半导体行业协会。

从需求自给的角度来看，我国集成电路产业近年来自给能力也在逐年提升。IC Insights 相关数据显示，2020 年我国集成电路产值为 227 亿美元，占国内集成电路市场的 15.9%，与 2010 年的 10.2% 相比提升了 5.7%（见图 3-4）。

此外，由于我国本土产值基数较低，未来 5 年我国集成电路产业的产值将持续保持高速增长的态势。IC Insights 相关数据显示，我国的集成电路产值将在 2020—2025 年实现 13.7% 的强劲复合年增长率，2025 年，我国的集成电路产值将达到 432 亿美元。工业和信息化部的数据显示，2020年，我国规模以上电子信息制造业增加值同比增长 7.7%，电子元件及电子专用材料制造业营业收入同比增长 11.3%，利润同比增长 5.9%。

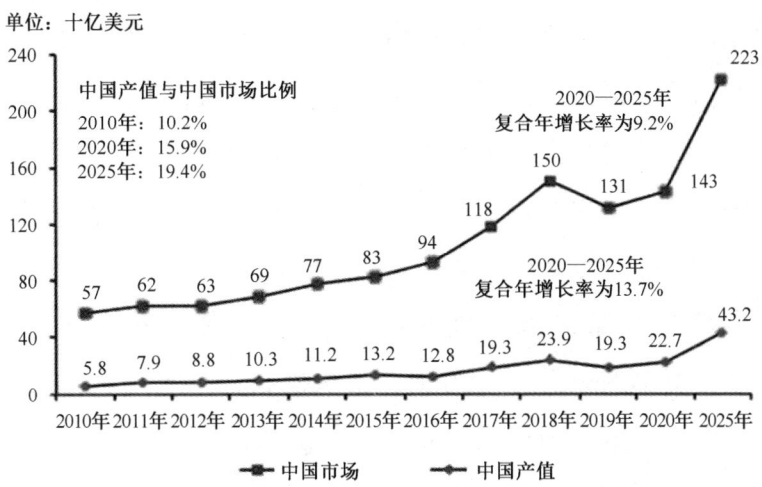

图 3-4 我国集成电路市场规模与产值规模

资料来源：中国半导体行业协会、IC Insights。

（三）地方发展积极性高涨，产业投资逐步开启多元模式

近年来，地方对集成电路产业的投资持续保持高位并逐步开启多元模式。国家集成电路产业投资基金投资成效突出，地方性集成电路产业投资基金筹建活跃，为产业发展提供了重要保障。

2014年6月发布的《国家集成电路产业发展推进纲要》提出，到2030年，我国集成电路产业链主要环节达到国际先进水平，一批企业进入国际第一梯队，实现跨越发展。其中在金融方面，提出设立集成电路产业投资基金，吸引大型企业、金融机构及社会资金，重点支持集成电路等产业发展。基金实行市场化运作，支持领域覆盖集成电路产业链上下游多个环节，以集成电路制造领域为主，兼顾设计、封装测试、装备、材料环节。

国家集成电路产业投资基金（以下简称"大基金"）一期规模为1387亿元，已于2018年基本投资完毕，大基金一期对《国家集成电路产业发展推进纲要》重点产品领域的覆盖率达到40%左右，撬动了5145亿元的地方基金以及私募股权投资基金，总计约6500亿元资金投入集成电路行业。

天眼查数据显示，大基金一期共投资项目80个，其中约70个为有效芯片项目，如纳思达股份有限公司、深圳市汇顶科技股份有限公司（以下简称"汇顶科技"）、中芯国际、上海硅产业集团股份有限公司、江苏长电科技股份有限公司（以下简称"长电科技"）等，其中直接持有上市公司股权为17家，间接持有上市公司及上市公司相关主体的股权为6家，投资未上市公司股权为22家，投资产业基金类为26家。截至2019年9月30日，大基金一期投资标的只有4家亏损，最高盈利79倍。其中减持的北京兆易创新科技股份有限公司（以下简称"兆易创新"）、汇顶科技、国科微电子股份有限公司（以下简称"国科微"）分别盈利213%、117%和163%。同时，长电科技成为全球第三大封测服务公司；中芯国际和华虹集团分别成为全球四和第五大晶圆代工公司；长江存储科技有限责任公司（以下简称"长江存储"）2020年推出128层QLC三维闪存芯片；三安光电股份有限公司（以下简称"三安光电"）已经成为中国内地最大的贯穿晶体生长、外延制备、芯片制造、封装测试、终端应用的碳化硅全产业链布局企业；北方华创刻蚀机等三大类集成电路设备进入14nm工艺验证阶段，首次实现与国外设备同步验证。

大基金二期于2019年10月22日正式成立，注册资本金为2041.5亿元，规模是一期的两倍左右。大基金二期出资方吸引了更多股东参与投资：财政部出资225亿元，占比为11.02%；中国烟草认缴150亿元；三大运营商合缴125亿元。大基金二期重点加大对IC设计业的支持，同时围绕存储、5G及人工智能等领域加强投入，为产业发展提供了有力的金融支持。

在地方层面，根据国家工业信息安全发展研究中心的统计，截至2021年3月，中国大陆地区已有9省24市宣布设立或正规划设立地方性集成电路产业投资基金（见表3-4）。另外，地方产业投资模式已开始由政府主导向政企共治转变，社会资本逐渐成为地方产业投资的重要发起者和参与者。2020年设立的南京达泰基金、武汉光谷中交保投资基金、青岛

第三章 中国IT产业内生动力强劲,协同与跨界融合塑造新生态

芯恩集成电路专项基金、江苏君海荣芯基金、康佳盐城电子信息产业股权投资基金、重庆康芯半导体产业股权投资基金、广州半导体设计与材料产业基金等均由政企共同发起,且与原多数地方性集成电路相关产业投资基金不同,社会资本在资金出资与投资规划上的参与度均有大幅提升,甚至在部分基金中开始占据主导地位。

表3-4 2020年以来中国大陆地区主要地方性集成电路产业投资基金

地区	设立/计划设立时间	基金规模	基金情况简介
南京	2020年3月	20亿元	设立"达泰基金",由江北产投集团和达泰资本共同发起设立,聚焦芯片设计、人工智能、大数据、物联网、5G、机器人、金融科技和网络安全等工具、平台、基础架构与应用领域
青岛	2020年3月	30亿元	设立"青岛芯恩集成电路专项基金",由青岛澳柯玛集团与上海兴橙投资管理有限公司共同推动,主要确保芯恩项目一期如期达产。青岛芯恩集成电路项目是国内首个共享共有式集成电路制造(CIDM)项目,由宁波芯恩半导体科技有限公司投资与青岛西海岸新区管委、青岛国际经济合作区管委、澳柯玛集团在2018年合作投资设立,总投资约为218亿元
武汉	2020年3月	200亿元	设立"光谷中交保投资基金",由中保投资有限责任公司、东湖高新区管委会、中交集团、兴业银行四方共同发起,其中100亿元主要投向包括光谷面板显示产业园在内的多个新型基础设施建设项目,50亿元注入"光谷科技发展产业创新基金",会投资武汉建芯、华润微电子等半导体项目,50亿元投向"中交光谷一带一路产业基金"
平潭	2020年4月	90.01亿元	设立"集成电路创业投资基金",总规模为90.01亿元,首期规模为20亿元,由福建省电子信息集团与平潭综合实验区签约设立,主要支持集成电路产业发展
苏州	2020年7月	100亿元	设立"苏州高新区集成电路产业投资基金",总规模为100亿元,首期规模为30亿元,由苏州高新区联合各级地方政府引导基金、产业资本、金融机构等合作设立,将重点投资集成电路、5G通信等新一代信息技术产业
江苏	2020年8月	20亿元	设立"君海荣芯基金",由江苏省政府投资基金与SK海力士(无锡)投资有限公司、联想控股、无锡市政府、无锡高新区联合发起,聚焦集成电路等江苏省信息科技产业的重点领域和关键环节开展投资
盐城	2020年8月	100亿元	设立"康佳盐城电子信息产业股权投资基金",基金总规模计划为100亿元,首期规模计划为30亿元,盐城市政府指定出资主体合计出资59.9%;康佳集团指定出资主体出资40%,聚焦电子信息、半导体、互联网、人工智能、物联网、高端装备、新材料等领域
杭州	2020年8月	10亿元	设立"集成电路产业基金",由芯空间控股有限公司与拱墅园区共同发起,主要面向集成电路设计领域

续表

地区	设立/计划设立时间	基金规模	基金情况简介
重庆成都	2020年9月	50亿元	设立"成渝双城经济圈科创母基金",总规模为50亿元,首期规模为10亿元,由国有创投企业重庆科技风险投资有限公司与成都创新风险投资有限公司共同发起设立,重点投资生物医药、人工智能、集成电路、智能制造等领域企业
广东	2020年9月	200亿元	设立"广东省半导体及集成电路产业投资基金",首期规模达200亿元,以财政性资金为主导,引导和鼓励社会投资,主要投资广东省半导体及集成电路产业项目,包括半导体器件、集成电路设计、晶圆制造、封装测试、EDA设计工具、核心装备及零部件、相关材料、电子元器件等
广州	2020年11月	100亿元	设立"专项产业基金",总规模超过100亿元,由兴橙资本、斐君永平等5家投资机构与黄埔区、广州开发区签约设立,聚焦集成电路、数字经济、人工智能等领域,兴橙资本将发起10亿元"半导体设计与材料产业基金",重点投资黄埔区、广州开发区的半导体产业项目,并计划在2021年年初发起设立30亿元规模、匹配广东省集成电路产业发展战略的专项产业基金;华山资本将发起首期"人民币科创基金",目标规模为10亿元,重点投资集成电路、人工智能等硬科技领域
重庆	2020年12月	20亿元	设立"重庆康芯半导体产业股权投资基金",由康佳集团、两山产投和康山投资共同发起,分别出资5亿元、10亿元和5亿元,专注于半导体新材料、半导体设备、芯片、IC设计、封测等领域,该基金实缴资金的75%将投资于重庆市璧山区域,基金总规模的80%将投资于与康佳业务相关的半导体、集成电路等产业

资料来源:国家工业信息安全发展研究中心整理。

(四)全球突发汽车芯片断供潮,我国产业链上下游加快布局

汽车半导体是汽车的核心器件,包括 MCU、功率半导体、传感器、存储、ASIC 等。在电动化与智能化的趋势下,汽车半导体价值量不断增加,特别是汽车芯片领域,根据前瞻产业研究院统计,2020 年全球汽车芯片市场规模约 460 亿美元。德勤、Gartner 等咨询机构预计,汽车电子正将成为半导体行业增长最快的领域,到 2022 年,将占到全行业销售收入的 12%左右,达到 651 亿美元。

2020 年年底,全球芯片市场供给不足的问题开始凸显,本田、大众、福特、通用等全球多家汽车企业因芯片供应短缺而减产、停产。主要原因是新冠肺炎疫情导致东南亚和欧洲等多地芯片供应商的产能受到影响。同

时，消费电子、医疗、通信等领域在新冠肺炎疫情的刺激下需求激增，汽车芯片由于在芯片制造商中产量占比较小，相关产能被挤占，引发了全球性的"芯片短缺潮"。市场研究机构 IHS Markit 估计，全球70%的汽车用微控制器产自台积电。台积电的生产数据显示，2020年第四季度汽车市场仅占其营收的3%，而智能手机芯片和高性能计算芯片分别占其营业收入的51%和31%。

目前，我国新能源汽车产业在电控核心部件绝缘栅双极型晶体管（IGBT）、先进传感器、高级驾驶辅助系统（ADAS）、智能驾驶芯片等领域供给能力有待提升，产品创新性有待加强。咨询公司罗兰贝格发布的《中国新能源汽车供应链白皮书2020》分析认为，中国每年有2800万辆的汽车市场，而中国汽车半导体的产值在全球的占比不到5%，部分关键零部件进口量在80%~90%。中国汽车芯片产业创新战略联盟的数据显示，国内汽车行业中车用芯片自研率仅约为10%，而中国汽车用芯片进口率超过90%。针对汽车智能化释放出的巨大需求，我国汽车电子产业链上下游企业正加大布局，大唐电信、紫光国微、四维图新、全志科技、韦尔股份、地平线、长城汽车、长江汽车电子、东风资产、比亚迪、华为、上汽、通用、五菱等企业纷纷宣布将全面推进整车芯片研发和制造能力建设，在智能网联的趋势下，中国汽车电子产业机遇与挑战并存。

二、软件产业深入"生态时代"，开源版图不断扩张

新一轮科技革命和产业革命正逐渐将全球带入智能化和万物互联时代，软件正成为信息技术之魂、网络安全之盾、经济转型之擎、数字社会之基。在深化以网络化、数字化、智能化为中心的经济转型过程中，我国软件产业稳中有进，软件云端化、平台化、服务化发展趋势凸显，软件产品和服务向以人工智能、云计算等通用技术为基础的智能化、生态化、融

合化方向发展，同时开源技术越发成为新时期我国 IT 产业发展的新亮点。

（一）我国软件产业逐步摆脱新冠肺炎疫情冲击影响，发展呈现平稳向好态势

2020 年，我国软件和信息技术服务业持续恢复，逐步摆脱新冠肺炎疫情的负面影响，呈现平稳发展的态势：收入和利润均保持较快增长，从业人数稳步增加；信息技术服务加快云化发展，软件应用服务化、平台化趋势明显；与经济社会融合进一步向纵深发展，为数字中国建设打造坚实基础。

产业整体保持较快增长。2020 年，全国软件和信息技术服务业规模以上企业超过 4 万家，累计完成软件业务收入 81616 亿元，同比增长 13.3%，较 2015 年（"十二五"末）增长 90.5%；实现利润总额 10676 亿元，同比增长 7.8%；人均实现业务收入 115.8 万元，同比增长 8.6%，较 2015 年增长 55.2%；从业人数 704.7 万人，比上年年末增加 21 万人，同比增长 3.1%，较 2015 年增长 22.8%。

产业结构持续优化。全行业 2020 年业务收入中，软件产品、信息技术服务、信息安全产品和服务、嵌入式系统软件的收入比例结构与近年基本保持一致，并呈现出技术驱动特征鲜明、云化转型加速的趋势。

软件产品方面，工业软件产品收入实现较快增长。2020 年，我国软件产品实现收入 22758 亿元，同比增长 10.1%，占软件和信息技术服务业的比重为 27.9%。其中，我国工业软件产品实现收入 1974 亿元，同比增长 11.2%。

信息技术服务方面，得益于云计算、大数据及人工智能技术的快速落地和应用发展，信息技术服务发展步伐不断加快，2020 年实现收入 49868 亿元，同比增长 15.2%，增速高出全行业平均水平 1.9 个百分点，占全行业收入的比重为 61.1%。其中，新兴业态蓬勃发展，电子商务平台技术服务体系逐渐完善，全年收入 9095 亿元，同比增长 10.5%；云服务、大数据

第三章 中国IT产业内生动力强劲，协同与跨界融合塑造新生态

服务等领域拉动产业发展态势明显，相关技术逐渐成熟和落地，成为大多数软件企业创新发展和业务应用的主流方向，全年实现收入4116亿元，同比增长11.1%，已成为新的增长点。

信息安全方面，近几年在国家政策法规、数字经济、威胁态势等多方需求的驱动下，信息安全的基础保障作用日益凸显，整体市场规模持续快速发展，云计算、大数据、物联网等新应用的大量部署促进了主动安全防御体系的建设，态势感知、威胁情报、云安全等产品的进一步发展成为软件市场高速增长的新动能，信息安全领域投融资事件和金额均大幅增长。不过受各种因素影响，信息安全产品和服务收入增速2020年略有回落，全年实现收入1498亿元，同比增长10.0%，增速较上年回落2.4个百分点。IDC预测，2021年，中国网络安全市场总体支出将达到102.2亿美元，2020—2024年预测期内的年CAGR（复合年均增长率）为16.8%，增速继续领跑全球网络安全市场。到2024年，中国网络安全市场规模将增长至172.7亿美元。

嵌入式系统软件方面，多年来已发展成为硬件产品和制造装备数字化升级、多个领域实现智能化增值的关键性技术软件载体，广泛应用于消费电子与数字家庭、网络通信、金融电子、交通电子、医疗电子和工业装备电子等领域。2020年，嵌入式系统软件实现收入7492亿元，同比增长12.0%，增速较上年提高4.2%，占全行业收入的比重为9.2%。嵌入式系统软件已成为产品和装备数字化改造、各领域智能化增值的关键性带动技术。

软件国际贸易方面，软件出口是我国软件产业融入全球产业价值链和培育国际竞争新优势的重要依托。目前我国软件出口领域涌现出一批有实力的企业，不过随着近年来我国贸易增长压力加剧，国际复杂贸易形势对市场产生了较大程度的影响，2020年，全国软件和信息技术服务业实现出口478.7亿美元，同比下降2.4%，较2015年下降1.3%。

（二）产业全球竞争力逐渐提高，创新能力迈向新台阶

我国软件产业经过多年发展，综合实力、供给能力、产业生态等方面均取得长足进步，为驱动实体经济提质增效发挥了重要作用，并在部分领域具备了一定的全球影响力。从全球软件产业综合实力来看，美国处于第一梯队，德国、英国、法国、日本处于第二梯队，我国紧随其后，处于由第三梯队向第二梯队爬坡的关键时期。

自主创新能力明显增强。根据国家知识产权局统计，2020年，全国共完成计算机软件著作权登记172.2904万件，同比增长16.06%。东部地区引领特点突出，登记量约为115万件，约占登记总量的66.7%。其中，广东、北京、江苏、上海的登记总量约为79万件，约占东部地区登记量的68.7%。随着贵州、四川、重庆等地加码布局大数据、信创等产业，西部地区计算机软件著作权增速最快，达到37.3%，高于全国整体增速约21个百分点。在技术产品方面，目前已经形成具有全球影响力的软件产品及解决方案，桌面操作系统、自主移动智能终端操作系统、分布式架构及开发工具等方面的关键技术能力已接近国际先进水平。在操作系统、数据库、工业软件等关键领域，我国不断深化基于开源Linux内核的自主操作系统软硬件适配性能及应用范围；打破了美欧企业对数据库技术的垄断，掌握了自主流数据库技术与库内人工智能技术，主导了《SQL9075 2018 流数据库》国际标准的制定，自主研发的POLARDB云原生数据库当选世界互联网大会领先科技成果，能够满足大规模业务场景上云需求；在工业设计、仿真等基础算法方面也取得了阶段性成果。2021年，国内CAD领域代表性企业，中望软件成功登陆科创板，目前其已成功构建了以CAD/CAE/CAM为主的产品矩阵，实现了工业设计、工业制造、仿真分析、建筑设计等关键领域的全覆盖，拥有境内计算机软件著作权179件、境外著作权9件，作品著作权3件。

第三章 中国IT产业内生动力强劲，协同与跨界融合塑造新生态

融合支撑作用日益显现。目前，我国工业数字化转型的市场空间不断发展，工业企业数字化研发工具的普及率达到66%，航空航天、汽车、轨道交通、机械等重点行业的数字化设计工具的普及率则超过了85%，工业企业关键工序的数控化率达到48%。工业软件的基础能力也在不断夯实，工业技术的软件化趋势明显，线上线下的工业App数量突破10万个，培育出50余家具有行业、区域影响力的工业互联网平台，初步形成了新兴的业务生态，为推动制造业的技术进步、模式创新、产业变革提供了重要的技术支撑。此外，国内应用软件企业在高精度导航定位系统、复杂电网调动和控制系统、物流仓储管理系统、轻量化平台等方面也已形成全球领先的行业应用解决方案。

新动能培育成效显著。我国软件产品和服务相互渗透融合，正在向一体化软件平台的新体系演变；产业模式则从传统"以产品为中心"向"以服务为中心"转变，"平台+生态"成为产业主流模式。互联网服务综合竞争力大幅提高，大数据、云计算、人工智能开发环境与开发框架及可视化建模工具等新业态新模式日渐丰富，新兴领域涌现出一大批高成长性企业，云平台、智能语音、人工智能、开发框架等众多产品开发速度赶超世界发达国家，部分云计算指标达到国际先进水平，大数据专利公开量全球占比已达到40%，产业新动能不断凸显。在开源软件领域，近年来我国企业在全球开源软件技术创新中的贡献不断增加，涌现出大数据、人工智能等方面的许多创新技术及产品，与开源项目相关的开发者大会、应用创新竞赛、专业培训等持续火热，良性互动发展模式正在逐步形成。

互联网信息服务企业全球品牌价值不断提升。从具体企业情况来看，2020年BrandZ最具价值全球品牌100强中有17个中国品牌入榜，比2019年增加了两个，中国成为上榜品牌数量第二多的国家，仅次于拥有51个上榜品牌的美国。中国上榜品牌的合计价值增长了16%，几乎是全球增速的3倍。IT产业相关品牌继续引领整个榜单，贡献了100强品牌总价值的

37%。在软件和信息服务业领域，我国企业进步明显，阿里的品牌价值增长了16%，增至1525.25亿美元，较2019年排名上升一位，升至全球第6名，是中国最有价值的品牌。腾讯、华为、京东、美团、滴滴出行等IT企业排名稳中有进。抖音（国外品牌为TikTok）首次上榜，以168.78亿美元的品牌价值排名第79名，是2020年全球新晋品牌中排名最靠前的品牌（见表3-5）。

表3-5 2020年BrandZ最具价值全球品牌中国上榜企业

2020年排名	2019年排名	品牌	类别	2020年品牌价值/亿美元	品牌价值同比变化
6	7	阿里	零售	1525.25	16%
7	8	腾讯	科技	1509.78	15%
18	35	茅台	酒	537.55	58%
31	29	中国工商银行	区域性银行	381.49	−1%
36	27	中国移动	电信服务	345.83	−12%
38	40	平安	保险	338.10	15%
45	47	华为	科技	294.12	9%
52	66	京东	零售	254.94	24%
54	78	美团	生活方式	239.11	27%
58	59	中国建设银行	区域性银行	210.89	−7%
64	71	滴滴出行	交通出行	200.41	0%
68	89	海尔	物联网生态	187.13	15%
68	82	中国农业银行	区域性银行	186.39	2%
79	新上榜	抖音	娱乐	168.78	新上榜
81	74	小米	科技	166.44	−16%
91	63	百度	科技	148.40	−29%
97	新上榜	中国银行	区域性银行	136.86	新上榜

资料来源：BrandZ。

（三）国产软/硬件适配体系不断完善，生态构建能力多维度全面提升

近年来，国际外部环境不断变化，对我国IT企业的发展造成了较大的冲击。为加强产业市场竞争力，产业主体不断强化自主创新能力，围绕基

第三章 中国IT产业内生动力强劲,协同与跨界融合塑造新生态

础软/硬件、应用软件、信息安全等领域加强创新布局,不断提升操作系统、数据库、中间件等IT技术产品的市场竞争力。为进一步优化集成电路产业和软件产业的发展环境,深化产业国际合作,提升产业创新能力和发展质量,2020年7月,国务院印发了《新时期促进集成电路产业和软件产业高质量发展的若干政策》,从财税、投融资、研发、进出口、人才、知识产权、市场应用、国际合作等方面对产业发展提供了一揽子支持政策。在国家政策的引导下,各地纷纷推出支持信息技术应用创新产业发展的指导政策(见表3-6)。

表3-6 主要地区信息技术应用创新产业发展的指导政策

发布时间	文件名	主要内容
2021年6月	《浙江省数字经济发展"十四五"规划》	深入推进产业基础再造与产业链提升,提升数字安防、高端软件、网络通信、新型电子材料及元器件等产业竞争力,做大集成电路、智能计算、新型显示、智能光伏等产业,加快培育自主可控产业生态及信息技术应用创新产业
2021年1月	《深圳市数字经济产业创新发展实施方案(2021—2023年)》	推动信息技术应用创新。构建信息技术应用创新产业体系,培育一批优秀的信创骨干企业,在电子政务、金融、国资国企、电信、互联网、教育、医疗等重点行业领域形成一批可复制推广的解决方案,将深圳打造成为全国信创产业发展高地。高举鲲鹏技术路线,加快中国鲲鹏产业源头创新中心和重点行业鲲鹏攻关基地建设,依托鲲鹏生态体系建设推动我市数字经济产业加快发展,将深圳建设成为产业生态完善、核心技术领先、应用场景丰富、产业竞争力强的全国鲲鹏产业示范区,全力打造全国乃至全球的鲲鹏生态体系总部基地
2021年1月	《上海市国民经济和社会发展第十四个五年规划和二〇三五年远景目标纲要》	全面提升核心数字产业能级。加速推进下一代信息通信技术突破,推动操作系统、数据库、中间件、工业软件、行业应用软件和信息安全软件等的自主创新,做好软件基础技术、通用技术、前沿技术等研究,不断提升国产软件的稳定度和成熟度,鼓励加大应用
2020年8月	《福建省新型基础设施建设三年行动计划(2020—2022年)》	推进建设科研试验支撑平台。加快建设省信息技术应用创新适配检测中心、集成电路晶圆测试公共服务平台、物联网产品测试验证平台等,布局建设支撑新型通信设备验证的区域性实验场地和面向高超声速飞机发动机、车联网、无人机等新技术新装备的专用试验场地

续表

发布时间	文件名	主要内容
2020年6月	《贵州省大数据融合创新发展工程专项行动方案》	打造大数据信息技术应用创新生态中心，为相关数据库、中间件、应用软件、信息安全等企业提供适配、测试、运维服务，构建"研究—应用—推广—运营"产业生态圈，推动服务业高质高效发展

资料来源：国家工业信息安全发展研究中心整理。

在政策助力下，2020年，我国软件产业技术能力不断提升，呈现出以下特点：

基础软件与新兴技术领域关键核心技术不断突破，生态构建支点持续夯实。2020年，我国软件百强企业在基础软件（操作系统、数据库、中间件）领域布局的企业数量较"十三五"开局之际增加了6家。操作系统方面，国内已开发出麒麟、深度、统一操作系统（UOS）等自主国产操作系统，市场占有率不断上升；华为已完成鸿蒙操作系统的开发，并逐步扩大应用范围。数据库方面，在Gartner公布的2020年度全球数据库魔力象限评估中，阿里云作为中国科技公司的代表，首次挺进全球数据库第一阵营——领导者（LEADERS）象限，这也是中国数据库40年来首次进入全球顶级数据库行列。办公软件方面，金山WPS掌握了GUI绘制库、基础控件库等自主底层核心技术，国内市场份额已达42%，在政府单位和国资委直属企业的市场占有率超过三分之二，移动端国内市场份额超过90%。行业应用软件方面，我国金融、政务、能源、应急等领域的国产软件占比均达75%以上，OA、CRM、ERP等国产化率超过80%，财务系统国产化率高达90%；国家电网的"复杂电网自律控制系统"已出口至美国最大电网PJM，用于控制美国东部13个州的电力输送。安全软件方面，国内厂商市场占有率超过50%，国内终端安全软件厂商在病毒库、恶意特征库、威胁情报库等方面的技术积累已达到国际主流水平。云计算方面，阿里云已跻身全球云计算市场前三，技术指标达到国际先进水平，能够支撑起全球规模最为庞

第三章 中国 IT 产业内生动力强劲，协同与跨界融合塑造新生态

大的电子商务业务。5G 软件领域，华为在 5G 核心网虚拟化软件、OTA 射频数据分析软件、大规模天线赋形关键算法等领域形成全球竞争优势，其 5G 核心网解决方案荣获世界移动大会"最佳网络软件突破奖"。人工智能领域，百度 PaddlePaddle 深度学习算法框架已达到国际先进水平，商汤科技、旷视科技等也蓄势推出自己的人工智能专用开发框架。

软/硬协同发展能力逐步提升，助力软件生态构建。系统化的软/硬件技术体系适配是软件生态形成的基础，软件不仅可以借助硬件的土壤迅速扩散，硬件的技术壁垒也为软件生态提供保护。Windows、Android 生态系统能够不断发展并长期稳定，以"Wintel""Android-ARM"为核心而形成的包含多种支撑硬件和应用软件的系统化软/硬技术适配环境起到了决定性作用。"Wintel"体系几乎可以适配所有主流硬件产品，上游应用软件适配超过 70 万款；Tensorflow 开源深度学习开发框架与 TPU 神经网络芯片在技术创新和市场应用上的高度协同性，为谷歌在人工智能领域打造近乎垄断性的开源生态系统提供了巨大的技术和市场优势；红帽基于 Red Hat OpenStack Platform（OPS）、Red Hat OpenShift 等软件技术在云计算领域构建起的开源生态，同样得到 IBM Power Systems 通过定制化开发、协作开发等方式为其提供的服务器硬件技术支撑。我国 CPU 和操作系统虽经过多年发展已基本实现技术适配，但技术适配更多是局限于 CPU 和操作系统两点间的线性适配，而以 CPU 和操作系统为核心延展出的外围软/硬件产品系统化适配仍然有待进一步提高。2020 年，为推动基础软件、工业软件加快形成市场竞争力，我国关键核心软/硬件产品适配验证能力布局进程加快。几十家产、学、研、用多方参与的数据库适配验证中心、移动操作系统适配验证中心、设计仿真工业软件适配验证中心、软件开发测试工具适配验证中心等国家级适配验证中心落地布局。在关键技术产品兼容协同层面，国产操作系统同国产芯片的兼容水平不断提升（见表 3-7）。

表 3-7　主要国产操作系统兼容适配情况

操作系统	供应企业	芯片适配
银河麒麟、中标麒麟	麒麟软件	飞腾、鲲鹏、龙芯、申威、海光、兆芯等
统信系统	统信软件	飞腾、龙芯、申威、海光、兆芯等
普华系统	普华软件	龙芯、申威等
中科方德	中科方德	兆芯等
欧拉 OS	华为	鲲鹏等
中兴新支点	中兴通讯	龙芯、兆芯等

资料来源：国家工业信息安全发展研究中心整理。

联想、华为、清华同方、中国长城、中科曙光等整机厂商同国产操作系统完成了多款终端和服务器设备的适配。我国自主研发的国产龙芯 CPU 和麒麟操作系统初期装备的整机基本不可用，经过多年发展和优化，解决软硬适配问题超过 400 项，目前已成功完成适配工作，为后续国产软件生态培育提供了有力支撑。由多家国内操作系统核心企业共同推出的 UOS 国产操作系统已同时支持龙芯、申威、飞腾、兆芯、海思、海光等众多国产 CPU，并能实现在不同 CPU 平台上统一发布渠道、统一应用商店、统一交互体验、统一文档和开发接口，目前该操作系统已发布正式版并被迅速推广。工业软件等重点产品强化对国产操作系统的支持。2021 年 5 月 10 日，数码大方 CAXA CAD 电子图板与麒麟软件公司的银河麒麟 V10 系列桌面操作系统完成兼容性测试，能全面满足企业的全国产软件系统应用需求。在软/硬件业务布局协同层面，除华为强大的软/硬件资源协同配置能力的覆盖范围不断扩展外，BAT 等传统互联网巨头也开始注重构筑自身软/硬件一体化业务布局能力，阿里、百度已分别推出含光、昆仑等实现产业化的自研芯片，腾讯虽暂时还没有自研芯片产品落地，但在芯片领域已进行了包括比特大陆、Barefoot Networks 等多笔重量级投资布局。

深度融入国际开源生态体系，对开源社区的贡献不断提升。在软件产业不断深入"生态时代"的背景下，开源生态作为整个生态系统的重要组

第三章 中国IT产业内生动力强劲，协同与跨界融合塑造新生态

成部分，随着AI、云计算、区块链等新兴信息技术的不断成熟且正成为主导产业发展的关键技术，开源模式逐渐成为全球软件产业开发的重要范式，并在诸多领域发挥着创新引领作用，成为软件技术突破与产业升级的"必经之路"。2020年6月，我国首个开源软件基金会"开放原子开源基金会"成立，截至2020年12月，已拥有华为鸿蒙、百度超级链（XuperChain）等至少7个开源孵化项目。国内最大的开源代码托管平台Gitee（码云）托管项目已超过1000万个，聚集开发者超过500万个，目前已成为全球第二大开源代码托管平台。此外，国内信息技术龙头企业开始在内部设立专职负责生态运营及构建的部门，如华为设立了"生态合作业务部"，阿里也设有"全球生态业务部"。

另外，技术基础作为生态构建的必要支点和生存的决定性因素，国内企业生态建设的技术内涵也在不断加强。Gitee（码云）整合阿里云CodePipeline技术，在云端实现了从编码到应用的持续集成和交付功能，极大地提升了程序协同开发过程中的迭代和演进效率。华为研制的方舟编译器、鸿蒙OS、HMS Core等生态支点技术已具备一定技术优势，阿里在软件开发领域也已推出包括Weex、Ant Design、Freeline、Dubbo、Altas等一系列的自研开源开发工具和技术。华为在Apache基金会下Hadoop开源社区的局部贡献度已跃居全球第四。2012—2018年，Linux基金会中国大陆地区会员增加了400%。OpenStack基金会中国大陆地区会员占比超过50%，华为的贡献度已排名全球第六。2020年，中国大陆地区在GitHub代码托管平台的贡献排名稳居全球第二。中国大陆地区在Android、Chrome等开源社区参与度和贡献度也已位居世界前列。

（四）工业软件发展迎来发展机遇，行业主体实力有序增强

目前，全球工业软件产业格局以欧美企业为主导，市场规模和研发投

入均远远超过国内企业。欧美工业巨头将工业软件视为新一轮工业变革的关键要素，在自身优势的基础上，通过并购、合作等手段补齐制造全流程的软件支撑能力，持续强化主导态势。在主要研发设计工业软件的企业中，法国达索系统在复杂制造业领域具有统治地位，为超过 140 个国家和地区提供软件产品及服务。达索系统的软件系统和定制化技术服务涵盖航空航天、汽车制造、造船设计、电气工程、能源管理、智慧城市、生命科学等 11 个产业大类，客户数量超过 21 万家；美国 ANSYS 公司开发的 ANSYS 软件是增长最快的 CAE（计算机辅助工程）软件，2019 年 ANSYS 营业总收入达 15.16 亿美元，其中软件业务收入占比为 46%，服务收入则占据剩下 54%的份额，后期维修和服务已逐渐成为 ANSYS 的主要收入来源，并带动其营业总收入的增长；美国 EDA 软件公司 Cadence 超过 10%的营收来自中国市场。在企业规模上，我国工业软件企业同国外企业尚有差距（见表 3-8）。德国工业巨头西门子（Siemens AG）2020 财年营收为 571.39 亿欧元，数字化工业集团营收为 38.81 亿欧元，超过了我国全年全部工业软件产品收入的 15%。

表 3-8 国内外工业软件厂商收入与市值对比   单位：亿美元

中国	营业收入	市值	国外	营业收入	市值
研发设计类	5.21	—	研发设计类	1525.01	20670.15
中望软件	3.61	—	达索系统	314	3275.69
芯愿景	1.6	—	西门子（软件部分）	323.1	8104.59
—	—	—	PTC	89	705.99
—	—	—	Autodesk	227.57	3570.18
—	—	—	AVEVA	66.64	579.25
—	—	—	Synopsys	235.2	2055.75
—	—	—	Cadence	163.5	2092.66
—	—	—	Mentor Graphics	106	286.04
信息管理类	118.36	2108.98	信息管理类	4939	25208.89
用友网络	85.1	1460.63	甲骨文	2734.8	11559.58

第三章 中国IT产业内生动力强劲，协同与跨界融合塑造新生态

续表

中国	营业收入	市值	国外	营业收入	市值
金蝶软件	33.26	648.35	SAP	2204.2	13649.3
生产管理类	116.04	968.68	生产管理类	441	3876.05
柏楚电子	3.76	218.00	ABB	441	3876.05
中控技术	25.37	—	—	—	—
宝信软件	68.49	639.05	—	—	—
能科股份	7.66	67.04	—	—	—
赛意信息	10.76	44.59	—	—	—
总计	239.61	3077.66	总计	6905.01	49755.09

资料来源：中泰证券，市值为2020年8月16日收盘后市值。

目前，在国外技术出口限制风险催化、工业互联网发展等市场牵引的推动下，我国工业软件企业发展较快，众多企业加入市场（见表3-9）。越来越多的大型企业用户开始寻求国内产品，主动使用和扶持国产工业软件，加速了我国高端制造领域工业软件商业化的进程。航空设计领域，中望软件的三维CAD、北京数码大方科技股份有限公司的CAXA以及山东山大华天软件有限公司的三维云CAD等，在部分航空产品设计领域不断得以深化应用。国内自主航空通用型分析软件领域，中国飞机强度研究所开发并持续更新的HAJIF系统在型号研制中得到了一定的应用，英特仿真推出的CAE仿真软件被中航工业航宇救生装备有限公司、沈阳飞机设计研究所等科研机构采用。我国航空专用分析软件也实现了"点"的突破，如清华大学和北京航空材料研究院于2019年攻关成功的航空发动机单晶涡轮叶片建模与仿真软件，打破了美国UES公司的垄断，并被首次应用在国内航空发动机单晶涡轮叶片的研制中。国产软件在个别CAM细分领域已通过自主创新实现了技术竞争力的大幅提升，如武汉华中数控股份有限公司研发的全自主知识产权多轴加工工艺编程软件，填补了我国复杂曲面零件铣削加工CAM软件领域的空白，且整体技术达到国际先进水平。

表 3-9　工业软件产业链供应链企业图谱

软件产品	国外生产企业	国产企业
企业资源计划软件（ERP）	SAP、甲骨文、Infor、微软、Epicor	用友、北明、金蝶、浪潮、鼎捷、任我行、速达、红帆科技、金算盘、新中大、爱信诺、博科资讯
客户关系管理软件（CRM）	Salesforce、SAP、甲骨文、微软、Netsuite	远光、东软、金算盘、用友、金蝶、杭州数用、六度人和、百会、微问家、八百客、销售易、神州云动、沃云森、红圈云销
供应链管理软件（SCM）	JDA、SAP、甲骨文	金蝶、浪潮、用友、上海科箭、上海领道、唯智
企业资产管理系统软件（EAM）	IBM、Infor、IFS、Indus	东软、宝信、远光、英贝思、南京朗坤
人力资源管理软件（HRM）	SAP、甲骨文、Kronos、ADP、Workday	北明、用友、金蝶、东软、明基逐鹿、万古科技、中华网、蓝灯软件、嘉扬、宏景世纪
计算机辅助设计软件（CAD）	PTC、达索、欧特克、Aveva、EPLAN、Bentley、Materialise、3DSYSTEM、Unity3D	数码大方、中望龙腾、华天、杭州新迪、苏州浩辰、武汉开目、清华天河、广联达、上海鲁班、长沙优易、天津兆龙
计算机辅助制造软件（CAM）	西门子、UG、AutoDesk、海克斯康、Tebis、Openmind、DP Technology、CNC Software、	数码大方、中望龙腾、华天软件
计算机辅助工程软件（CAE）	ANSYS、Altair、MSC、达索、西门子、Numeca、Materialise、	英特仿真、前沿动力、苏州同元、云道智造、武汉开目、索为、海基科技、希格玛仿真、大连理工、中物院、中国飞机强度所、航空工业总公司、广州工研院、北京超算中心
产品生命周期管理软件（PLM）	达索、PTC、西门子、欧特克、SAP、ORACLE、INFOR	安世亚太、神州软件、数码大方、海基、思普软件、浙大联科、鼎捷科技、中车信息、清华同方、华天软件、南京新模式、浙大大天、北京艾克斯特
计算机辅助工艺过程设计软件（CAPP）	达索、欧特克	开目、华天、数码大方、神州、天河、索为
电子设计自动化软件（EDA）	Synopsys、Cadence、Mentor Graphics	华大九天、杭州广立微、芯禾科技、北京博达微、上海望友、中国立创、上海青越、概伦电子
六性设计仿真	美国 PTC 公司、英国 Isograph 公司、美国 Qualtech 系统公司、空中客车 APSYS 公司、瑞典系统与后勤工程公司	北京可维创业科技有限公司、北京瑞风协同科技股份有限公司、南京国睿信维软件有限公司、北京汇航科技有限公司
系统设计仿真	达索、西门子、ESI	安世亚太、索为、同元、世冠、海基科技
制造执行系统（MES）	罗克韦尔、GE、西门子、霍尼韦尔、MPDV、FORCAM、PSI、Aspentech 和 AEGIS	浙大中控、和利时、石化盈科、金航数码、兰光创新、上海宝新佰思杰、鼎捷软件、武汉镭立、青岛弯弓科技、亿嘉亿电子、明基逐鹿、沈阳鸿宇、艾普工华、红帆科技

续表

软件产品	国外生产企业	国产企业
分布式控制系统（DCS）	Honeywell、Yokogawa、ABB	北京和利时、浙大中控、国电智深、杭州优稳、正泰中自、南京科远自动化、上海新华控制、威盛自动化、上海自动化仪表
数据采集与监视控制系统（SCADA）	罗克韦尔、施耐德、艾默生、Telvent、AEG、LIC	紫金桥、纵横科技、北京亚控科技、上海宝信、北京和利时、九思易、青岛弯弓、南京新迪生、北京三维动力、北京华富远科、北京世纪长秋、成都优科、上海罗湖新自动化、武汉舜通智能科技
可编程逻辑控制器（PLC）	艾默生、霍尼韦尔、西门子、芬兰美卓、Yokogawa、ABB	和利时、德维森公司、安控公司、南大傲拓、信捷、安控、傲越信、台达、丰炜、永宏
运维保障系统（MRO）	固安捷、米思米、IBM、SAP、UGS、Oracle、Windchill	航天云网、树根互联、广州赛宝腾睿、北京航天测控、南京国睿信维、北京神农氏、渝圣享科技、广州正泰商业数据、容知日新、北京华盛恒辉、北京艾克斯特、西安翔宇航空科技

资料来源：国家工业信息安全发展研究中心整理。

（五）软件产业投融资态势上扬，价值评估体系蓄势待发

软件业是国民经济信息化的基础，也是打造数字经济产业集群、提高社会数字化和智能化水平、构筑国际竞争优势的重要战略支点。在数字化的浪潮下，软件的价值进一步得到释放，2020年，软件业融资情况亮眼，非上市投融资热度逆势增长，龙头上市企业实现了较高市值的涨幅，系统软件等细分赛道获得资本市场的青睐。

行业非上市投融资活动高度活跃。受新冠肺炎疫情影响，2020年，国内创投基金投资事件数量同比骤降45.8%，披露的投资金额同比紧缩36.6%。在市场下行的背景下，信息技术产业也遭受了一定冲击，全年完成非上市融资事件2055起，同比下降35.7%，融资总金额为2689.97亿元，同比下降26.3%。但软件业却实现了强劲的逆势增长，全年完成非上市融资事件144起，同比增长34.6%，融资总金额突破200亿元，同比增长68.6%。资本对处于发展初期、潜力较大的软件企业关注度有所提升，早期阶段融资项目占比达38.2%，较2019年提高了近5.5%。

上市企业投资价值持续获得认可。2020年，资本市场对软件产业的投资意愿进一步增强。软件业上市企业市值从2019年年末的1.2万亿元攀升至2020年年末的1.7万亿元。金蝶国际软件集团有限公司、北京金山办公软件股份有限公司、上海泛微网络科技股份有限公司、深信服科技股份有限公司、上海宝信软件股份有限公司、用友网络科技股份有限公司等龙头应用软件企业全年市值涨幅超过100%。凌志软件股份有限公司、福建福昕软件开发股份有限公司、浙江中控技术股份有限公司等一批聚焦金融财税、办公服务、工业自动化领域的软件企业成功登陆科创板，募集资金总额达159.16亿元，其中超八成企业上市首日涨幅达80%以上。

系统软件领域成为增长最快的赛道。在细分领域方面，应用软件企业在全行业中占比最高，2020年全年实现非上市融资事件119起，较2019年增长40%，融资总金额达149.28亿元，较2019年增长53.2%。家庭娱乐软件企业2020年全年实现非上市融资事件13起，与2019年持平，融资总金额达41.49亿元，较2019年增长125.9%，完美世界股份有限公司、恺英网络股份有限公司等游戏企业完成超亿元大额融资。系统软件领域成为增长最快的赛道，相关企业2020年全年实现非上市融资事件12起，较2019年增长50%，融资总金额达11.95亿元，较2019年大幅增长195.8%。

软件价值评估机制日渐完善。长期以来，在市场竞争过程中，由于缺乏科学的评价标准，软件的成本难以度量，软件产品和服务长期存在价值难以受到肯定的情况。"重硬轻软""0元中标"等问题，严重制约了我国软件企业的发展。为破除发展瓶颈，2018年12月，中国软件行业协会牵头制定了国家标准《软件工程 软件开发成本度量规范》。2019年6月28日，时任工业和信息化部部长苗圩在第23届中国国际软件博览会上发表演讲时指出："推动软件价值评估规范，完善软件价值评估机制，引导各地积极开展软件成本度量标准的试点。"2021年4月，工业和信息化部

第三章 中国IT产业内生动力强劲，协同与跨界融合塑造新生态

信息技术发展司提出，将编制发布软件和信息技术服务业十四五发展规划。强化软件价值，尽快完善软件价值评估机制，加快破除"重硬轻软"的惯性思维。加强软件知识产权的保护，持续推进软件正版化，为鼓励企业创新提供根本保障。可以预见，在未来5年，我国软件产业发展将迎来更加适应行业特点的市场环境，产业竞争力将进一步迈向新台阶。

（六）各地积极布局发展软件产业，依靠资源禀赋形成特色发展模式

2020年，主要软件业大省（自治区、直辖市）保持稳中向好的态势，部分中西部省（自治区、直辖市）快速增长。2020年软件业务收入居前5名的北京、广东、江苏、浙江、上海共完成收入53516亿元，占全国软件业比重的65.6%，占比较2019年提高2.0%；中部和西部地区完成软件业务收入分别为3726亿元和9999亿元，同比增长3.9%和14.6%，占全国软件业的比重为5.0%和12.0%。2020年软件业务收入增速高于全国平均水平的省（自治区、直辖市）有15个，其中增速高于20%的省份集中在中西部地区，包括青海、海南、贵州、宁夏、广西等。

北京市是我国软件产业的创新高地，近年来陆续出台了《北京市"十三五"时期软件和信息服务业发展规划》《北京市大数据和云计算发展行动计划（2016—2020年）》《北京市"十三五"时期工业转型升级规划》《北京市推进两化深度融合推动制造业与互联网融合发展行动计划》等文件，通过实施"云网端"一体化大数据引领战略、产业跨界融合升级大软件驱动战略、服务信息社会建设大应用带动战略、新一代信息技术创新工程等，进一步巩固并提升软件和信息服务业在北京经济发展中的支柱地位。同时北京市还开展了新型产业生态圈培育、祥云工程3.0升级、京津冀大数据综合试验区建设、自主可控技术创新、两化融合强基、开源软件系统推广、知识产权和标准创新突破、产业国际化拓展八大重点行动，全面提

升软件产业创新能力和创新层次，增强北京市对国际高端业务的承接力。2021年，北京软件和信息技术服务业保持平稳健康发展，截至2021年2月底，北京已有软件企业3580家，软件业务收入1—2月累计达15600387万元，与2020年同期相比增加20.2%。其中，软件产品和信息技术服务收入1—2月累计分别为4284516万元和10195886万元，同比增加16.2%和23%。

广东省着力集聚创新资源和要素、激发创新创业活力、增强自主研发能力，发展创新型企业、构建完整产业链条、营造良好产业发展生态，培育壮大新一代信息技术产业，提升发展质量，形成以创新为主要引领的经济体系。广东省近年来陆续出台了《广东省战略性新兴产业发展"十三五"规划》《广东省"互联网+"行动计划（2015—2020年）》《广东省促进大数据发展行动计划（2016—2020年）》《广东省扩大和升级信息消费实施方案（2018—2020年）》等文件，面向下一代网络、云计算、工业互联网等新技术与应用体系，集中推进计算、存储、网络、终端等关键整机产品的发展，同时重点发展广东优势制造行业的工业核心软件，培育发展人工智能、大数据等新兴产业，加快建设珠三角国家大数据综合试验区。目前，广东省软件和信息服务综合实力排名全国第一，软件产业规模连续多年位居全国首位，截至2021年2月底，软件企业达4781家，是全国软件企业最多的省份。广东现阶段已经形成以广州、深圳两个中国软件名城为中心、以珠三角地区为主体的发展格局，创新能力和综合实力不断提升，软件著作权登记量、PCT申请量多年全国第一。

江苏省围绕制造强省和智慧江苏的建设目标，全面推进信息化和工业化深度融合，加快推动新一代信息技术和互联网技术向研发设计、加工制造、生产管控、供应链管理、市场服务等环节渗透，打造先进制造业基地，形成竞争新优势。江苏省近年来陆续出台了《江苏省信息化和工业化深度融合发展规划（2016—2020年）》《智慧江苏建设三年行动计划（2018—2020年）》《省政府办公厅关于推进制造业与互联网融合发展的实施意见》《江苏省企业互联网化提升计划》《关于进一步加快智能制造发展的意见》等文件，通过工业互联网加速器工程、工业互联网平台"强链拓市"专项行动、"数动未来"专项行动、工业设计高质量发展三年行动、互联网大数据类企业转型升级计划、江苏软件奖学金以及大数据开放共享与应用试验区、省级软件企业技术中心等载体建设，不断优化行业产业的发展基础，2021年1—2月，江苏省软件业务收入累计13203908万元，同比增长27.6%，其中软件产品收入和信息技术服务收入分别比2020年同期增加35.5%和25.9%。

浙江省面对转型升级的迫切要求，近年来陆续出台了《关于进一步加快软件和信息服务业发展的实施意见》《浙江省软件产业创新能力提升三年行动计划》等文件，提升软件开发能力，引入国内外顶尖的软件企业面向省内软件开发者开放其软件开发能力和市场资源，打造国内领先的软件开发云平台；聚合政产学研用多方力量，建立工业软件创新创业体系；鼓励软件企业积极开发适合云上运行的软件，提供可信的云服务；依托阿里云等云服务平台建立软件应用商店，汇聚一批云应用软件服务商和云应用软件，打造经营规范、产品丰富、用户活跃的云市场；鼓励信息技术服务企业开展信息技术服务标准（ITSS）认证，加强软件开发和服务标准规范建设。2018年至2020年，浙江省每年统筹安排1亿元用于鼓励推动软件和信息服务业发展，2020年8月，浙江省发布《浙江省实施制造业产业基础再造和产业链提升工程行动方案（2020—2025年）》，结合浙江良好的工业基础，布局EDA等工业软件攻关和工业互联网建链，同时深化工业互联网标识解析体系建设，加快工业技术软件化。

上海市以提升工业软件支撑能力、行业软件核心竞争能力、互联网跨界融合能力、新兴技术引领带动能力为发展重点，通过实施一系列重点工程，加强自主研发、集成创新和引进吸收，推动了产业从规模增长向质量提升发展。上海市近年来陆续出台了《上海促进软件和信息服务业发展"十三五"规划》《关于本市进一步鼓励软件产业和集成电路产业发展的若干政策》《上海市软件和集成电路产业发展专项支持实施细则》等文件，积极部署实施了工业互联网支撑、软件产业创新、"互联网+"产业培育、"云海计划"升级、数据服务能力提升、领军企业培育、软件贸易和服务外包促进、信息安全保障八大重点工程。此外，上海市还发布了人工智能、工业互联网、信息化建设和应用、重点技术改造等细分领域专项实施细则，采用无偿资助、奖励、政府购买服务等支持方式，支持企业在核心领域自主创新，优化产业发展环境，加快全产业链高端化发展。2021年1—2月，上海市软件业务收入累计9354900万元，与2020年同期相比增加24.5%。未来上海市计划在推动5G建设和促进首版次软件产品研发及应用方面加速部署，激发软件企业研发以及用户使用首版次软件产品的积极性。上海市于2020年1月发布《上海市首版次软件产品专项支持办法》，将人工智能等核心软件、操作系统等基础软件以及工业软件、大型行业应用软件、信息安全产品软件、支撑类软件列为重点领域。

福建省是我国数字经济创新发展的重要试验田。2019年10月，国家发展和改革委员会、中央网络安全和信息化委员会办公室联合印发《国家数字经济创新发展试验区实施方案》，选择数字化转型走在前列、代表性引领性较强的福建、浙江、广东、重庆、四川、河北（雄安新区）先行先试，建设国家数字经济创新发展试验区。2020年，福建积极发挥数字中国建设峰会的平台效应，大力实施数字经济创新发展工程，通过《福建省人民政府办公厅关于进一步支持5G网络建设和产业发展若干措施的通知》《福建省新型基础设施建设三年行动计划（2020—2022年）》《福建省实施工业（产业）园区标准化建设推动制造业高质量发展三年行动计划（2020—2022年）》等举措，推进数字产业化和产业数字化。2020年全年规模以上工业增加值增长2.0%，规模以上工业中三大主导产业增加值增长5.7%，其中，电子信息产业增长6.6%，数字经济增加值预计突破2万亿元，比2019年增长15%以上，数字经济已经成为福建省全方位推动高质量发展超越的核心引擎。2021年3月，福建省对外发布《国家数字经济创新发展试验区（福建）工作方案》，通过数字产业化、产业数字化、数据价值化、"数字丝路"、数字新基建等部署实施5大项21小项任务，打造数字中国样板区、智慧海洋和卫星应用产业集聚区、"数字丝路"核心区和数字经济发展新高地，全力建设"数字应用第一省"，全方位利用数字化技术助力推动经济社会高质量发展。

天津市拥有多家信创领域龙头企业，近年来陆续出台了《天津市软件和信息技术服务业发展三年行动方案（2018—2020年）》《天津市关于加快推进智能科技产业发展若干政策》《天津市"杀手锏"产品认定补贴办法》等文件，通过给予企业研发投入补助、促进关键产品适配应用、提供重点项目配套资金等方式，以龙头企业、骨干项目带动产业链延伸，引导软件资源定向聚集，促进产业规模化发展。当前，飞腾CPU和麒麟操作系统项目落户天津，以及国产数据库龙头企业天津南大通用数据技术股份有限公司的产品在金融、电信、政务、国防、企事业等领域的广泛应用，使天津市在安全CPU、安全操作系统、安全数据库三大领域占据国内优势地位。截至2021年2月底，天津市软件和信息技术服务业企业数量为850家。

山东省作为传统制造业大省，新一代信息技术产业发展被定为转型升级的主攻方向，近年来陆续出台了《数字山东发展规划（2018—2022年）》《山东省新一代信息技术产业专项规划（2018—2022年）》等文件，全面布局大数据、云计算、人工智能等新一代信息技术产业，培育核心竞争优势，推动区域产业链上下游分工协作互补发展，同时着力增强数字基础设施、数据资源、网络安全基础支撑，培植壮大数字经济。通过实施新旧动能转换重大工程，树立和培育了一批重点产业智能制造标杆企业。

安徽省是我国人工智能产业的重要集聚区，近年来陆续出台了《安徽省"十三五"软件和大数据产业发展规划》《关于加快建设"数字江淮"的指导意见》《支持数字经济发展若干政策》等文件，全力聚焦智能家电、新型显示、芯片、新能源汽车、工业机器人和人工智能等重点领域的发展。通过开放性地布局人工智能产业，安徽的软件产业获得快速发展，统计显示，自 2017 年承建国家新一代人工智能开放创新平台以来，在讯飞生态中，长三角地区开发者团队总数超 30 万家，合肥市也成功创建为"中国软件名城"。

贵州省大数据产业在全国特色突出，近年来陆续出台了《贵州省推动大数据与工业深度融合发展工业互联网实施方案》《关于促进大数据云计算人工智能创新发展加快建设数字贵州的意见》《贵州省实施"万企融合"大行动打好"数字经济"攻坚战方案》等文件，大力发展数字经济。经过多年打造，贵州大数据企业已达 9500 多家，数字经济增速超过 20%，数字经济吸纳劳动力增速达 18.1%，两项指标均名列全国第一。

（七）软件园区高质量发展迎来政策支持，集聚发展不断提速增质

产业园作为产业集聚的生态基础，为加速我国软件产业的规模化、国际化，多年来我国通过政策扶持，在多地建立了各具特色的软件产业园、示范基地，成为我国软件产业发展的支柱力量和地方经济的发展重点动能。未来，随着我国软件产业园入驻企业的增多，软件园将持续为我国软件行业健康发展提供助力。

为在新时期推动软件产业高质量发展，落实国发〔2020〕8 号文《国务院关于印发新时期促进集成电路产业和软件产业高质量发展若干政策

的通知》的精神，2020年，工信部信息技术发展司将高质量建设中国软件名城和软件名园、加快培育软件名企、软件名品作为重点工作，持续推动产业集聚发展。2020年9月，为贯彻落实国家软件发展战略，提升关键软件产品供给能力，推进软件园区特色化、专业化、品牌化、高端化发展，工业和信息化部编制了《中国软件名园创建管理办法（征求意见稿）》，向社会公开征求意见，自此软件产业园区高质量发展布局加快。

软件产业基地数量保持平稳，发展效益大幅提升。过去软件产业园区建设以科技部为主导，自20世纪以来在多地建立了火炬园区。根据《中国火炬统计年鉴2020》数据显示，目前我国软件产业基地数量到达44个，"十三五"期间数量发展保持平稳。基地总人数达到483.6万，较2016年增长近130万人；营业收入达到63774.2亿元，较2016年增长3.1万亿元，接近翻一番，其中16家基地营业收入超过1000亿元，其收入总和占所有基地营业收入总额的90.75%，2019年营业收入前10名的软件产业基地如图3-5所示。

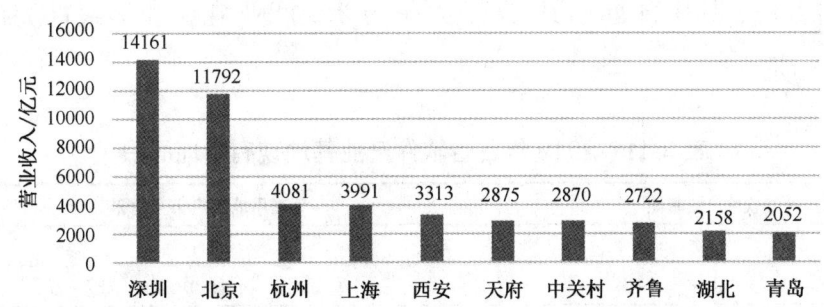

图3-5　2019年营业收入前10名的软件产业基地

资料来源：《中国火炬统计年鉴2020》。

软件产业基地软件收入44825.72亿元，占全国软件产业收入的62.2%；利润方面，软件产业基地达到8070.3亿元，较2016年增长超过1200亿元。随着数字经济的快速发展，软件产业基地营收、利润增幅不断扩大，

2019年同比增长分别达到37.4%、27.5%，较2018年增长率扩大分别扩大了20.7%、14.7%。2019年，软件产业基地人均利税16.69亿元，人均净利润10.78万。"十三五"时期软件产业基地主要经济指标如表3-10所示。

表3-10 "十三五"时期软件产业基地主要经济指标

年份	软件产业基地/个	基地总人数/万人	营业收入/亿元	利润总额/亿元	出口创汇/亿美元
2016	44	354.2	32906.8	4858.3	372.8
2017	44	383.9	39774.7	5615.0	428.9
2018	44	408.8	46423.5	6330.7	548.6
2019	44	483.6	63774.2	8070.3	558.2

资料来源：《中国火炬统计年鉴2020》。

从用地面积来看，东部地区软件产业基地发展处于全国领先地位，2019年，全国规划用地面积23685万平方米，其中东部地区达到14487万平方米，占比超过50%，而中部、西部、东北地区分别仅为1760万平方米、3789万平方米、3648万平方米。在现有用地面积的全国各省市排名上看，江苏、山东、陕西、广东、湖南、北京、四川是用地面积破1000万平方米的省份，其中江苏达到2711万平方米，产业规模和集聚性突出，如表3-11所示。

表3-11 2019年各省软件产业基地现有用地面积

软件产业基地	现有用地面积/万平方米
江苏	2711
山东	1679
陕西	1503
广东	1321
湖南	1250
北京	1241
四川	1200
山西	25

资料来源：《中国火炬统计年鉴2020》。

从业人数高度集聚，东部地区规模优势明显。从软件产业基地人才队伍情况来看，2019年全国软件产业基地从业人数超过389万人，其中东部地区超过283万人，占比72.7%（见表3-12）。北京是全国软件产业人员最多地区，人才队伍数量超过98万人，接近全国的三分之一，广东、浙江位居其后，分别超过47万人和39万人。有5年以上从业经验的人员数量破10万人的省份分别为北京、广东、江苏、浙江，分别超过22.1万人、12.6万人、11.9万人、10.3万人，占全国比重均接近和超过10%，其中北京达到19.6%。2019年年末，山西的软件从业人数为6511人，有5年以上从业经验的人员数量为2007人，占全国比重仅为0.2%，在中部地区的占比分别为1.5%和1.3%。

表3-12 2019年各省软件产业基地现有用地面积

软件产业基地	年末软件从业人数/人	占全国比重/%	有5年以上从业经验的人员/人	占全国比重/%
合计	**3891364**	100.0	**1129592**	100.0
东部地区	2830939	72.7	789666	69.9
中部地区	434590	11.2	152502	13.5
西部地区	454145	11.7	141171	12.5
东北地区	171690	4.4	46253	4.1
北京	981478	25.2	221674	19.6
广东	471278	12.1	126931	11.2
浙江	390410	10.0	103439	9.2
江苏	389330	10.0	119506	10.6
山西	6511	0.2	2007	0.2

资料来源：《中国火炬统计年鉴2020》。

产业集聚效应突出，东部牵引中部崛起态势显现。在各个基地的发展和企业分布上，全国软件产业基地中，目前软件企业数量超过10万家，其中东部地区超过4.89万家，占比接近50%。北京作为软件产业发展的龙头，集聚了7006家企业，在全国领先（见表3-13）。在营业收入方面，广东园区内软件企业数量不及北京，但是整体营业收入超过1.6万亿元排名全国第一，北京（1.4万亿元）、山东（5008亿元）、浙江（4180亿元）、江苏（4164亿元）位列其后。从单个企业营业收入来看，广东的企业实力突出，园区内单个软件企业平均营业收入超过4.2亿元，是全国的7.2倍，北京位居其后，平均营业收入超过2亿元，是全国的3.5倍，浙江的园区内单个企业也突破了1亿元，超过1.04亿元，是全国的1.78倍。从自主版权软件收入情况来看，东部地区贡献了75.2%的自主版权软件收入，北京在收入总量上全国领先，超过864亿元，贡献了全国5.4%的自主创新软件。从占营业收入比重上看，中部地区创新能力突出，占比达到42.2%。

表3-13 2019年各省软件产业基地营业收入情况

软件产业基地	企业数/家	营业收入/万元	单个企业营业收入/万元	自主版权软件收入/万元	自主版权软件收入占营收比重/%
合计	108866	637742038.6	5858.046025	160146436	25.1
东部地区	48916	516449405	10557.883	120432121.8	23.3
中部地区	38565	37685104.9	977.1841022	15891616.6	42.2
西部地区	10887	70603961.8	6485.162285	21446482.2	30.4
东北地区	2498	13003567	5205.591273	2376215.5	18.3
北京	7006	146616072.4	20927.21559	8645200.0	5.9
广东	3882	164100678.1	42272.19941	15388528.4	9.4
浙江	3998	41801651.1	10455.6406	38678152.1	92.5
江苏	5850	41644408.7	7118.702342	19243674.3	46.2
山东	5326	50085655.2	9403.990837	16007511.9	32.0
山西	388	730159.3	1881.853866	35733.3	4.9

资料来源：《中国火炬统计年鉴2020》。

从企业质量规模来看，软件产业基地上市企业数量持续增加，截至2019年年底，基地共有上市企业1058家，占入园企业总数的1.63%。其中天府、齐鲁、深圳3个软件基地位居前三，如图3-6所示。

创新经费支持力度加强，企业自筹占比突出。全国软件基地坚持创新驱动发展，有效集成科技资源，支持企业研发创新。2019年，基地科技活动经费筹集总额4833亿元，单个企业研发经费筹集额达到444万元（见表3-14）。东部地区引领作用明显，企业研发资金筹集额接近全国2倍，其中广东、浙江、山东均超过千万元，广东达到4418万元，是全国平均水平的近 10 倍。西部地区仍以政府支持为主，政府资金来源占研发资金来源比例达到 21.9%。中部地区，单个企业筹集额较低，仅为 74 万元，远低于全国平均水平。在资金来源方面，园区内企业多以企业自筹为主，全国平均比例为 72.9%，政府投入的资金占地为 6.3%。江苏的金融机构对软件企业研发的支持力度较大，资金支持比例达到 13.0%。

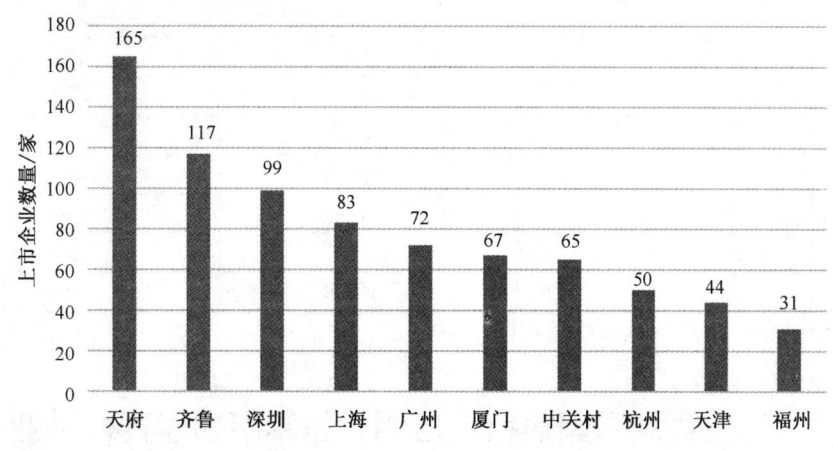

图 3-6　2019 年上市企业数量前 10 的基地

资料来源：《中国火炬统计年鉴 2020》。

表 3-14　2019 年各省软件产业基地科研投入保障情况　　单位：万元

软件产业基地	科技活动经费筹集总额	单个企业筹集额	其中：企业资金	企业资金占比	其中：金融机构贷款	金融机构资金占比	其中：各级政府部门资金	政府资金占比
合计	48330968	444	35235486	72.9%	2761182	5.70%	3024617	6.3%
东部地区	39838285	814	30377804	76.3%	1577991	3.96%	1554912	3.9%
中部地区	2865158	74	1590059	55.5%	552944	19.3%	353431	12.3%
西部地区	4802633	441	2607847	54.3%	589361	12.3%	1012841	21.9%
东北地区	824891	330	659777	80.0%	40886	5.0%	103433	12.5%
北京	3110000	444	—	—	—	—	—	—
广东	17148938	4418	16673592	97.2%	119936	0.7%	138916	0.8%
浙江	4543622	1136	4157383	91.5%	143771	3.2%	169115	3.7%
江苏	3911344	669	2832972	72.4%	504110	13.0%	381513	9.8%
山东	6028476	1132	3328999	55.2%	407901	6.8%	199323	3.3%
山西	53390	138	48743	91.3%	805	1.5%	3788	7.1%

资料来源：《中国火炬统计年鉴 2020》。

在科研经费支出方面，排名前10的软件产业基地支出总额达到5547.8亿元，占44家基地总额的85.39%（见表3-15）。

表3-15　2019年科技活动经费支出前10的基地及占比

排名	基地名称	科技活动经费支出/亿元	经费支出占比/%
1	深圳	1664.7	25.62
2	北京	1597.3	24.58
3	齐鲁	472.2	7.27
4	杭州	321.4	4.95
5	中关村	311	4.79
6	西安	302.1	4.65
7	天府	285.7	4.4
8	上海	270.1	4.16
9	无锡	173.6	2.67
10	广州	149.7	2.3

资料来源：《中国火炬统计年鉴2020》。

三、工业互联网聚焦行业应用，跨界融合孕育新兴业态

工业互联网是新一代信息技术同传统制造业融合的关键技术桥梁，是"制造强国"和"网络强国"建设的核心任务、工作主线和重要切入点。2020年是我国工业互联网建设实现《国务院关于深化"互联网+先进制造业"发展工业互联网的指导意见》阶段性目标的关键一年，也是落实工业和信息化部《工业互联网发展行动计划（2018—2020年）》的收官之年。经过多年发展，我国工业互联网基础设施不断夯实、平台应用持续深化、关键核心技术突破创新、试点示范效益显现、安全保障能力提升显著，对实体经济产业的赋能赋智、提质增效效果明显，形成了产融协同、大小融通的融合应用创新服务体系，特别是在应对突如其来的新冠肺炎疫情的过程中，工业互联网有力支撑了打赢疫情防控阻击战工作，为复杂形势下的实体经济孕育新动能、培育新模式、发展新业态提供了保障。2020年11月20日召开的"2020年中国5G+工业互联网大会"上，习近平总书记致贺信指出，

第三章 中国IT产业内生动力强劲，协同与跨界融合塑造新生态

当前，全球新一轮科技革命和产业变革深入推进，信息技术日新月异。5G与工业互联网的融合将加速数字中国、智慧社会建设，加速中国新型工业化进程，为中国经济发展注入新动能，为疫情阴霾笼罩下的世界经济创造新的发展机遇。

（一）我国工业互联网发展稳步实现阶段性建设目标

2017年11月，国务院印发《关于深化"互联网+先进制造业"发展工业互联网的指导意见》（见表3-16）。在国家政策的指导下，我国工业互联网获得快速发展。根据中国信通院的数据显示，2020年我国工业互联网产业经济增加值规模达到3.1万亿元，相关经济影响规模约为2.5万亿元。"5G+工业互联网"等一批新技术新应用快速落地，我国工业互联网建设工作有序推进，阶段性目标不断达成，为实体经济高质量发展优化了动力基础。

表3-16 工业互联网阶段性发展目标要求

序号	任务方向	《国务院关于深化"互联网+先进制造业"发展工业互联网的指导意见》
1	基础设施能力提升	到2020年，基本完成面向先进制造业的下一代互联网升级改造和配套管理能力建设，在重点地区和行业实现窄带物联网（NB-IoT）、工业过程/工业自动化无线网络（WIA-PA/FA）等无线网络技术应用
2	标识解析体系构建	初步建成工业互联网标识解析注册、备案等配套系统，形成10个以上公共标识解析服务节点，标识注册量超过20亿
3	工业互联网平台建设	到2020年，工业互联网平台体系初步形成，支持建设10个左右跨行业、跨领域平台，建成一批支撑企业数字化、网络化、智能化转型的企业级平台。培育30万个面向特定行业、特定场景的工业App，推动30万家企业应用工业互联网平台开展研发设计、生产制造、运营管理等业务，工业互联网平台对产业转型升级的基础性、支撑性作用初步显现
4	核心技术标准突破	到2020年，初步建立工业互联网标准体系，制定20项以上总体性及关键基础共性标准，制定20项以上重点行业标准，推进标准在重点企业、重点行业中的应用
5	新模式新业态培育	到2020年，初步形成影响力强的工业互联网先导应用模式，建立150个左右应用试点
6	产业生态融通发展	到2020年，建设5个左右的行业应用覆盖全面、技术产品实力过硬的工业互联网产业示范基地
7	安全保障水平增强	到2020年，根据重要工业互联网平台和系统的分布情况，组织有针对性的检查评估；初步建成工业互联网安全监测预警和防护处置平台；培养形成3～5家具有核心竞争力的工业互联网安全企业，遴选一批创新实用的网络安全试点示范项目并加以推广

资料来源：中国政府网、工业和信息化部、《中国工业互联网发展成效评估报告》。

在政府指导层面，工业和信息化部先后出台了《工业互联网平台建设及推广指南》、平台评价方法、企业上云行动计划、工业互联网App培育工程方案等配套政策文件，指导发布了平台参考架构。通过组织实施工业互联网创新发展工程，在平台方向累计支持了120余个项目，累计引导社会资本投资170亿元。

在加强统筹推进方面，2018年，经国家制造强国建设领导小组会议审议，决定设立工业互联网专项工作组，统筹协调我国工业互联网发展的全局性工作。2018年，工业互联网战略咨询专家委员会第一次会议在北京召开。2020年7月，工业互联网专项工作组印发《工业互联网专项工作组2020年工作计划》。

在基础设施能力提升方面，目前企业外网建设持续加码，网络服务质量明显提升，高质量外网已覆盖全国374个地级行政区（或直辖市的下辖区），覆盖率达89.7%。企业内网改造加快部署，部分制造企业积极探索，"5G+工业互联网"成为改造新路径，已建、在建项目超1100个。

在标识解析体系构建方面，我国选取了东部（上海）、西部（重庆）、南部（广州）、北部（北京）、中部（武汉）建设国家顶级节点。目前已上线运营85个二级节点，覆盖22个省（自治区、直辖市）和机械、材料、石化、家电等33个重点行业，标识注册量超过98亿件，连接企业超过9000家，日解析量超过800万次。

在工业互联网平台建设方面，2019年8月，工业和信息化部发布《2019年跨行业跨领域工业互联网平台清单公示》，公布了入选的海尔COSMOPlat、树根互联根云、华为FusionPlant、阿里supET、东方国信Cloudiip等10家企业的工业互联网平台。十大双跨平台平均连接设备数量达到80万套，平均工业App数量超过3500个。2020年12月，工业和信息化部发布《2020年跨行业跨领域工业互联网平台清单公示》，新增腾讯WeMake、忽米H-

第三章　中国IT产业内生动力强劲，协同与跨界融合塑造新生态

IIP、宝信xIn3Plat、蓝卓supOS工业操作系统及紫光云UNIPower 5家企业的工业互联网平台，进一步引导企业建立健全上平台用平台的路径和机制。

在核心技术标准突破方面，根据2019年《工业互联网综合标准化体系建设指南》，工业互联网标准体系共包括320项标准项目，其中基础共性标准45项，总体标准235项，应用标准40项。2021年7月，工业和信息化部公开征求对《工业互联网综合标准化体系建设指南（2021版）》（征求意见稿）（以下简称《意见稿》）的意见，《意见稿》提出，到2023年，基本形成工业互联网标准体系。制定术语定义、通用需求、供应链/产业链、人才等基础共性标准15项以上，"5G+工业互联网"、信息模型、工业大数据、安全防护等关键技术标准40项以上，面向汽车、电子信息、钢铁、轻工（家电）、装备制造、航空航天、石油化工等重点行业领域的应用标准25项以上。到2025年，制定涵盖工业互联网关键技术、产品、管理及应用需求等标准100项以上，基本建成统一、融合、开放的工业互联网标准体系，形成标准在企业中得到广泛应用、与国际先进水平保持同步发展的良好局面。

在产业生态融通发展方面，2017年、2019年工业和信息化部分两批开展了国家新型工业化产业示范基地（工业互联网）遴选，上海松江区、北京顺义区、海淀区、朝阳区、石景山区，湖北武汉，深圳宝安区等多个示范基地入选，持续优化了工业互联网产业生态建设与空间布局。

在安全保障水平提升方面，2019年，工业和信息化部就《工业互联网企业网络安全分类分级指南（试行）》（征求意见稿）公开征求意见，同时，工业和信息化部等十部门发布了《关于印发加强工业互联网安全工作的指导意见的通知》。2020年4月，工业和信息化部发布网络安全技术应用试点示范项目，工业互联网综合安全评测平台、工业互联网安全监测与态势感知平台等试点示范平台入选，安全技术保障体系初步形成。

（二）聚焦行业应用成为我国工业互联网发展政策重点

当前，我国工业互联网平台已逐渐从概念走向落地，多层次系统化平台体系基本形成，赋能转型升级作用日益凸显，聚焦轻工家电、高端装备制造、电子信息、工程机械、钢铁行业、建筑行业、能源电力、船舶等特定行业领域的应用不断深化，跨行业跨领域工业互联网平台特色突出。在2020年年初的新冠肺炎疫情防控和复工复产的工作中，在产业政策的引导下，我国工业互联网平台发挥出资源调度、配置、分析的精准化、实时化、系统化等优势，新模式新业态不断涌现（见表3-17）。

表3-17　2020年各政府部门促进工业互联网发展相关政策

时间	政策文件	发布单位	涉及工业互联网的政策内容
2月	中央政治局会议	—	要发挥好有效投资关键作用，推动生物医药、医疗设备、5G网络、工业互联网等加快发展
2月	《关于运用新一代信息技术支撑服务疫情防控和复工复产工作的通知》	工业和信息化部	深化工业互联网、工业软件（工业App）、人工智能、增强现实/虚拟现实等新技术应用，推广协同研发、无人生产、远程运营、在线服务等新模式新业态，加快恢复制造业产能；通过工业互联网平台保障供应链的完整，做好生产协同和风险预警；对于可能停产断供的关键环节，提前组织柔性转产和产能共享，以信息化手段管控好供应链安全
3月	《中小企业数字化赋能专项行动方案》	工业和信息化部	针对中小企业典型应用场景，鼓励创新工业互联网、5G、人工智能和工业App融合应用模式与技术，引导有基础、有条件的中小企业加快传统制造装备联网、关键工序数控化等数字化改造，应用低成本、模块化、易使用、易维护的先进智能装备和系统，优化工艺流程与装备技术，建设智能生产线、智能车间和智能工厂，实现精益生产、敏捷制造、精细管理和智能决策；基于工业互联网平台，促进中小企业深度融入大企业的供应链、创新链；加快推广5G和工业互联网应用，拓展工业互联网标识应用，加强中小企业网络、计算和安全等数字基础设施建设；建设工业互联网安全公共服务平台，面向广大中小企业提供网络和数据安全技术支持服务
3月	《关于推动工业互联网加快发展的通知》	工业和信息化部	改造升级工业互联网内外网络；增强完善工业互联网标识体系；提升工业互联网平台核心能力；建设工业互联网大数据中心；深化工业互联网行业应用；加快工业互联网试点示范推广普及；深入实施"5G+工业互联网"512工程；促进工业互联网区域协同发展等

续表

时间	政策文件	发布单位	涉及工业互联网的政策内容
3月	《工业和信息化部关于推动5G加快发展的通知》	工业和信息化部	实施"5G+工业互联网"512工程。打造5个产业公共服务平台，构建创新载体和公共服务能力；加快垂直领域"5G+工业互联网"的先导应用，内网建设改造覆盖10个重点行业；打造一批"5G+工业互联网"内网建设改造标杆网络、样板工程，形成至少20大典型工业应用场景。突破一批面向工业互联网特定需求的5G关键技术，显著提升"5G+工业互联网"产业基础支撑能力，促进"5G+工业互联网"融合创新发展
4月	《关于推进"上云用数赋智"行动 培育新经济发展实施方案》	国家发展和改革委员会、中共中央网络安全和信息化委员会办公室	大力培育数字经济新业态，深入推进企业数字化转型；加快完善数字基础设施，推进企业级数字基础设施开放，促进产业数据中台应用，向中小微企业分享中台业务资源
4月	《关于工业大数据发展的指导意见》	工业和信息化部	持续推进工业互联网建设，实现工业设备的全连接；建设国家工业互联网大数据中心；发挥工业互联网平台优势，提升平台的数据处理能力
5月	《2020年政府工作报告》	国务院	推动制造业升级和新兴产业发展。大幅增加制造业中长期贷款。发展工业互联网，推进智能制造
6月	《关于深化新一代信息技术与制造业融合发展的指导意见》	中央全面深化改革委员会	加快推进新一代信息技术和制造业融合发展，要顺应新一轮科技革命和产业变革趋势，以供给侧结构性改革为主线，以智能制造为主攻方向，加快工业互联网创新发展，加快制造业生产方式和企业形态根本性变革，夯实融合发展的基础支撑，健全法律法规，提升制造业数字化、网络化、智能化发展水平
10月	《中共中央关于制定国民经济和社会发展第十四个五年规划和二〇三五年远景目标的建议》	中国共产党第十九届中央委员会第五次全体会议	系统布局新型基础设施，加快第五代移动通信、工业互联网、大数据中心等建设

资料来源：中国政府网、工业和信息化部、国家发展和改革委员会。

从应用情况来看，我国工业互联网平台已经初步具备了跨行业、跨地区的服务能力，应用场景不断丰富。一是服务企业量和行业面不断扩大。海尔COSMOPlat、东方国信Cloudiip、用友精智等工业互联网产品已经在数万家企业应用，部分企业达到了数十万家。在行业场景上，传统的工业制造领域基本覆盖，同时工业互联网平台企业还将平台服务拓展到产业链上下游，覆盖了市场、管理、物流、研发、产业园区管理等各个环节。二是服务地域区域化协同加强。如2020年年初，上海、江苏、浙江、安徽四地政府部门签署了《共同推进长三角工业互联网一体化发展示范区建设战略合作协议》，推动长三角地区工业互联网一体化发展。工业和信息化部也不断加强同北京、青岛、南京等城市合作，推动建设了一批工业互联网平台应用创新体验中心，加速平台在地方落地推广。三是工业App应用不断丰富。据统计，"双跨"工业互联网平台平均连接设备数量超过80万套，平均工业App数量超过3500个，为解决工业互联网用户不敢用、不会用、用不起等突出问题提供了重要的场景试用窗口（见表3-18）。

表3-18 工业互联网十五大"双跨"平台

序号	平台名称	发展应用情况
1	海尔的COSMOPlat工业互联网平台	企业超过4万家，覆盖建陶、房车、纺织、机床等15类行业生态子平台，12个区域示范基地，在20多个国家复制推广，参与31项国家标准、6项国际标准制定，支持生产制造、企业管理、仓储物流、市场营销、研发设计、云服务等业务需求
2	东方国信的Cloudiip工业互联网平台	累计服务全球近50个国家上千家企业；支持钢铁、能源、电力、高铁、化工等29个行业；接入炼铁高炉、工程机械、风电、热力等20大类70余万台设备；支持设备管理、研发设计、运营管理、生产执行、产品全生命周期管理和供应链协同等工业应用场景需求
3	用友的精智工业互联网平台	服务企业超过46万家，介入设备57万台，平台活跃用户数198万，生态伙伴应用6886个，工业App数量8506个；融合39个工业大类，煤炭、电力、化工、汽配、装备、机械等18个应用领域；形成重庆、贵州、湖北、湖南、江西五大区域平台；支持智能化生产、个性化定制、网络化协同、服务化延伸和数字化管理等新模式应用
4	树根互联的根云工业互联网平台	已服务企业用户4万多家，覆盖95%主流工业控制器，支持400多种工业协议解析，已经接入各类工业设备超69万台，形成铸造产业链、注塑产业链、纺织产业链、定制家居产业链、家用塑料制品产业链等在内的20个产业链工业互联网平台，赋能81个工业细分行业；支持工地管理、能源管理、园区管理、车联网监控等应用场景
5	航天云网的INDICS工业互联网平台	已接入覆盖航空航天、设备制造等行业近80万台工业设备，汇聚工业App 2000余个；为19个省（自治区、直辖市）、地级市建设了区域工业互联网主平台，为全国用户提供了2000余个智能化项目及服务；形成以"平台总体架构、平台产品与服务、智能制造、工业大数据、网络与信息安全"五大板块为核心产业发展体系，并在德国和伊朗落地INDICS国际云平台
6	浪潮云的In-Cloud工业互联网平台	已为18个省（自治区、直辖市）和73个地级市提供了工业互联网服务，服务了128万家企业、2000万个个人用户，连接了210万个产品和385万套设备，行业覆盖装备制造、机械制造、制药、化工、服装等；面向企业、政府、园区三大客户，提供质量码、工业云、工业PaaS、工业大数据、应用服务五层架构服务，实现对设备、产品、业务系统以及开发者、供应商、客户、员工的七类链接

第三章 中国IT产业内生动力强劲，协同与跨界融合塑造新生态

续表

序号	平台名称	发展应用情况
7	华为的FusionPlant工业互联网平台	包含连接管理平台、工业智能体、工业应用平台三大部分，已服务企业用户2.4万家，工业设备连接数超过88万台（套），工业应用软件（工业App）数量超过2500个，以电子信息制造为重点，涵盖化工、钢铁、汽车、装备等行业
8	富士康的BEACON工业互联网平台	已服务工业企业用户1100多家，连接工业设备超过68万台（套），工业应用软件（工业App）数量超过1000个，涵盖电子信息、轻工、装备等多个行业
9	阿里的supET工业互联网平台	已经建设10个垂直行业级平台，分别覆盖了纺织服装、加工、食品饮料、家电、电子、钢铁等行业，接入工业设备约140万台，提供云化通用软件700多款、工业应用软件30多款，托管工业App数量1.8万个，服务工业企业3.63万家，打造20万余人的物联网开发者社区
10	徐工信息的汉云工业互联网平台	涵盖工程机械、新能源、军工、风电、光缆、核心零部件制造等行业，工业App达1500多款，服务企业1000余家，设备连接突破76万台，覆盖"一带一路"沿线20多个国家和地区
11	腾讯的WeMake工业互联网平台	整合云产品、优图工业AI、大数据中心、物联网中心、微瓴、企业微信、企点等多个内部产品，已孵化20个解决方案，覆盖11个制造业细分领域，覆盖超过10个工业云基地
12	忽米的H-IIP工业互联网平台	已聚集了数百万注册用户、6万开发者，连接了130多万台设备（其中工业设备72万台），平台交易规模已突破100亿元，平台业务覆盖全国30多个省市
13	宝信的xIn3Plat工业互联网平台	连接工业设备数352万多台、工业模型1600多个，平台微服务2100多个，云化软件及工业App 3800多个，注册企业用户14万多家。解决方案覆盖10个行业（钢铁、医药、轨道交通、石化、金融、有色、农业、电商、IDC、产业园区）、九大领域（安全生产、节能减排、质量管控、供应链管理、研发设计、生产制造、运营管理、仓储物流、运维服务）
14	supOS工业操作系统	在石化、建材等30多个不同行业领域成功应用，并加快构建了更为中立、开放的工业互联网生态发展体系
15	UNIPower工业互联网平台	服务覆盖电子信息、钢铁冶金、装备制造、电气、化工、光电缆、新能源等10余个行业；并基于产城融合发展理念，赋能区域产业发展，为政府部门产业精细化治理、产业园区数智化建设提供支撑

资料来源：工业和信息化部、各企业官方网站。

（三）工业互联网深化垂直应用不断开辟新路径

工业互联网支撑应用创新层出不穷。作为两化融合水平较高的地区，江苏、山东、浙江等地工业互联网新应用在疫情防控和复工复产过程中不断涌现。树根互联技术有限公司通过融合5G与区块链技术，帮助江苏数

十家企业实现数字化转型,在装备出口远程运维、制造设备物联升级等方面,实现了对设备效率、产量、管理及工艺的智能管理;山东青岛目前已经通过认定的工业互联网平台有8个,济南市"5G+工业互联网"应用试点项目已经认定10个,山东省政府每年安排财政专项资金,推动工业互联网新模式新业态发展,"智能充电弓"等人流、物流、服务流、管理流智能互联的新产品陆续获得各地市场认可;"5G+工业互联网"应用在齿轮、缝纫、泵阀等浙江中小企业落地,供应链融合程度不断加深。

工业互联网不断拓展生产管理新模式。数字化管理、智能化生产、网络化协同、个性化定制、服务化延伸等新模式不断涌现。如阿里、华为、北京东方国信科技股份有限公司等企业依托工业互联网开源社区、开发者联盟等推动工业互联网应用场景同工具开发者建立联系,加快针对不同业务场景和生产环节的应用开发,丰富工业互联网对企业的服务能力;富士康科技集团基于BEACON工业互联网平台实时采集精密刀具状态数据,实现了刀具状态的自动分析,使刀具寿命、成本等获得了大幅提升;西安飞机工业(集团)有限责任公司通过资源、信息、物料和人的高度互联,成功将整机制造周期压缩到15个月左右;海尔沈阳电冰箱厂通过部署COSMOPlat工业互联网平台,将客户数据同生产制造环节打通,实现了整个价值链的端到端连接,使定制产品不合格率降低59%,定制产品按时交付达到100%,直接劳动生产效率提高28%,企业营业收入上涨44%;三一集团有限公司基于树根互联根云工业互联网平台开展供应链管理服务,使下游经销商年备件库存成本降低超过3亿元,年生产性服务收入超过30亿元。

工业互联网加速成熟行业运营新业态。工业互联网的发展正在带动工业电子商务进入增长新周期,电子商务成为工业互联网平台落地生根的重要切入点。根据国家工业信息安全发展研究中心监测数据显示,2020年,我国重点行业骨干企业的工业电商普及率达到62.5%,百亿级以上工业电商平台约占工业电子商务平台总数的 4%，亿级以上工业电商平台约占工业电子商务平台总数的 27%。如中国航空工业集团有限公司建立航空工业电子采购平台，针对不同类型物资，支持开展超市化、集成化和专家化等网络采购，平台注册采购企业超 300 家，覆盖集团主要三级企业，注册供应商超 2 万家，累计交易金额超 1273 亿元。另外，工业互联网平台对生产、销售等场景数据的累计，为"工业互联网+金融"提供了重要的信息支撑，新的供应链金融服务正在被孕育，如久隆财产保险有限公司开发了基于物联网的设备开工不足损失保险、UBI 定价保险、设备延保等 10 余款创新性保险产品，依托物联网数据，降低客户的保费支出 20%；常州天正工业发展股份有限公司基于自主研发的 I-Martrix 工业互联网平台，将工业设备数据与风险评估、信用评级等业务结合，迄今为止共联入 3 万多台设备，先后帮助 2000 余家工业小微企业获得授信，授信额度累计超过 30 亿元。

（四）工业互联网产融合作迈向新台阶

非上市投融资活动高度活跃，资本市场日益青睐成熟项目。根据国家工业信息安全发展研究中心监测显示，2020 年，资本市场对于用户规模大、数据质量高、商业模式相对成熟的工业互联网企业呈现更高关注，投资偏好逐渐向中后期项目转移。2020 年，工业互联网行业中后期项目数量占比达 52.58%，较 2019 年提升近 5%（见图 3-7）。

上市企业投资价值获得认可。资本市场对行业的投资意愿进一步增强。据 Wind 数据显示，国内工业互联网企业的总市值占比由 2019 年 12 月的 2.99%提升至 2020 年 12 月的 3.35%，自由流通市值由 2019 年 12 月的 3.45 万亿元攀升至 2020 年 12 月的 4.35 万亿元。在已上市龙头企业方面，上海宝信软件、三一重工、用友网络全年市值涨幅高达 111.66%、106.43%和 101.76%。与此同时，广州瑞松智能科技股份有限公司、江苏云涌电子科技股份有限公司、奇安信科技集团股份有限公司（以下简称"奇安信"）、浙江中控技术股份有限公司、广东省奥普特科技股份有限公司等一批聚焦工业互联网领域的企业成功登陆科创板,上市首日涨幅均达80%以上,募集资金总额达184.93亿元(见表3-19)。

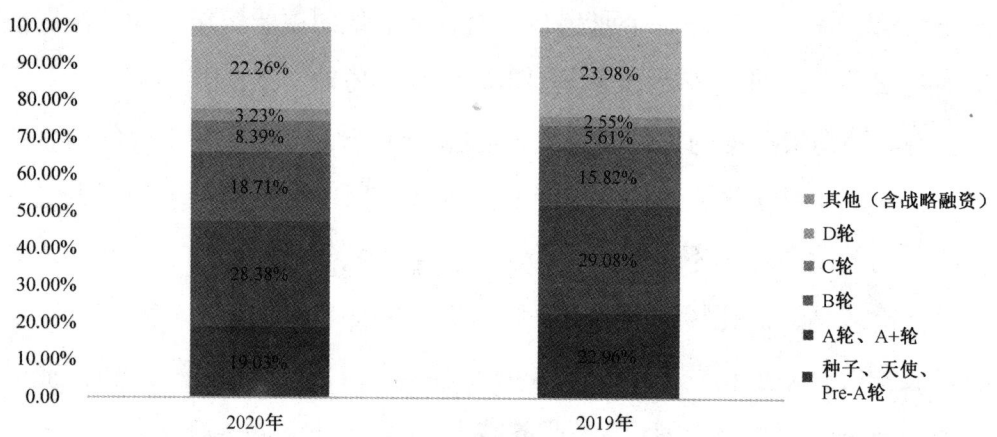

图 3-7　2020 年工业互联网行业非上市融资轮次分布

资料来源:国家工业信息安全发展研究中心。

表 3-19　2020 年工业互联网领域科创板上市情况

企业名称	上市时间	募资金额	首日涨幅	资金用途
深圳市有方科技股份有限公司	1月23日	4.66亿元	178.18%	(1)研发总部;(2)4G及NB无线通信模块和解决方案研发及产业化;(3)5G无线通信模块和解决方案研发及产业化;(4)V2X解决方案研发及产业化;(5)补充流动资金
北京映翰通网络技术股份有限公司	2月12日	3.62亿元	383.17%	(1)物联网通信产品升级;(2)智能配电网状态监测系统升级;(3)智能售货控制系统升级;(4)研发中心建设;(5)智能储罐远程监测(RTM)系统研发;(6)智能车联网系统研发;(7)补充流动资金
广州瑞松智能科技股份有限公司	2月17日	4.64亿元	263.01%	(1)工业机器人及智能装备生产基地;(2)研发中心建设;(3)偿还银行借款;(4)补充流动资金
罗克佳华科技集团股份有限公司	3月20日	9.82亿元	130.29%	(1)大气环境AI大数据体系建设;(2)环境智能传感器升级研发;(3)云链数据库共享交换平台升级研发;(4)城市人工智能软件研发及产业化;(5)补充流动资金

第三章 中国IT产业内生动力强劲，协同与跨界融合塑造新生态

续表

企业名称	上市时间	募资金额	首日涨幅	资金用途
成都秦川物联网科技股份有限公司	7月1日	4.76亿元	186.41%	（1）智能燃气表研发生产基地改扩建；（2）信息化系统升级建设；（3）营销网络及服务体系升级建设；（4）补充流动资金
江苏云涌电子科技股份有限公司	7月10日	6.67亿元	468.05%	（1）国产自主可控平台建设；（2）研发中心建设；（3）营销中心和服务体系建设；（4）补充流动资金
埃夫特智能装备股份有限公司	7月15日	8.28亿元	387.87%	（1）下一代智能高性能工业机器人研发及产业化；（2）机器人核心部件性能提升与产能建设；（3）机器人云平台研发和产业化
奇安信科技集团股份有限公司	7月22日	57.19亿元	138.06%	（1）云和大数据安全防护与管理运营中心建设；（2）物联网安全防护与管理系统；（3）工业互联网安全服务中心建设；（4）安全服务化建设；（5）基于"零信任"的动态可信访问控制平台建设；（6）网络空间测绘与安全态势感知平台建设；（7）补充流动资金
上海先惠自动化技术股份有限公司	8月11日	7.33亿元	111.53%	（1）高端智能制造装备研发及制造；（2）补充流动资金
北京博睿宏远数据科技股份有限公司	8月17日	4.13亿元	84.00%	（1）研发中心建设；（2）应用发现跟踪诊断产品升级建设；（3）用户数字化体验产品升级建设；（4）补充流动资金
浙江瑞晟智能科技股份有限公司	8月28日	3.48亿元	160.32%	（1）研发及总部中心建设项目；（2）工业智能物流系统生产基地建设项目；（3）补充流动资金
深圳市海目星激光科技有限公司	9月9日	7.28亿元	119.51%	（1）激光及自动化装备扩建；（2）激光及自动化装备研发中心建设
浙江海德曼智能装备股份有限公司	9月16日	4.47亿元	85.15%	（1）高端数控机床扩能建设；（2）高端数控机床研发中心建设；（3）补充流动资金及偿还银行贷款
大连豪森设备制造股份有限公司	11月9日	6.46亿元	291.58%	（1）新能源汽车用智能装备生产线建设项目；（2）新能源汽车智能装备专项技术研发中心建设项目；（3）偿还银行贷款项目
上海步科自动化股份有限公司	11月12日	4.27亿元	180.48%	（1）生产中心升级改造项目；（2）研发中心升级建设项目；（3）智能制造营销服务中心建设项目；（4）补充流动资金
浙江中控技术股份有限公司	11月24日	17.55亿元	204.03%	（1）新一代控制系统研发及产业化项目；（2）智能化工业软件研发及产业化项目；（3）年产20万台高精度压力变送器项目；（4）年产10万台（套）智能控制阀项目；（5）自动化管家5S一站式服务平台建设项目；（6）智能制造前沿技术研发项目；（7）补充流动资金项目

续表

企业名称	上市时间	募资金额	首日涨幅	资金用途
兰剑智能科技股份有限公司	12月2日	5.03亿元	137.36%	（1）智能物流装备生产实验基地建设项目；（2）研发中心及企业信息化建设项目；（3）公司营销服务总部项目；（4）补充流动资金
东莞市鼎通精密科技股份有限公司	12月21日	4.27亿元	123.67%	（1）连接器生产基地建设项目；（2）研发中心建设项目
苏州伟创电气科技股份有限公司	12月29日	4.84亿元	86.23%	（1）苏州二期变频器及伺服系统自动化生产基地建设项目；（2）苏州技术研发中心建设项目；（3）补充流动资金
奥普特科技股份有限公司	12月31日	16.18亿元	176.21%	（1）总部机器视觉制造中心项目；（2）华东机器视觉产业园建设项目；（3）总部研发中心建设项目；（4）华东研发及技术服务中心建设项目；（5）营销网络中心项目；（6）补充流动资金

资料来源：国家工业信息安全发展研究中心整理。

工业互联网平台创新中小企业融资模式。2020年，工业互联网平台在数据积累迭代的基础上探索构建模型，在创新中小企业融资模式、强化信贷风险控制等方面发挥了重要作用。浪潮"一贷通"平台，利用工业互联网平台数据自动生成企业风险报告，与中国银行、中国建设银行、齐鲁银行等50余家金融机构开展合作，累计服务中小微企业150万家，授信金额超200亿元。TCL集团与中国农业银行开展合作定制"链捷贷"产品，以应收账款为凭证向其上游供应商提供融资，仅一年时间，贷款投放规模达61亿元，惠及包括众多中小微企业在内的供应商500余家。常州天正工业发展股份有限公司以其工业互联网采集到的企业数据为依托，打造适用于中小微企业的生产力征信模型，帮助前海矩阵资本管理（深圳）有限公司、金茂资本控股有限公司等十余家合作金融机构降低了70%以上的欺诈风险，以及近50%的坏账率，大幅提升了机构对中小微企业的投资意愿，降低了优质中小微企业获得资金的难度和成本。

四、网络安全产业发展加快,应用推动升级模式渐显

(一)领域政策法规密集出台,产业市场空间扩展扩容

2020年,网络安全产业发展动力增强,由单一"合规"驱动,发展为集政策、事件和应用等多种因素共促的产业发展格局。一是领域政策法规密集出台,持续为行业发展提供指引。"网络安全等保2.0"《中华人民共和国密码法》《加强工业互联网安全工作的指导意见》等政策法规相继推出。防护对象从传统的党政机关、电信运营商和各类金融机构向各行业领域用户拓展(见表3-20)。二是网络安全对抗事件时有发生,频频敲响国家和社会安全的警钟。国家层面,如2019年委内瑞拉古里水电站遭网络攻击造成委境内大范围停电、2020年美国中情局通过通信设备加密装置监听百余个国家的秘密通信等事件影响严重;企业层面,2018年以来勒索病毒、恶意软件、数据窃取等针对企业层面的恶意攻击手段影响企业正常运转,倒逼企业安全投入的增加,直接提升企业内部网络安全部门地位。三是新兴技术应用使网络安全细分市场增多,推动网络安全应用场景扩容。云计算、物联网、区块链、人工智能等新兴技术应用推动网络安全行业产品更新换代,行业边界不断拓展。例如,云计算的全面普及将安全边界的定义模糊化,倒逼安全产品进步。现阶段,云安全、态势感知、物联网安全等新兴安全业务尚处于投入期,增长迅速且前景广阔。5G、工业互联网等新型基础设施的加速建设,为网络安全产业的发展注入了强劲动能。

表3-20 2019—2020年发布的网络安全相关政策法规

时间	发布机构	名称	主要内容
2019年5月	国家市场监督管理总局、中国国家标准化管理委员会	《信息安全技术 网络安全等级保护基本要求》《信息安全技术 网络安全等级保护测评要求》《信息安全技术 网络安全等级保护安全设计技术要求》2.0版本	将网络基础设施、重要信息系统、网站、大数据中心、云计算平台、物联网、工控系统、公众服务平台、互联网企业等全部纳入等级保护监管

续表

时间	发布机构	名称	主要内容
2019年5月	国家互联网信息办公室等部门	《数据安全管理办法（征求意见稿）》	着重规范网络运营者对于个人信息和重要数据的安全管理义务。除境内数据监管外，对于来源于境外的数据安全风险和威胁，国家将采取一定监测、防御、处置措施
2019年6月	工业和信息化部	《网络安全漏洞管理规定（征求意见稿）》	漏洞信息应当遵循必要、真实、客观、有利于防范和应对网络安全风险的原则，不得刻意夸大漏洞的危害和风险等
2019年6月	工业和信息化部、北京市人民政府	《国家网络安全产业发展规划》	以国家网络安全产业园建设带动产业发展，2020年带动1000亿元产业规模，远期打造我国网络安全产业五大基地
2019年6月	国家互联网信息办公室等	《个人信息出境安全评估办法（征求意见稿）》	网络运营者向境外提供在中华人民共和国境内运营中收集的个人信息，应当按照本办法进行安全评估。经安全评估认定个人信息出境可能影响国家安全、损害公共利益，或者难以有效保障个人信息安全的，不得出境。国家关于个人信息出境另有规定的，从其规定
2019年7月	国家互联网信息办公室等四部门	《云计算服务安全评估办法》	云计算服务安全评估是依据云服务商申请，对面向党政机关、关键信息基础设施提供云计算服务的云平台进行的安全评估。同一云服务商运营的不同云平台，需要分别申请安全评估
2019年7月	工业和信息化部等十部门	《加强工业互联网安全工作的指导意见》	为全面提升工业互联网创新发展安全保障能力和服务水平，提出7个方面17项重点任务
2019年8月	国家互联网信息办公室	《儿童个人信息网络保护规定》	在中华人民共和国境内通过网络从事收集、存储、使用、转移、披露儿童个人信息等活动，适用本规定
2019年9月	工业和信息化部等部门	《关于促进网络安全产业发展的指导意见（征求意见稿）》	到2025年培育形成一批年营收超过20亿元的安全企业，网络安全产业规模超过2000亿元
2019年9月	国家互联网信息办公室等部门	《网络生态治理规定（征求意见稿）》	针对网络信息内容生产者、内容服务平台、内容服务使用者及网络行业组织等网络生态群体，并对违规情形的处罚结果进行了细化
2019年10月	第十三届全国人民代表大会常务委员会第十四次会议通过	《中华人民共和国密码法》	加强密码工作，规范密码应用和管理，强化法律责任。保障保护公民、法人和其他组织的合法权益，维护社会公共利益

第三章 中国IT产业内生动力强劲，协同与跨界融合塑造新生态

续表

时间	发布机构	名称	主要内容
2019年12月	工业和信息化部	《工业企业网络安全分类分级指南（试行）（征求意见稿）》	工业和信息化部主管行业范围内的工业互联网企业的网络安全管理，适用本指南
2020年4月	国家互联网信息办公室等十二部门	《网络安全审查办法》	关键信息基础设施运营者采购网络产品和服务，影响或可能影响国家安全的，应当按照本办法进行网络安全审查
2020年5月	国家市场监督管理总局、国家密码管理局	《商用密码产品认证目录（第一批）》《商用密码产品认证规则》	《商用密码产品认证目录（第一批）》包括智能密码钥匙、智能IC卡等22类产品。《商用密码产品认证规则》规定了实施商用密码产品认证的适用范围、认证模式、认证单位划分、认证实施程序、认证证书、认证标志、认证实施细则、认证责任等
2020年7月	第十三届全国人民代表大会常务委员会第二十次会议审议	《数据安全法（草案）》	共七章，依次为总则、数据安全与发展、数据安全制度、数据安全保护义务、政务数据安全与开放、法律责任和附则
2020年7月	公安部	《贯彻落实网络安全等级保护制度和关键信息基础设施安全保护制度的指导意见》	包括指导思想、基本原则和工作目标、深入贯彻实施国家网络安全等级保护制度、建立并实施关键信息基础设施安全保护制度、加强网络安全保护工作协作配合、加强网络安全工作各项保障等内容
2020年8月	国家密码管理局	《商用密码管理条例（修订草案征求意见稿）》	共九章六十四条，修订内容主要集中在立法宗旨、管理范围、管理体制、科技创新与标准化、检测认证和产品及服务管理、电子认证、进出口、应用促进、监督管理九方面

资料来源：国家工业信息安全发展研究中心整理。

（二）网络安全产业稳中有进，产业逐步迈向高质量发展

产业保持高速增长，市场发展潜力逐步释放。我国网络安全产业呈高速增长态势。据统计，2020年产业规模超过1700亿元，较2015年翻了一番，平均增速远超国际平均水平。一方面，我国网络安全产业市场空间巨大。整体来看，相较于美国较为完善的网络安全和关键信息基础设施保护体系，我国网络安全产业发展正处于顶层规划和相关制度密集出台期，实操性指导政策的落地实施正推动产业进入高速发展期。据IDC预测，2019—

2023年中国网络安全市场总体支出年复合增长率为25.1%，远高于9.44%的全球平均水平。另一方面，企业安全投入意愿提升，推动产业增长。2019年4月，《中央企业负责人经营业绩考核办法》明确将网络安全纳入央企负责人绩效考核体系，央企从价值管理进入网络安全管理新阶段。央企对网络安全投入的增多也将起到引领和表率作用，加速推进我国网络安全产业的发展。

产业供给能力提升，产品服务提质升级。根据IDC基础分类，网络安全产品服务包括端点安全、网络与边界安全、应用安全、数据安全、身份与访问管理及安全管理，相关的防火墙技术、认证技术、入侵检测技术、防病毒技术、备份与容灾恢复等技术在我国的发展较为成熟。近年来，新一代信息技术的深入应用伴生新的安全风险，催化细分领域产品和服务升级。国内众多安全厂商积极完善自身产品和服务，帮助用户抵御数字化转型过程中面临的网络攻击、数据泄露等恶意威胁，如启明星辰信息技术集团股份有限公司、北京北信源软件股份有限公司、杭州安恒信息技术股份有限公司、山石网科通信技术股份有限公司等企业在数据安全相关产品和技术的布局加速。同时，网络安全企业加强工业信息安全产品研发的布局，构建完整的工业互联网安全解决方案，例如工业防火墙、工业互联网安全态势感知平台等。据国家工业信息安全发展研究中心统计，2020年，我国工业信息安全市场规模将增至122.81亿元，保持快速增长的势头。另外，在产品创新方面，杭州迪普科技股份有限公司发布的基于国产芯片及国产操作系统的全系列产品，涵盖网络、安全以及应用交付类产品；杭州安恒信息技术股份有限公司发布的基于国产操作系统架构的安全产品；蓝盾信息安全技术股份有限公司与龙芯中科技术股份有限公司达成战略合作，共同推进核心技术创新。智能安全方面，北京北信源软件股份有限公司与华为合作加强人工智能应用；杭州安恒信息技术股份有限公司发布新一代智能WAF，基于人工智能的恶意代码检测、异常流量检测、软件漏洞挖掘、异常行为分析、敏感数据保护、安全运营管理等工具及产品加快研发布局。

人才队伍不断壮大，产教融合加速拓展。近年来，我国网络安全人才队伍建设取得显著进展，人才队伍规模不断壮大，人才队伍质量明显提升。一方面，多部门重视网络安全人才培训教育。教育部不断加强网络安全学科建设，截至2020年，共设立网络空间安全本科专业点达72个。中共中央网络安全和信息化委员会办公室联合教育部认定两批共11所高校的一流网络安全学院建设示范项目。工业和信息化部建成网络安全在线培训平台，免费提供400余个网络安全精品课程；建成"中国—东盟网络安全交流培训中心"，成为面向东盟交流合作的重要窗口，有效促进了网络安全人才的发展交流。另一方面，网络安全赛事助力挖掘锤炼实战型人才。各地区各有关部门围绕网络安全、工业互联网安全等方面，举办了一系列内容丰富、形式多样的赛事，选拔了一批面向实战的网络安全队伍和选手，助力培养更多网络安全复合型专业人才。2020年，我国网络安全竞赛活动丰富多样，具有一定规模和行业影响力的竞赛超过20场。全国工业互联网安全技术技能大赛成为国家级一类职业技能大赛，累计吸引了1.5万支队伍、超过4万名选手参与，汇聚了一批高水平技能人才。同时，校企实验室面向产业需求输出行业人才。校企联合实验室发挥实战培养作用，汇聚高校、企业在科研能力、产业资源等方面优势，在合作研发前沿技术、优化现有产品方案过程中，构建面向产业需求的人才培养模式。启明星辰信息技术集团股份有限公司、绿盟科技集团股份有限公司、奇安信科技集团股份有限公司、杭州安恒信息技术股份有限公司等企业均建设了校企实验室，在校企合作育人的基础上输出安全能力。

（三）行业投融资热度逆势上扬，国家资本持续加大关注布局

2020年，我国网络安全行业投融资总体呈现良好的活跃度。资本市场偏好集中于中后期项目，涉及数据安全、工业安全、身份安全等17个细分

领域，超八成交易集中在北京、上海、广东、江苏等地，国家产融合作试点城市作用凸显。此外，奇安信科技集团股份有限公司（以下简称"奇安信"）、江苏云涌电子科技股份有限公司（以下简称"云涌科技"）等安全厂商成功登陆科创板，上市企业价值获资本市场肯定，网络安全产业总体市值屡创新高。头部企业加快在产业链上下游布局，不断提升网络安全能力，构建良好的产业生态。

据国家工业信息安全发展研究中心初步统计，2020年，我国网络安全行业相关企业融资事件共63起，披露金额超113亿元，相较2019年，投融资事件增长57.5%，融资金额上涨25.6%。受新冠肺炎疫情影响，整个资本市场不尽乐观，据Wind数据显示，2020年全年国内创投基金投资事件为4122起，同比骤降46.2%，披露投资金额8147.92亿元，同比紧缩38.2%，但网络安全行业投融资热度呈现逆势上扬特征。从融资金额来看，超四成事件融资额超亿元，近两成事件融资额超3亿元（见表3-21）。

表3-21 2020年网络安全行业融资超亿元事件

序号	企业	交易金额	轮次	细分领域	投资方
1	北京天空卫士网络安全技术有限公司（以下简称"天空卫士"）	数亿元人民币合投	B+轮	数据安全	航天科工投资基金管理有限公司、北京亦庄投资控股有限公司
2	青藤云安全	3亿元	B+轮	云安全	大湾区共同家园发展基金
3	上海银基信息安全技术股份有限公司	数亿元人民币合投	A+轮	物联网安全	华登国际投资集团、车联网产业基金
4	上海斗象信息科技有限公司	数亿元人民币合投	C轮	安全服务	由钟鼎资本领投，同创伟业、惠友资本、云栖创投、线性资本跟投
5	漏洞盒子	数亿元人民币合投	C轮	安全测试	线性资本、云栖基金、惠友投资、叩问投资、钟鼎资本
6	杭州美创科技有限公司	1.5亿元	B轮	数据安全	盛宇投资和宽带资本（领投）、鱼跃科技、浙江赛伯乐、东方富海
7	北京指掌易科技有限公司	数亿元人民币合投	B+轮	移动安全	秋石资本

第三章 中国IT产业内生动力强劲,协同与跨界融合塑造新生态

续表

序号	企业	交易金额	轮次	细分领域	投资方
8	南京易安联网络技术有限公司	数亿元人民币合投	A+轮	身份安全	海邦沣华、毅达资本
9	北京万里红科技股份有限公司	3亿元	战略投资	数据安全	国科嘉和
10	上海爱数信息技术股份有限公司	2.5亿	D轮	数据安全	由津联控股和海河产业基金领投,赛伯乐基金等跟投
11	瑞数信息技术(上海)有限公司	1.3亿元	C+轮	检测响应	未公开
12	奇安信	57.19亿元	上市	综合安全	上交所科创板
13	云涌科技	6.7亿元	上市	工业信息安全	上交所科创板
14	中孚信息股份有限公司	7.13亿元	上市定增	安全服务	国信证券、中意资产、国泰君安证券、易鑫安资产、南京红证利德振兴、上海大正、海富通基金管理、泰康资产管理有限责任公司、广发证券资产管理、财通基金、泰达宏利基金、中国人寿养老保险股份有限公司、周雪钦、华夏基金
15	安天科技股份有限公司	8亿元	B轮	综合安全	龙江振兴基金(领投)、新浚二期基金、鲲鹏一创杉杉新能源产业基金
16	长扬科技(北京)有限公司	1.5亿元	C轮	工业安全	嘉兴浚易基金、中信证券投资、鼎璋智能科技、中海绿色投资、再石资本、基石连盈基金、深圳丰厚尚德创投基金、中海益丰企业咨询
17	北京数盾信息科技有限公司	1亿元	C轮	数据安全	未公开
18	北京微步在线科技有限公司	3亿元	D轮	检测和响应	中金资本、中信证券、云晖资本等多家国资背景投资机构联合投资
19	上海派拉软件股份有限公司	3亿元	C轮	身份安全	中国互联网投资基金、中金资本、高瓴资本等
20	北京芯盾时代科技有限公司	数亿元	C+轮	身份安全	国泰财富基金、海纳亚洲等
21	上海安畅网络科技股份有限公司	近亿元	D1轮	云安全	由腾讯继续领投,联想、赛富投资基金以及上市公司东华软件实际控制人郭玉梅跟投
22	深圳竹云科技有限公司	3亿元	C轮	身份安全	红杉资本中国、昆仑资本
23	北京永信至诚科技股份有限公司	2亿元	战略投资	安全服务	北京金融街资本运营中心、熙诚金睿
24	博智安全科技股份有限公司	3.7亿元	D轮	工业安全	上海锦冠、国金证券、蚁米基金等

续表

序号	企业	交易金额	轮次	细分领域	投资方
25	北京明朝万达科技股份有限公司	2亿元	战略投资	数据安全	中国电子科技集团
26	嘉兴嘉赛信息技术有限公司	数亿元	C轮	物联网安全	中银国际领投、临港科创投、普华资本
27	北京时代亿信科技股份有限公司	近亿元	战略投资	数据安全	通服资本、合创资本、中国电信
28	北京赛宁网安科技有限公司	1.35亿元	B轮	安全服务	360集团、动平衡资本、基石信安

资料来源：国家工业信息安全发展研究中心整理（2021年2月）。

从细分赛道看，投资机构在数据安全、物联网安全、工业安全、身份安全、云安全、区块链安全、移动安全等领域均有涉及，此外，还涉及网络安全保险、内存安全等新兴赛道（见图3-8）。2020年全年，数据安全领域共获得13笔融资，融资规模超11亿元；工业安全领域获得8笔融资，融资规模超12亿元；身份安全领域获得6笔融资，融资规模超7亿元。

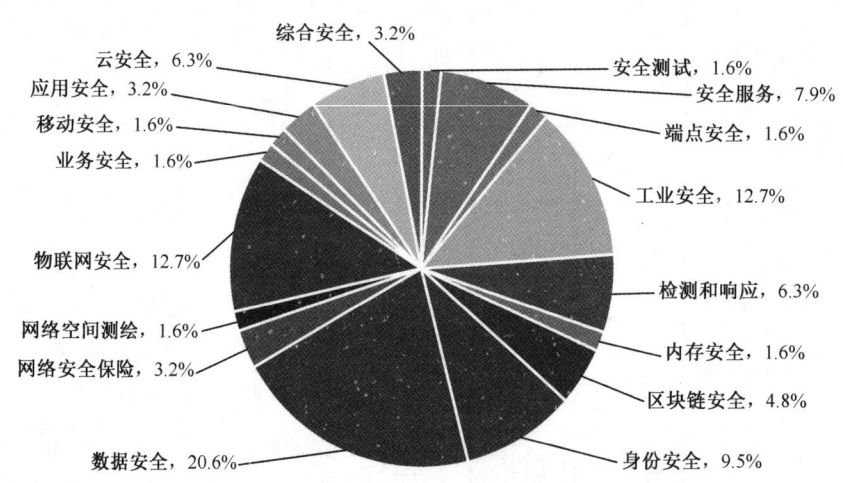

图3-8 细分领域融资事件所占比例

资料来源：国家工业信息安全发展研究中心整理（2021年2月）。

此外，高成长性企业的价值获得资本市场肯定。作为各自细分赛道的高成长性企业，物联网安全厂商北京天防安全科技有限公司（以下简称"天防安全")、网络安全保险厂商北京源堡科技有限公司(以下简称"源堡科技")、工控安全厂商北京六方云科技有限公司(以下简称"六方云")、网络靶场厂商北京赛宁网安科技有限公司(以下简称"赛宁网安")今年先后获得两轮融资,表现亮眼(见表 3-22)。

表 3-22 2020 年获多轮融资的网络安全企业基本情况

时间	公司	轮次	投资机构	金额	主要用途
2020 年 1 月 22 日	源堡科技	天使轮	中关村发展集团等	数千万元	将主要用于研发投入、产品提升、团队建设、市场拓展等方面
2020 年 4 月 16 日	赛宁网安	B 轮	锋霖创业投资基金等	未披露	—
2020 年 4 月 21 日	六方云	A 轮	达晨财智等	数千万元	主要用于研发投入和市场投入
2020 年 4 月 29 日	天防安全	天使轮	梅花创投等	1200 万元	用于产品研发、团队建设、产品实验局的搭建和灯塔项目的开拓
2020 年 7 月 17 日	六方云	C 轮	中科科创和拓金资本联合投资	数千万元	主要用于研发投入和市场投入
2020 年 8 月 28 日	源堡科技	A 轮	高瓴资本等	数千万元	用于公司各项研发投入,包括技术平台研发和团队扩充等
2020 年 11 月 2 日	天防安全	天使+轮	梅花成长期基金	2000 万元	继续加码技术研发、市场拓展和内部团队建设三方面的工作
2020 年 12 月 10 日	赛宁网安	B 轮	360 集团、动平衡资本、基石信安	1.35 亿元	继续专注于网络靶场领域,持续加大产品研发和市场投入

资料来源:国家工业信息安全发展研究中心整理(2021 年 2 月)。

中后期项目受资本偏爱。受新冠肺炎疫情影响,2020 年,全球经济情况不容乐观,网络安全产业发展也受到一定程度的影响。资本对早期阶段项目的投资较为谨慎,主要青睐于中后期项目(见图 3-9)。据国家工业信息安全发展研究中心数据显示,全年网络安全行业中后期项目(涵盖 B、B+、C、pre-IPO、上市定增、新三板定增)及上市融资数量约占总融资数量的 53%。同时,中后期阶段项目投融资金额大多为数亿元,在中后期阶段项目中占比将近七成。对于中后期项目,受宏观环境、政策环境等因素影响,其投资市场各季度的活跃度具有一定的周期性,第三、四季度相对活跃,第二季度活跃度稍低。特别是 2020 年第三季度中后期融资项目占比超过 66%。

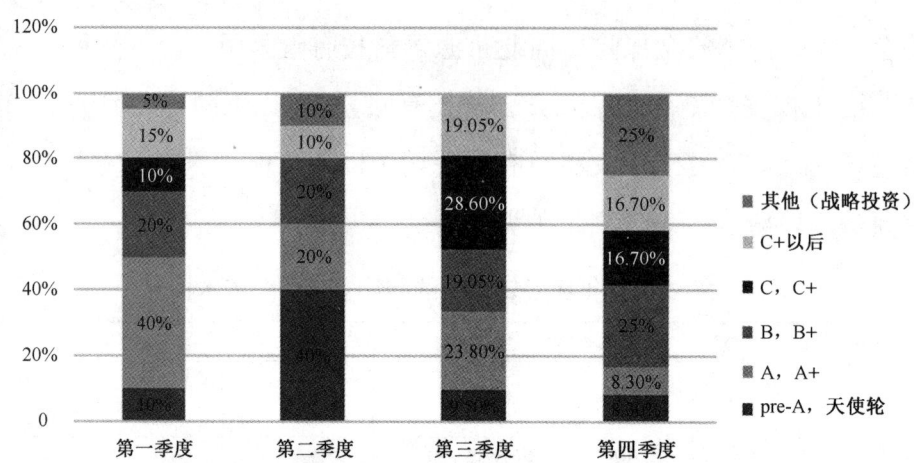

图 3-9　2020 年网络安全各季度投融资轮次分布

资料来源：国家工业信息安全发展研究中心整理（2021 年 2 月）。

对于早期项目，如 pre-A、天使轮项目在第二季度尤为活跃，占全年的 40%；A、A+轮项目在第一季度尤为活跃，占比同为 40%（见图 3-10）。

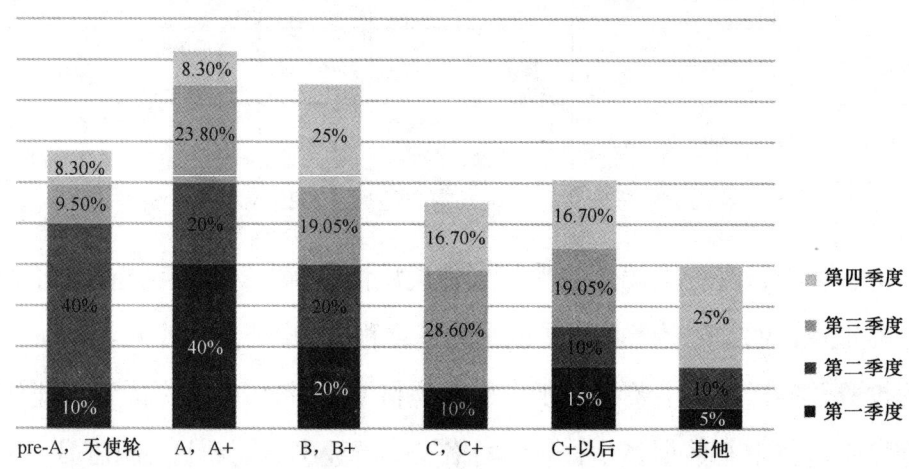

图 3-10　2020 年网络安全投融资轮次各季度分布情况

资料来源：国家工业信息安全发展研究中心整理（2021 年 2 月）。

（四）头部企业加快产业链上下游布局，安全企业价值呈现稳步上升趋势

目前我国网络安全企业数量在 3000 家左右，据 Wind 数据显示，网络

第三章　中国 IT 产业内生动力强劲，协同与跨界融合塑造新生态

安全板块概念股企业数量为 37 家。我国网络安全企业可粗略划分为以下三类：以 360、奇安信、天融信、绿盟科技、安恒信息、启明星辰、亚信安全等为代表的综合型厂商；以威努特、六方云、北信源、明朝万达等为代表的在细分赛道具有高成长性的领军型企业；以及一批"专精特新"的中小企业。头部企业加快产业链上下游布局步伐，通过对初创企业的控股参股、投资等，进行网络安全能力整合，构建良好的产业生态。2020 年 6 月 10 日，奇安信与安芯网盾宣布在服务器安全管理领域达成企业战略合作，共同努力推动服务器安全防护知识体系结构升级，双方将着眼于内存保护信息技术，为行业分析客户提供实战化的服务器安全防护工作能力。2020 年 7 月 10 日，聚焦于工业信息安全领域的云涌科技成功登陆科创板，募集资金 6.6705 亿元。截至 2020 年 7 月 10 日收盘，云涌科技报收 252.61 元，涨幅 468.05%，市值涨至 152 亿元。2020 年 7 月 22 日，国内网络安全行业龙头奇安信正式挂牌科创板，原计划募资 45 亿元，但上市前夕已实现超募，募资达 57.19 亿元，创同类型企业 A 股募资额新高，这些资金将全部投入建设云和大数据安全防护与管理运营中心、工业互联网安全服务中心。在上市首日，奇安信收于每股 133.55 元，较 56.10 元的发行价上涨 138.06%，市值涨至 907.63 亿元。2020 年 7 月 23 日，由奇安信发起成立的私募股权投资机构奇安投资完成对深圳昂楷科技的 B 轮投资。昂楷科技是国内领军的独立数据库安全产品及方案提供商，核心业务围绕大数据、云端数据库展开。奇安投资方认为，数据安全是网络安全行业中快速增长的赛道，并且核心数据保护在信息化建设中重要性日益凸显，各 IT 基础设施和信息化建设单位需要提高在核心数据保护上面的投入。2020 年 8 月 14 日，深信服发布《拟投资默安科技》公告，拟以自有资金人民币 3000 万元对杭州默安科技有限公司进行增资。默安科技有限公司作为国内领先的第三方云计算安全服务厂商，主要从事云安全和开发安全业务，属于深信

服安全业务的上游。通过投资默安科技有限公司，深信服能进一步完善业务生态，提升公司综合竞争力。

科创板的设立与创业板注册制试点改革，使更多高成长性网络安全企业满足上市门槛，为企业发展提供了强大的资本市场直接融资保障，吸引更多资金进入市场，实现投融资双方共赢。据Wind统计，在2020年，394项A股IPO中，有145项来自科创板，科创板的融资规模更是接近A股的一半。截至2020年12月31日，网络安全概念股37家企业中有4家于科创板上市，18家于创业板上市，主板和中小企业板上市数量分别为8家和7家。为了解我国网络安全企业的总体经营情况，国家工业信息安全发展研究中心选取了21家[①]上市网络安全企业作为样本进行分析。据Wind数据显示，2020年12月31日，样本企业总市值为4933.02亿元，较2019年同期增长21.6%，上市公司价值获资本市场肯定（见图3-11、图3-12）。

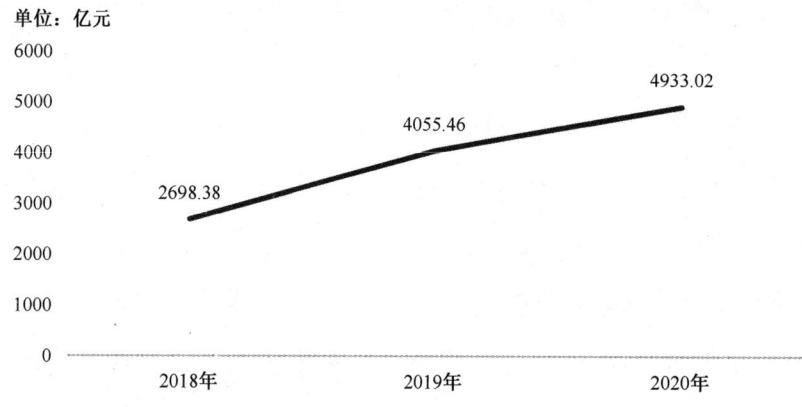

图3-11　2018—2020年网络安全上市企业市值变化情况

资料来源：Wind，国家工业信息安全发展研究中心整理（2021年2月）。

---

① 选取的21家上市网络安全企业分别为：天融信、拓尔思、奇安信、安博通、北信源、任子行、飞天诚信、格尔软件、中孚信息、数字认证、山石网科、安恒信息、迪普科技、蓝盾股份、美亚柏科、绿盟科技、卫士通、三六零、启明星辰、兆日科技、深信服（排名不分先后）。

第三章 中国IT产业内生动力强劲,协同与跨界融合塑造新生态

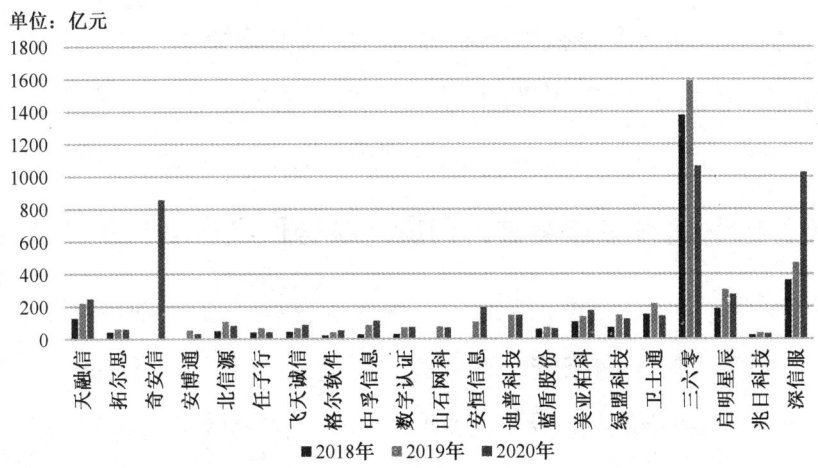

图 3-12 2018—2020 年样本企业市值变化情况

资料来源:Wind,国家工业信息安全发展研究中心整理(2021年2月)。

新兴的网络安全金融产品和服务有望助力产业获得快速发展。近年来,网络安全对抗事件时有发生,频频敲响国家和社会的安全警钟。尤其是电力、水利、交通等关键基础设施领域的网络安全,不仅与企业自身利益相关,更与国家安全密切相关。2020年,深创投、中网投、首建投、中关村发展集团、中电基金、电科投资、航天科工资产、亦庄控集团、大湾区共同家园发展基金等多家国资背景的投资机构均在网络安全领域布局。预计未来几年将有越来越多的国家资本入驻网络安全领域,为安全产业持续加码,加大对网络安全科技创新企业的扶持和引导,培育新技术、新产品、新业态、新模式,锻造产业链长板,补齐产业链短板,提供覆盖全流程、全方位的整体安全能力,构建良好的网络安全产业生态。另外,20世纪90年代,伴随着互联网的应用及安全风险的产生,网络安全保险应运而生,目前欧美国家已普遍开展相关业务,但我国仍处于发展初期。随着云计算、大数据、物联网、工业互联网的应用普及,数据安全风险大大增加,勒索软件和数据泄露等安全事件的频发导致许多机构面临巨大的财务损失。2020年,新冠肺炎疫情带来的全球远程办公浪潮又加剧了网络安全威胁,

各方更加意识到网络安全保险的必要性。根据保险公司 Finaria.it 的最新研究，2021 年全球网络安全保险市场预计将激增 21%，市场规模将达到 95 亿美元；2025 年，网络安全保险市场规模预计将达到 204 亿美元。

（五）园区建设多点突破，国家产融合作试点城市集聚作用初显

网络安全产业园区建设加速。一是国家网络安全产业园区加快建设。自 2017 年以来，国家网络安全产业园区（北京）建设拉开序幕，经过近 3 年，发展建设，初步取得实效。2020 年 6 月，国家网络安全产业园区（长沙）揭牌仪式举行，聚焦信息技术创新应用、商用密码、工业互联网安全等重点方向，开展芯片、基础软硬件、网络安全等领域的成果产业化应用。截至 2020 年，北京、湖南长沙国家网络安全产业园区入驻重点网络安全企业超 300 家，北京园区形成海淀园、通州园、经开区信创园"三园协同、多点联动、先行带动"的总体布局。湖南园区已正式揭牌，建立信息安全产业链"链长"制，加速打造技术研发、安全应用、人才培训等基地。二是网络安全创新应用先进示范区发挥带动作用。工业和信息化部支持河南郑州、北京顺义、安徽合肥、重庆合川、江西鹰潭、浙江杭州等地设立网络安全创新应用先进示范区，着力打造工业互联网安全、人工智能安全、车联网安全、物联网安全、内生安全、网络安全服务等领域具有较强辐射带动作用的区域增长极。

国家产融合作试点城市作用凸显。目前，我国网络安全领域区域产融合作发展差距较大，产业集聚效应十分明显。北京、上海、广东凭借在政策支持、科研实力、人才聚集、服务资源等方面的优势，在产融合作方面遥遥领先，成为网络安全产业投融资交易的主要聚集地。2020 年，北京基于人才、科技、金融、资源等方面的优势条件，产融合作领跑全国，全年共有 28 起网络安全领域投融资事件，占全国总量的四成以上，其中近五成项目处于初创阶段。广东凭借广州、深圳、汕头等电子信息产业重镇的

第三章 中国IT产业内生动力强劲，协同与跨界融合塑造新生态

雄厚基础和先发优势，成为全国网络安全领域投融资第二大聚集地，2020年全年完成9起网络安全领域投融资交易，其中处于初创阶段和中后期阶段的项目数量较为均衡。上海网络安全企业数量多、涉及领域广、配套政策较为完善，产融合作也十分活跃，2020年全年完成8起投融资交易，数量居全国第三位，其中近九成项目处于中后期阶段。此外，江苏、浙江、山东等沿海发达地区也发挥各自在网络安全领域的发展特色和发展潜力，投融资交易也较为频繁。国家产融合作试点城市（区）的示范引领作用充分显现。在北京的28起投融资交易活动中，有22起聚集于海淀区；广东共9起交易活动，其中8起聚集于深圳；在江苏的6起交易活动中，有5起聚集于南京（见图3-13）。

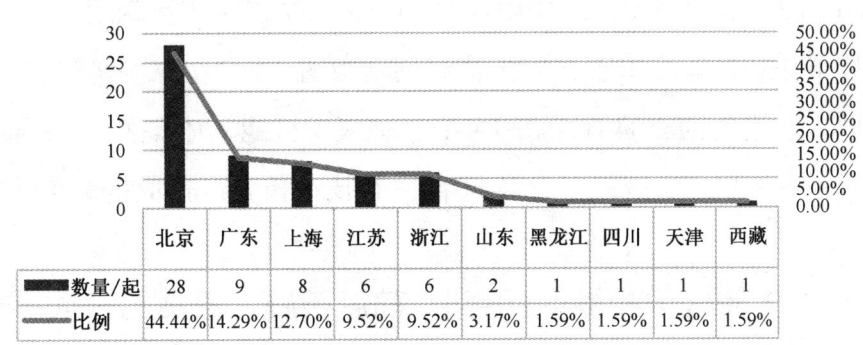

图3-13　2020年网络安全投融资区域分布情况

资料来源：国家工业信息安全发展研究中心整理（2021年2月）。

第四章 前沿IT加速创新突破，IT体系变革激发新动能

当前IT成为全球最活跃的创新领域，世界主要国家从国家战略角度不断加大支持力度，强化在人工智能、量子信息、集成电路、关键元器件零部件和基础材料、光子与微纳电子、网络通信等IT产业基础技术领域积极布局。进入21世纪以来，全球科技创新进入空前密集活跃的时期，新一轮科技革命和产业变革正在重构全球创新版图、重塑全球经济结构。在政策的助力和市场的驱动下，2020年，我国人工智能、大数据、量子通信、未来网络、区块链、智慧安全等IT前沿新技术和应用的发展取得新突破。

一、主要国家和地区加强IT前沿布局，密集出台顶层规划

（一）美国出台关键技术战略聚焦IT领域发展

美国一再强调其世界领导者地位，在关键新兴技术的发展上势头强劲，不断强调人工智能、量子计算、先进制造等的重要性，在联合盟友发展自身技术的同时也开始防止技术转移，并强调加强产业供应链的完备性和安全性，以确保其技术领先地位。

2020年10月15日，美国国务院发布《关键与新兴技术国家战略》，明确了20项关键与新兴技术清单和两大战略支柱，提出美国要成为关键和新兴技术的全球领导者。清单中的前沿技术包括先进计算、先进传感、

第四章 前沿 IT 加速创新突破，IT 体系变革激发新动能

人工智能、自主系统、通信和网络技术、量子信息科学、半导体和微电子等，IT 领域前沿技术在关键与新兴技术清单中受到高度重视（见表 4-1）。

表 4-1 《关键与新兴技术国家战略》两大战略支柱主要措施与技术清单

战略支柱	主要措施
支柱 1：推动国家安全创新基础发展	（1）培养全球最优质的科技（S&T）劳动力； （2）吸引并留住发明和创新人才； （3）利用私人资本和专业知识进行建设和创新； （4）快速开展各领域的发明和创新； （5）简化限制创新和产业发展的烦琐法规、政策和官僚程序； （6）领导反映民主价值观和利益的世界性技术规范、标准和治理模式的制定； （7）为强大的国家安全创新基础（NSIB）的建设提供支持，包括学术机构、实验室、支持性基础设施、风险资金、支持性企业和工业； （8）提升研究与开发（R&D）经费在美国政府预算中的比重； （9）在政府内部开发和采用先进的技术应用，提升政府作为私营部门客户的可行性； （10）鼓励公私合营的伙伴关系； （11）与盟友建立牢固而持久的技术伙伴关系，共同促进民主价值观； （12）与私营部门一道传达积极的信息，提升公众对关键和新兴技术（C&ET）的认可； （13）鼓励美国各州和地方政府采取类似行动等
支柱 2：保护美国技术领先优势	（1）确保竞争者无法通过非法手段，获取美国的知识产权、研究、开发或技术成果； （2）要求在技术开发的早期阶段就实施安全设计，并与盟友和伙伴合作，确保采取类似行动； （3）提升学术机构、实验室和工业研究成果的安全保障，保护研发企业的利益，同时积极肯定外国研究人员的宝贵贡献； （4）对关键和新兴技术各方面进行适当控制，确保符合出口法律、条例以及多边出口制度的规定； （5）督促盟友和伙伴关系国家遵循美国外国投资委员会（CFIUS）制定和执行的相关章程； （6）督促私营部门充分理解关键和新兴技术及与之相关的未来战略风险，以确保可从中受益； （7）评估全球的科技政策、能力和趋势，以及它们对美国的战略和计划可能造成的影响或破坏； （8）保障供应链的安全，并督促盟友和合作伙伴采取同样的做法； （9）向主要利益相关方传达保护技术优势的重要性，并尽可能提供实际的援助等
关键与新兴技术清单	关键技术和新兴技术列表反映了美国政府部门和机构向国家安全委员会工作人员确定的 20 个技术领域，作为其任务的优先领域：（1）先进计算；（2）先进常规武器技术；（3）先进工程材料；（4）先进制造；（5）先进传感；（6）航空发动机技术；（7）农业技术；（8）人工智能；（9）自主系统；（10）生物技术；（11）化学、生物、放射和核（CBRN）减弱技术；（12）通信和网络技术；（13）数据科学与存储；（14）分布式账本技术；（15）能源技术；（16）人机交互；（17）医疗和公共卫生技术；（18）量子信息科学；（19）半导体和微电子；（20）空间技术

资料来源：国家工业信息安全发展研究中心整理。

在促进 IT 前沿技术方面，2020 年，美国加大了布局力度，尤其在量子科学和人工智能领域，出台的政策较为密集。2020 年 2 月，白宫国家量子协调办公室发布《美国量子网络战略愿景》，提出美国将整合联邦政府、学术界和产业界的力量，构建量子互联网，确保量子信息科学（QIS）研究惠及所有美国人，并确定了发展量子互联网的两个目标：一是未来 5 年，美国的公司和实验室将展示实现量子网络的基础科学和关键技术，识别这些系统的潜在影响，以及改进后的量子应用对商业、科学、卫生和国家安全的益处；二是未来 20 年，量子互联网链路将利用网络量子设备来实现传统技术无法实现的新功能，同时推进人们对量子纠缠作用的理解。随后，美国能源部宣布将探索人工智能技术在核聚变研究领域的应用潜力，在未来 3 年提供 2100 万美元支持探索人工智能和机器学习技术在核聚变能源领域的应用潜力，旨在通过将人工智能和机器学习技术引入到核聚变研究过程中，实现对海量实验数据的实时采集和快速、高效分析，以大幅提升实验效率，缩减实验周期。2020 年下半年，美国能源部公布量子互联网发展的战略蓝图，以引领通信新时代为目标，能源部下属的 17 个国家实验室将联网成为未来量子互联网的骨干网。美国白宫也宣布向人工智能（AI）和量子计算领域投资 10 亿美元，帮助创建 12 个专注于人工智能（AI）和量子信息科学的新研究机构。而在白宫发布的 2022 财年美国研发预算优先事项中，为确保美国在科技创新方面保持全球领先地位，增强未来产业（Industries of the Future，IotF）仍然是美国的研发优先方向，IotF 包括人工智能、量子信息科学、先进通信网络（5G）、先进制造、生物科技等。

拜登政府上台后，为拓展本土技术的应用市场，强化了自主供应链的配套和市场空间营造。2021 年上半年，美国总统拜登签署了《确保未来由美工人在美制造行政令》和《美国供应链行政令》。

第四章 前沿 IT 加速创新突破，IT 体系变革激发新动能

《确保未来由美工人在美制造行政令》提出了加强版"美国制造"计划，计划发挥 2000 亿美元政府采购市场的拉动作用，要求美国联邦政府购买更多美国制造的产品，并且要求这些产品为美国创造就业机会，只有这样美国才能在国际竞争中立于不败之地。行政命令要求白宫管理和预算办公室（OMB）的主任应在 OMB 内设立美国制造办公室，由 OMB 主任任命的美国制造办公室主任（Made in America Director）领导。美国企业寻求使用的商品、产品、材料未在美国开采、生产或制造时，需要向美国制造办公室主任提供其拟议豁免的详细理由。同时相关政府部门负责人需要每年两次向美国制造办公室主任提交专题报告，汇报与联邦经济援助或联邦采购有关的"美国制造法"推动落实情况。行政命令还要求总务署署长（The Administrator of General Services）建立一个公共网站，引导产业发展。

《美国供应链行政令》重点聚焦加强美国供应链弹性、多样性及安全性，振兴和重建国内制造能力，促进经济繁荣和国家安全。行政令内容主要包括：供应链风险审查，要求商务部长、能源部长、国防部长、卫生和公共服务部长应与有关机构负责人协商，在行政命令发布后的 100 天内，分别识别半导体制造和先进封装、高容量电池、关键矿物和稀土等战略材料、药品和药物活性成分等供应链风险，并提出政策建议；产业供应链评估，要求行政令发布 1 年内向国防部长、卫生和公共服务部长、商务部长和国土安全部长、能源部长、运输部长、农业部长应通过总统国家安全事务助理和总统经济政策助理分别向总统提交国防工业基础、公共卫生和生物防御产业基础、信息和通信技术产业基础、能源工业基础、运输工业基础、农产品和食品生产基础供应链报告；加强美国供应链的建议，要求通过建立四年一次的供应链审查机制，包括持续数据收集和供应链监控的进程和时间表等举措加强美国供应链弹性。

（二）欧盟积极加强数字技术发展布局

2020年2月19日，欧盟发布《塑造欧洲数字未来》战略文件，明确提出将建立以数字技术为动力的欧洲社会，使欧洲成为数字化转型的全球领导者。作为实现数字战略的重要行动，欧盟还发布了《欧洲数据战略》和《人工智能白皮书——通往卓越和信任的欧洲路径》，"技术主权"的概念贯彻了3份战略文件。

《塑造欧洲数字未来》提出了欧盟未来5年的发展愿景（见表4-2）。

表4-2 《塑造欧洲数字未来》关键行动

关键目标	主要内容	关键行动
服务于人的技术	开发、部署和采用真正改变人们日常生活的技术。建立一个强大且有竞争力的经济体，以符合欧洲价值观的方式掌握和塑造技术	（1）发布人工智能白皮书，为可信赖人工智能的立法框架设定可选方案； （2）在人工智能、网络、超级计算机、量子计算、量子通信和区块链领域，构建和部署尖端的联合数字能力，发布《欧洲量子和区块链战略》以及修订后的超算法规； （3）加快对欧洲千兆网连接的投资，更新5G、6G、无线电频谱等相关计划，部署车联网、自动驾驶等5G走廊； （4）发布欧洲网络安全战略，包括建立联合网络安全部门，对《网络和信息系统指令》进行安全性审查，推动网络安全单一市场建设； （5）出台数字教育行动计划，提高各教育阶段的数字素养和能力； （6）巩固技能发展计划以提高整个社会的数字技能； （7）改善"平台工人"劳动条件的倡议； （8）强化欧盟政府间的互操作性，确保通过协作和通用标准促进安全部门数据流动和安全无边界
公平竞争的经济	建立无摩擦的单一市场，任何规模和领域的企业都可以平等竞争，可以大量开发、营销和使用数字技术、产品和服务以提升其生产力和全球竞争力，并且让消费者可以放心自己的权利是被尊重的	（1）发布《欧洲数据战略》，旨在使欧洲成为数字经济的全球领导者，公布数据治理和《数据法案》的立法框架； （2）持续评估和审查欧盟竞争规则在数字时代的适用性，开展行业调查； （3）欧盟委员会将以《数字服务法案》为基础，对创新者、企业和新市场进入者保持公平的市场环境； （4）提议一项工业战略方案，提出一系列行动以促进向清洁、循环、数字化和具有全球竞争力的欧盟产业转型，包括中小企业和单一市场规则的强化； （5）创建支持具有竞争力的、安全的数字金融框架； （6）发布关于21世纪营业税的通告； （7）研究在OECD（综合组织）范围内关于经济数字化相关的税收政策； （8）制定新的《消费者议程》，鼓励消费者在数字化转型中发挥积极作用

第四章 前沿IT加速创新突破，IT体系变革激发新动能

续表

关键目标	主要内容	关键行动
开放、民主和可持续的社会	建立值得信赖的环境，允许公民们自由行动和互动，保障公民对其提供的数据的权利。欧洲数字化转型的方式，能够增强欧洲的民主价值观，尊重欧洲人民的基本权利，并有利于实现可持续发展、气候中立和资源节约型经济发展	（1）完善规则体系，促进数字服务内部市场建设，包括增加和协调在线平台和信息服务提供商的责任，加强对欧盟内部平台内容政策的监督等； （2）修订eIDAS《电子身份认证与信赖服务规章》法规以提高其有效性，使私营部门也受益，并为所有欧洲人推广可信赖的数字身份； （3）实施媒体和视听行动计划，支持视听和媒体领域的数字化转型和竞争力，以推动优质内容普及和媒体多元化； （4）实施欧洲民主行动计划，以提高民主制度的恢复力，支持媒体多元化并应对欧洲选举外部干预的威胁； （5）倡议开发地球的高精度数字化模型，改善欧洲的环境预测和危机管理能力； （6）实施循环电子计划，确保电子产品的循环及绿色使用； （7）实施相关倡议，以实现气候中心、高效节能和可持续数据中心； （8）推进"同一个欧洲"电子健康记录交换格式，使欧洲公民可在欧盟范围内安全地交换和访问健康数据

资料来源：国家工业信息安全发展研究中心整理。

在国际层面，为提升欧盟数字技术和方案的影响力，欧盟将继续与七国集团（G7）等国际伙伴紧密合作，寻求共同的方法来开发国际规范和标准。主要的行动包括发布《全球数字合作战略》（2021）、《针对外国补贴工具的白皮书》及推广欧盟价值观和标准化方案等。

《欧洲数据战略》以推动欧盟成为一个数据为企业和公共行业赋能的社会典范为目标，服务于实现真正的单一数据市场，重点解决当前制约欧洲数字经济发展的关键瓶颈，包括数据的可获得性、互操作性及质量、数据治理能力、数据基础架构和技术、数字技能、网络安全等关键问题（见表4-3）。

表4-3 《欧洲数据战略》核心框架及主要措施

核心框架	主要措施
A.数据访问和使用的跨部门治理框架	（1）提出欧盟共同数据空间治理立法框架； （2）正式通过《高质量数据集实施法案》； （3）在适当的情况下提出《数据法案》； （4）分析数据在数字经济中的重要性，并在《数字服务法案》计划框架范围内审查现有的政策框架

续表

核心框架	主要措施
B.赋能者：投资数据领域，以提升欧盟的数据存储、处理、使用和互操作能力及基础设施	（1）从2021年到2027年，欧盟委员会将投资一个与欧盟数据空间和云基础设施整合有关的具有重大影响力的项目。其中包括数据共享架构（包括数据共享标准、最佳实践和工具）和治理机制，并将欧盟高能效和可靠的云基础设施及相关服务整合在一起。其中欧盟计划投资20亿欧元。预计将于2022年进入第一个实施阶段； （2）与成员国签署关于云联合体的谅解备忘录； （3）启动欧洲云服务市场，整合云服务全栈产品供应； （4）2022年第二季度制定欧盟监管云规则手册
C.能力：授权社会个体，并投资技能建设和中小型企业能力建设	（1）授权社会个体行使其数据方面的权利； （2）投资技能和通用数据素养； （3）出台专门针对中小型企业的能力建设方案； （4）审议加强《通用数据保护条例》第20条中规定的个人的数据权利，使个人能够更好地访问和使用机器生成的数据
D.在战略性部门和公共利益领域构建欧盟共同数据空间	支持构建九个欧盟共同数据空间： （1）欧盟工业（制造业）公共数据空间； （2）《欧盟绿色协议》公共数据空间； （3）欧盟出行公共数据空间； （4）欧盟健康公共数据空间； （5）欧盟金融公共数据空间； （6）欧盟能源公共数据空间； （7）欧盟农业公共数据空间； （8）欧盟公共管理数据空间； （9）欧盟技能公共数据空间

资料来源：国家工业信息安全发展研究中心整理。

为了强化跨境数据管理，欧盟还将在2021年建立一套评估数据流通的分析框架。该框架将提供可持续的分析工具，分析数据流通和欧盟数据处理行业的发展情况，在欧盟成员国之间、欧盟与非欧盟之间更清晰地阐明欧盟数据流通模式和重点，识别妨碍数据流通的基础设施壁垒等。

《人工智能白皮书——通往卓越和信任的欧洲路径》主要围绕"卓越生态系统"（ecosystem of excellence）和"可信生态系统"（ecosystem of trust）两个方面的建设展开。卓越生态系统是要建设一个欧洲、国家和地区三个不同层面措施协同的政策框架。公共部门和私营部门共同合作，调动资源，沿着整体价值链建设"卓越生态系统"，从研发创新开始，建设激励机制，

第四章 前沿IT加速创新突破，IT体系变革激发新动能

加快AI解决方案在企业中的应用。"可信生态系统"是欧洲AI未来监管框架的关键要素，未来欧洲将推动确保各国遵守欧盟的规则，包括保护基本权利和消费者权利，尤其是那些在欧盟运行的、风险较高的AI系统。

为加强产业数字化转型，抓住数字经济的发展红利，建立产业竞争力优势，2020年3月10日，欧盟委员会发布了《欧洲新工业战略》，旨在帮助欧洲工业向气候中立和数字化转型，并提升其全球竞争力和战略自主性。该战略提出了欧洲将在2030年及以后要实现的三大愿景与三大策略（见表4-4）。《欧洲新工业战略》提出的战略技术有：机器人技术、微电子技术、高性能计算和数据云基础设施、区块链、量子技术、生物医学、纳米技术、制药、先进材料和技术等，IT贯穿其中。

表4-4 《欧洲新工业战略》三大愿景与三大策略

愿景与策略	主要措施	主要内容
愿景一：欧洲工业具备全球竞争力和世界领先地位	—	为了增强欧洲的战略自主性和产业竞争力，欧洲必须利用其单一市场影响力、规模化和一体化来打造出具有欧洲价值观和原则特性的高质量标准。同时，欧盟在维护、更新和升级以市场开放、公平竞争为原则的世界贸易体系的基础上，要继续依赖与世界各地伙伴的自由公平贸易，以应对当下与未来的挑战
愿景二：实现2050年的气候中立	—	《欧洲绿色协议》是欧洲的长期增长战略，其核心目标是在2050年使欧洲成为世界上第一个实现气候中立的大陆。为了实现该目标，首先，工业及能源密集型行业等需要形成可行的清洁技术解决方案及新的商业模式，来推动企业转型。其次，为了实现环保与竞争力共存，工业领域需要环保、可负担的能源与原材料的供应保障。因此，欧洲需要加大对新型基础设施的研究、创新与部署等工作的投资力度。另外，欧盟指出该战略需要各相关机构、成员国、地区、行业和所有相关者共同努力，也需要监管政策的支撑、公共采购的支持、公平竞争的保障以及中小企业的充分参与
愿景三：打造欧洲的数字化未来	—	欧盟委员会制定了打造欧洲数字未来战略，提出了欧洲保持技术与数字主权的举措，也提出了让欧洲成为全球数字领导者的愿景。首先，欧洲应加快在人工智能、5G、数据和元数据分析等领域的研究和资金投入。其次，欧洲需要制定一个公共数据管理框架，允许企业创建、汇集和使用相关数据。另外，欧洲应尽快开展6G网络的研究与资金投入，以成为下一代通信技术的领跑者

续表

愿景与策略	主要措施	主要内容
策略一：欧洲工业转型的基础性策略	行动计划1：构建一个更深入、更数字化的单一市场，为行业创造确定性	欧盟已通过《单一市场执法行动计划》和《单一市场壁垒报告》； 由会员国和委员会共同设立一个单一的市场执法工作队； 欧盟已通过《中小企业可持续发展》和《数字化欧洲战略》； 2021年起，将评估、审查并适时调整欧盟竞争规则，包括正在进行的《合并控制评估》和《国家援助指南》； 评估《知识产权行动计划》，优化法律框架，确保灵活使用知识产权，并更好地打击知识产权盗窃行为； 执行《欧洲数据战略》的后续行动，以发展欧盟数据经济，包括在特定领域启动欧洲数据公共空间； 更新和加强《数字服务法》关于数字服务单一市场的法律框架； 将发起改善平台企业工人工作条件的倡议
	行动计划2：维护全球水平的竞争环境	形成关于国外产业补贴说明的白皮书； 加强推进世界贸易组织关于工业补贴的全球规则的制定； 尽快通过国际采购文书； 制定《2020年关于关税同盟加强海关管制的行动计划》，包括一项关于欧盟单一窗口的立法提案，以允许在边境实施全数字通关程序
	行动计划3：支持各行业以实现气候中立	制定《智能行业整合战略》； 欧洲能源数据空间将利用数据的潜力，提高能源部门的创新能力； 启动Just Transition平台，为碳密集地区和行业提供技术和咨询支持； 制定《欧盟清洁钢铁和化学品可持续发展战略》； 欧盟委员会将审查《泛欧网络能源法规》； 制定《欧盟离岸可再生能源战略》； 制定《可持续和智能交通综合战略》； 提出建筑环境的倡议和战略； 制定《碳边界调整机制》
	行动计划4：建设更加循环的经济	欧盟已通过《循环经济行动计划》，包括新的可持续产品政策框架； 增加可持续电池的新监管框架； 制定欧盟纺织品战略； 发布循环电子倡议； 通过更好地提供产品信息和改善消费者权利，使消费者能够在循环经济中发挥积极作用

续表

愿景与策略	主要措施	主要内容
策略一：欧洲工业转型的基础性策略	行动计划5：融入产业创新精神	就研究和创新的未来同欧洲研究领域进行沟通，以制定创新的新方法，确保欧盟预算得到最大程度的利用； 将启动地平线欧洲公私伙伴关系计划
	行动计划6：员工技能优化与再培训	更新2030年欧洲技能议程，增加关于职业教育和培训的建议； 启动欧洲技能公约； 就欧洲教育战略框架组织讨论； 制定《数字教育行动计划》； 执行2020年3月通过的《欧盟性别战略》
	行动计划7：为转型获得投融资	欧盟将与议会和理事会合作，确保迅速通过和执行下一个长期预算； 欧盟将考虑各成员国和工业界在《政府间气候变化专门报告》中提出的协调投资范围，以及《政府间气候变化专门报告》中提出的在电池和微电子方面采取的后续行动； 审查政府间气候变化专门委员会的国家援助规则，包括能源过渡项目； 制定新的《可持续金融战略》； 制定新的《数字金融战略》； 制定《2020年资本市场联盟行动计划》，其中包括支持综合资本市场、为公民和企业提供更多融资机会的措施
策略二：强化欧洲工业和战略主权	在数字化转型、安全和先进技术主权方面，欧盟正在开展5G和网络安全方面的工作。与此同时，欧盟还将开发一个关键的量子通信基础设施，希望在未来10年内部署一个基于量子密钥分发技术的端到端的安全基础设施，以保护欧盟及其成员国的关键数字资产。欧盟还将支持开发对欧洲工业未来具有战略重要性的关键扶持技术	开展《5G通信和网络安全建议》的后续行动； 制定关于民用、国防和航天工业协同作用的行动计划，包括方案、技术、创新和初创企业层面； 制定新的制药战略，包括供应保障等行动； 制定关于关键原材料的行动计划
策略三：合作伙伴关系治理	欧盟委员会将提议发起新的欧洲清洁氢联盟，将投资者与政府、机构和工业伙伴聚集在一起，共同确定技术需求、投资机会以及监管障碍等	欧盟将启动一个新的欧洲清洁氢联盟。随后启动低碳产业、产业云和平台以及原材料方面的联盟； 欧盟委员会将对工业需求进行彻底的筛选和分析，并确定需要采取定制化管理的生态伙伴； 建立一个包容和开放的工业论坛，以支持合作伙伴关系治理工作

资料来源：国家工业信息安全发展研究中心整理。

2021年5月5日，欧盟委员会发布2020年新工业战略的升级计划及3份配套工作文件，分别是《年度单一市场报告》《欧盟的战略依赖与能力》《走向有竞争力与清洁的欧洲钢铁》。针对新冠肺炎疫情应对过程中，欧盟暴露出的产业链风险，升级计划总结了新冠肺炎疫情中汲取的经验教训，在重申2020年确定的优先事项外，针对锂电池、半导体、云计算等重点产业，升级计划重点从市场建设、供应链安全、数字化转型等角度对欧盟工业发展方向做出了部署（见表4-5）。

表4-5　2020年欧盟新工业战略升级计划的主要内容

重点方向	主要内容
增强欧洲单一市场韧性	鉴于当前保持人员、货物、服务和资本自由流动是维持欧洲单一市场的基本条件，欧盟各国必须共同努力才能达到"以增强单一市场抵抗危机"的目的，欧盟将部署制定单一市场应急指南，最晚于2022年第一季度前提供较为成熟的结构性解决方案；持续深化单一市场环境，统一关键业务服务标准，加强对中小企业的支持；强化单一市场监控，持续开展年度单一市场分析
审查欧盟战略依存关系	欧盟有137种进口产品高度依赖外国供应商，具体包括能源密集型产品、医药行业产品，及其他支持绿色转型和数字化转型的相关产品。为此，欧盟将对关键领域的对外依存度进行二次审查，推动国际供应链多样化；采取一系列关键行动，增强内部供应链完整度，具体计划于2021年第二季度启动成立处理器与半导体技术联盟和工业数据与云技术联盟，第三季度实施标准化战略，第四季度实施防止中小企业供应链断链行动等
加速绿色和数字化转型	要增强欧洲工业的可持续性和竞争力，必须加快绿色和数字化转型速度。为此，配套文件《走向有竞争力与清洁的欧洲钢铁》以钢铁行业为例，分析了该行业的转型路径和可用的政策工具

资料来源：国家工业信息安全发展研究中心整理。

（三）日本加紧布局智能社会等领域

为了保证实现超智能社会（社会5.0），日本政府认为先进的信息通信技术及其应用系统是必不可少的基础，2020年以来，日本陆续颁发相关法规政策，加紧产业布局。

一是加强产业需求培育。2020年5月29日，日本经济产业省发布《产业技术远景2020》，面对2050年全球发展趋势，提出"超智能社会"理念,计划优先发展支撑超智能社会的物联网、数字技术等关键技术。具体包括:支持物联网的机器人技术、传感器技术、XR(网真和远程操控)技术、脑机接口技术、机器翻译技术;后工业时代的下一代超级计算机技术、新型存储技术、量子计算技术等。

二是积极推动新一代通信技术的应用与前沿研究。2020年,日本经济产业省启动了"后5G信息通信系统基础强化计划"申请工作,认为比5G功能更加强大的"后5G"技术是构建日本核心竞争力的重要技术,将广泛应用于工厂、汽车制造等产业。该计划的目标是在2026年之前,研发7项后5G信息通信系统技术、构建1个尖端半导体技术研发基地、使技术的实用化率达到50%以上(见表4-6)。同时,日本也开始提前布局6G。日本总务省发布《6G综合战略计划纲要》,将通过财政支持和税收优惠等手段推动6G技术研发,总目标是:在2025年,完成6G主要技术的研发;在2027年,开始6G技术试验;在2030年,正式启用6G技术。

表4-6 后5G信息通信系统相关计划的研究内容和资助金额

项目名称	研究内容	资助金额/亿日元
后5G信息通信系统	"云"核心技术	75
	"云"网络综合管理和自动优化技术	75
	光传输系统高速化技术	75
	光传输DSP高速化技术	100
	应对小型化的高速不易失存储技术	20
	用于虚拟化基站控制器的高性能技术	40
	基站无线电单元高性能技术	75
	基站装置间的互通性评价技术	75
	高频设备的高输出和小型化技术	25
	能够进行高温操作的光连接技术	50
尖端半导体制造技术	由申请人提出研究课题和方案	250

资料来源:中国科学院科技战略咨询研究院。

三是系统布局产业科技前沿创新。2020年,日本政府发布了《统合创新战略2020》,阐述了日本开展科技创新的路线方针,认为当前国际形势发生了变化,新冠肺炎疫情全球蔓延的态势凸显了科技竞争压力,国家间围绕新兴技术展开激烈竞争,如何提高日本的科技创新能力成为紧迫的课题,需要加速实现融合人文社会科学的社会5.0,着重开展人工智能、生物技术、量子技术、材料等领域世界顶尖水平的研发活动(见表4-7)。

表4-7 日本《统合创新战略2020》的具体措施和内容

路线方针	措施	内容
A.积极应对新冠肺炎疫情,构建具有韧性的经济和社会结构	(1)提高公共卫生系统的应对能力	快速高效开展诊断治疗技术、疫苗、医学器械的研发工作。广泛开展国际合作共同应对疫情,加快培养医学(特别是传染病领域)人才,重视对控制疫情必不可少的行为经济学等社会科学研究。灵活运用数字技术快速及时地发布信息,防止疫情扩散
	(2)支援受新冠肺炎疫情影响的科技创新活动	恢复受到新冠肺炎疫情影响的各类研究活动、产学合作活动,加大政府公共资金和民间风险投资资金对传染病、灾害应对等社会亟须领域的支持力度,培养富有挑战精神的年轻创业者
	(3)适应新形势并推进数字化转型,构建富有韧性的经济结构	运用人工智能、超算等新技术,加快推进数字化转型。提高经济社会的韧性,确保供应链稳定,强化对经济安全的保障能力
B.持续推进社会5.0建设	(1)构建支持社会5.0的基础设施	加速推进5G移动通信技术在工厂、汽车等领域的应用,研发后5G时代信息通信技术,发挥本国的技术和制造优势。落实2019年6月G20大阪峰会提出的"可信赖的信息自由流通"理念,整合不同领域产生的数据以创造新的价值
	(2)加快建设社会5.0并宣传本国理念	加快建设智慧城市并与国际社会交流经验。运用政府和民间资金,集中支持2020年7月遴选出的"创业生态(Startup ecosystem)基地城市"。将社会5.0建设与联合国"2030年可持续发展目标"相结合,与世界银行等国际组织合作,向国际社会宣传日本为落实可持续发展目标而提出的行动路线图
C.强化研究能力	(1)提高科学研究能力	为年轻学者提供更多晋升和挑战的机会,丰富职业发展路径,构建具有吸引力的研究环境。联合民间金融机构通过产学官合作研究、共建开放创新平台等形式保障研发活动开展。加大对人文社会科学的支持力度,尤其重视与控制新冠肺炎疫情、社会管理相关的学科建设
	(2)完善创新生态系统	持续推动大学、公立科研机构改革,强化机构评估结果对下一期经费划拨的指导作用。修改完善"产学官共同研究指导纲领",促进大学、科研机构、企业之间开展更大规模的合作研究活动。持续提高对年轻学者的支持力度,在竞争性资助项目设立、资助方法方面向新兴领域和年轻人倾斜

续表

路线方针	措施	内容
D.重点推动的研究领域	（1）基础技术领域	开展人工智能、生物技术、量子技术、材料等领域世界顶尖水平的研发活动，形成一批世界领先的研发基地，培养科技人才，推进测量、分析技术的尖端化。在人工智能和信息技术方面，计划于2024年在大学入学考试中增加"情报"科目，提高日本学生对信息技术的重视程度；计划于2021年实现"富岳号"超级计算机在大学、科研机构、产业界的共享利用。在生物技术方面，计划于2021年研究制定《生物数据合作利用指导纲领》，并于2022年发布。在量子技术方面，在2020年年内建成量子技术创新基地并正式启用
	（2）应用技术领域	在防灾、传染病应对、网络安全等领域探讨建立新的智库功能体制，开展技术信息调查收集、国内形势分析、明确技术课题等工作。在环境能源、健康医疗、空间、食品、农林水产等领域针对具体问题开展研发活动，推进产学官合作

资料来源：中国科学院科技战略咨询研究院。

（四）俄罗斯加强电子信息前沿布局和产业数字化转型

近年来，俄罗斯政府大力推动电子信息产业创新工作，指导企业积极加快数字化转型，以提高国民经济发展质量。2020年1月22日，俄罗斯政府发布《俄罗斯联邦2030年前电子工业发展战略》，该战略旨在通过提升科技和人员潜力、优化生产能力、更新设备、开发新的技术和方向、掌握突破性电子工业技术、完善法律框架等，创建有竞争力的电子工业，以满足俄罗斯对现代电子产品的需求。该战略还提出，到2030年，民用电子产品收入占比不低于87.9%，国产电子产品在国内电子市场收入占比达到59.1%，电子产品出口额达到120.2亿美元。

《俄罗斯联邦2030年前电子工业发展战略》包括以下9个基本方向：

（1）促进技术开发，掌握数字电子产品、系统软件、电力电子、无线电电子的开发和生产技术。

（2）扩大生产能力，保障现代设计和生产工具的可用性，包括建设和开发可共用的基础设施，创建各类工厂，为电子产品的开发、生产和维护提供所需的材料和设备。

（3）规范行业标准，根据对产品、技术和组织流程的国际要求升级行业标准体系，为有发展前景的电子产品制定国家标准，在制定数字技术要求时，保障优先使用俄罗斯生产的微电子产品和软件。

（4）保障人才供应，提高电子工业对专业人才和青年人才的吸引力，吸引拥有一定技术能力的行业人员，保障对行业人力资源的培养、开发和管理，优先考虑未来产品和市场所需的专业，在专业人员培养和进修过程中采用俄罗斯的方式方法。

（5）完善行业管理，开发和引入自动化的行业管理系统，引入行业发展风险管理体系，建立有利于行业突破性发展和资本化的监管框架，确保实施现代化商业模式，吸引在民用电子产品市场成功运营的私人资本公司参与战略实施。

（6）促进技术合作，扩大利用现有的生产、科学和工程资源，包括与国外机构的合作伙伴关系，确定与外国制造商合作的优先方向，以开发和分阶段实现基本技术、微电子技术、设备和材料的本地化，消除阻碍合作的监管和组织障碍。

（7）优化行业信息环境，创建和发展行业数据库，包括有关设备、电子元件、专长、能力的分布式记账，保障行业内信息交流手段的发展和统一，保障用于监控行业发展的数据收集系统的实时更新，创建用于管理和监测电子产品生命周期的数字化系统，形成行业信息环境。

（8）扩大市场和产品应用，参与国家项目、联邦项目的实施，定期分析和预测电子产品市场的发展，对行业发展进行系统规划，在关键信息基础设施上应用俄罗斯软/硬件系统，刺激对本行业的产品需求，批准微电子产品关键元件清单，提高民用产品产量。

（9）提高经济效益，提高电子产品对最终产品的贡献率，确保在有前景的领域利用俄罗斯的生产技术，提高电子产品生产的本地化水平，包括配备俄罗斯生产的电子元件,确保实施现代化商业模式。

在传统工业转型升级方面,俄罗斯政府加快了数字化建设。2020年6月6日,俄罗斯总理米舒斯京签署《2024—2035年俄罗斯联邦制造业综合发展战略》,该战略旨在加速俄罗斯的技术发展、促进数字技术在生产中的应用、增加出口产品的竞争力。根据该战略,俄罗斯制造业发展的优先领域包括航空、造船、电子、医疗、汽车、运输机械、农业机械、化学及石油化工。该战略明确了数字化建设的主要任务,要通过增加数字技术投入(占企业创造总附加值的5.1%),确保数字技术在工业体系中的加速应用。

二、人工智能研发持续突破,智能应用助力新冠肺炎疫情防控

2020年,我国人工智能快速发展,技术创新水平不断提升,特别是在新冠肺炎疫情防控过程中,大量的智能化技术获得了应用,得到了市场的肯定。

(一)人工智能研发取得持续突破

数字技术的快速发展正在推动智能化浪潮由线上向线下转换,与传统产业加快融合。从智能化改造,到搭建工业互联网平台,再到建设数字化车间、无人工厂、智能工厂等,人工智能为传统制造行业转型升级提供了巨大契机。国家工业信息安全发展研究中心通过对Web of Science数据库近3年(2017—2020年)收录的人工智能之机器学习领域的论文进行分析,支持向量机、随机森林、神经网络、逻辑回归、疾病预测、信号处理、深度学习等成为当前研究热点,中国的论文发表数量排在全球第二名。目前,百度已连续3年在人工智能专利申请量和授权量方面蝉联中国第一;寒武纪首款应用于云端场景的7nm工艺AI训练芯片量产落地;百度

PaddlePaddle、清华 Jittor、旷视 MegEngine、华为 Mindspore 等人工智能开发框架开源。在 2020 年开源项目数据集 GitHubArchive 的全球深度学习框架排名榜上,百度飞桨 PaddlePaddle 力压谷歌 TensorFlow,位居全球第二。

我国类脑智能研究保持高热度。国家工业信息安全发展研究中心通过对 Web of Science 数据库近 3 年(2017—2020 年)收录的类脑科技领域相关 SCI 论文(2267 篇)进行文本分析发现,近 3 年的研究热点主要集中在类脑计算、神经网络(脉冲神经网络、人工神经网络、卷积神经网络、深度神经网络)、深度学习、人工智能、能源效率、硬件实现、生物与人造突触、模式识别、时间依赖型可塑性等方面。人造突触、脉冲神经网络、关联存储器、多智能体系统等是目前在研的热点前沿技术主题。美国和中国近 3 年在类脑相关领域的发文量最多,远超其他国家,分别位于发文量首位和第二位,并且与其他国家合作较多,发文具有较高的影响力;位于第三位的是英国,其后分别是意大利、德国、法国、加拿大、日本、印度、韩国等国家。2020 年 9 月 1 日,浙江大学发布由浙江大学、之江实验室共同研制的基于自主知识产权类脑芯片的类脑计算机,该类脑计算机含 792 颗达尔文 2 代类脑芯片、1.2 亿个脉冲神经元和近千亿个的神经突触,堪比小鼠大脑神经元的规模,典型运行功耗仅 350～500 瓦。达尔文 2 代芯片采用 55nm 标准 CMOS 工艺,单芯片由 576 个内核组成,每个内核支持 256 个神经元,神经突触超过 1000 万个,通过系统级扩展,可构建千万级神经元类脑计算系统。

(二)新冠肺炎疫情防控加速人工智能应用落地

在疫情防控的大环境之下,我国政府制定多项政策,积极支持智慧医疗产业发展。2020 年 2 月 4 日,工业和信息化部发布《充分发挥人工智能赋能效用 协力抗击新型冠状病毒感染的肺炎疫情 倡议书》,各类企业积极响应,踊跃利用信息技术创新智能服务,投入疫情防控攻坚战。2020 年

2月6日，国家卫生健康委员会办公厅发布《国家卫生健康委员会办公厅关于在疫情防控中做好互联网诊疗咨询服务工作的通知》，强调充分发挥互联网医疗服务优势，大力开展互联网诊疗服务。2020年3月2日，国家卫生健康委员会联合国家医保局发布《关于推进新冠肺炎疫情防控期间开展"互联网+"医保服务的指导意见》，明确将"互联网+"医疗服务费用纳入医保支付范围，实现患者常见病、慢性病"互联网+"复诊服务在线医保报销。2020年2月25日，中共中央、国务院正式发布《中共中央 国务院关于深化医疗保障制度改革的意见》，提出支持"互联网+医疗"等新服务模式发展。在新冠肺炎疫情防控过程中，人工智能企业发挥自身特点，加快技术转化和应用，在助力病毒研究、智能辅助诊断、疫情信息摸排、物资供需匹配等方面发挥了积极作用。

疫情防控期间，全国超过200家公立医院开展新冠肺炎免费互联网诊疗或线上咨询。阿里健康在线义诊平台上线4天，访问量达到160万人次。截至2020年2月11日，平安好医生平台访问量达11.1亿人次，App新注册用户增长了10倍，新增用户的日均问诊量增长了9倍。截至2020年2月10日15点，微医互联网总医院抗击新冠肺炎疫情免费义诊专区访问量超过9702万人次，集结了2.6万名医生在线接诊，累计提供医疗咨询服务116万人次。据国家卫生健康委员会数据显示，其属管医院在2020年新冠肺炎疫情防控期间，互联网诊疗量较2019年同期增加了17倍，部分第三方互联网服务平台的诊疗咨询量较2019年同期增长了20多倍。

在病毒基因分析方面，百度提出LinearFold算法可将此次新型冠状病毒的全基因组二级结构预测从55分钟缩短至27秒，并宣布将该算法免费开放。深兰科技（上海）有限公司研发的算法将病毒基因全序列的对比时间缩减到3分钟，并将针对病毒蛋白序列的对比时间缩减到秒级。

在病毒检测方面，浙江省疾病预防控制中心、阿里达摩院医疗AI团队和杰毅生物技术公司共同研发的全基因组检测分析平台，对疑似病例的病毒样本进行全基因组序列分析比对，将原需数小时的全基因分析流程减少到半小时，提高了疑似病例的确诊速度和准确率。

在算力提供方面，滴滴向国内科研机构、医疗及救助平台等开放用于抗击新冠肺炎疫情相关工作的 GPU 云服务器等云计算资源和技术支持。曙光信息产业股份有限公司向相关科研机构免费提供超 100PFlops 算力的强大计算资源，助力对新冠肺炎防治的科研攻坚。阿里云、腾讯云向新冠病毒科研机构提供 AI 算力，助力药物筛选和疫苗研发工作加快推进。

在智能影像诊断方面，上海依图网络科技有限公司的新冠肺炎智能影像辅助决策系统能够在 2~3 秒内实现病变区域的自动定量检测分析，已在上海市公共卫生中心开展临床迭代工作。推想医疗科技股份有限公司研发的针对诊断新冠肺炎的人工智能模型，已在武汉同济、深圳市第三人民医院上线。

在智能机器人应用方面，广州赛特智能科技有限公司的机器人"平平"和"安安"在广东省人民医院承担送药、送餐、回收被服和医疗垃圾等工作。达闼科技的 5G 云端智能机器人在武汉协和医院、同济天佑医院和上海第六人民医院帮助医护人员执行导诊、消毒、清洁和送药等工作。猎户星空智能递送服务机器人豹小递已交付武汉火神山医院投入使用。

在远程诊疗方面，中国移动助力解放军总医院与武汉火神山医院实现首例危重症患者远程会诊；科大讯飞结合医学影像人工智能技术推出具有病灶数量变化等 4D 对比分析功能的新冠肺炎影像辅助诊断平台；清华长庚医院推出新冠肺炎自测评估系统可对患病风险层级进行评估并给出指导意见，帮助民众理性就医；上海依图网络科技有限公司研发的基于语音识别、自然语言处理和知识图谱的新冠肺炎小依医生可提供智能问诊、智能宣教等功能。

第四章　前沿IT加速创新突破，IT体系变革激发新动能

在智能测温方面，北京旷视科技有限公司提出"人体识别+人像识别+红外/可见光双传感"智能测温解决方案，已在北京市海淀区率先试用。该系统支持大于3米的非接触远距离测温，可以辅助火车站、汽车站、地铁站、机场等公共场所高密度人员流动场景下的体温异常者的快速筛查。百度、深圳云天励飞技术股份有限公司、武汉高德红外股份有限公司等企业也针对新冠肺炎疫情推出多人体温快速检测解决方案，已在北京清河火车站、武汉火车站、天河机场等全国多个场站落地。

在智能外呼方面，各企业通过智能语音、自然语言处理等技术向居民打电话、发短信，实现重点人群的筛查、防控和宣教。科大讯飞的智医助理外呼平台已服务了625万人次，每日服务量达80万人次[①]。阿里达摩院、百度、思必驰科技股份有限公司、小i机器人、云知声智能科技股份有限公司等也均通过外呼平台系统协助开展新冠肺炎疫情访问工作，支援浙江、黑龙江、山东济南等地，减轻人员压力。

在物资供需匹配方面，京东推出应急资源信息发布平台，使用者填写相关物资信息，平台便可利用人工智能技术进行智能搜索匹配，从而促成需求方和提供方的应急沟通。上海合合信息科技股份有限公司在启信宝App上发布新冠肺炎疫情防控物资企业查询专项功能，通过人工智能算法找到的防疫物资相关企业名单及详细信息，方便医疗物资需求方能够快速找到急需物资的提供企业。

三、数据要素市场快速发展，数据驱动产业创新加速

现代西方经济学认为生产要素是进行社会生产经营活动时所需要的各种社会资源，主要包括劳动、土地、资本、企业家才能四种。但数字经

---

① 2020年1月21日至2月1日数据。

济时代，数据正成为陆权、海权、空权之外未来国家之间竞争的核心资产，庞大的信息催生的"数字经济"也重新设定了国家和企业的运转规则。当前，数据不仅通过改变或者优化生产力的基本要素，间接推动生产力发展，同时也逐渐发展成为一种特殊产业，直接推动生产力的发展。在数字经济时代，推动生产力继续发展必然需要数据作为一种经济资源参与分配，而数据的生产要素属性也逐渐固化和显现。

我国在全球数据要素市场竞争力日益增强。数字经济时代，数据要素将成为影响未来各国经济发展水平的关键因素。党中央、国务院高度重视通过市场配置发挥数据价值的作用。在2019年11月发布的《中共中央关于坚持和完善中国特色社会主义制度 推进国家治理体系和治理能力现代化若干重大问题的决定》中，"数据"被第一次纳入生产要素，被认为是一个重大的理论创新。2020年4月，《中共中央 国务院关于构建更加完善的要素市场化配置体制机制的意见》正式出台，提出数据与土地、劳动力、资本、技术等一样，都是可市场化配置的生产要素。在相关政策的引领、新一代信息技术的广泛应用、市场配置机制的不断健全下，农业、工业、服务业加速数字化转型，逐步进入数据驱动新阶段。2020年4月，国家发展和改革委员会、中共中央网络安全和信息化委员会办公室印发《关于推进"上云用数赋智"行动 培育新经济发展实施方案》（以下简称《实施方案》）的通知，明确在已有工作基础上，大力培育数字经济新业态，深入推进企业数字化转型，打造数据供应链，以数据流引领物资流、人才流、技术流、资金流，形成产业链上下游和跨行业融合的数字化生态体系。《实施方案》提出，主要在5个方面推出15条举措，从能力扶持、金融普惠、搭建生态等多方面帮助鼓励企业加快数字化转型，培育新经济发展，符合决策层加快培育数据要素市场的政策导向。支持在具备条件的行业领域和企业范围探索大数据、人工智能、云计算、数字孪生、5G、物联网和区块链等新一代数字技术应用和集成创新。2020年10月，党的十九届五中全会提出，推动数据资源开发利用，并明确要发挥数据、信息作为新生产要素的重要作用，显著降低经济运行成本，使经济发展转向更多依靠科技进步和劳动者技能提升，从而提高全要素生产率。

目前从数据体量看，我国已然具备构建全球领先的数据要素市场条件。据IDC报告显示，从2015年到2025年，中国数据圈将扩张14倍；2018年至2025年中国的数据圈将以30%的年平均增速领先全球（27%），中国拥有的数据量将从7.5ZB增长到48.6ZB，占比全球的27.8%，远高于美国的17.5%。数据的红利效益在政策的助力下，在农业、服务业等领域获得加速放大。

数据驱动型农业发展迅速，农业农村数字化转型潜力不断释放，农业数字经济蓬勃发展。党的十八大以来，党中央、国务院高度重视数字农业农村建设。2019年5月16日，中共中央办公厅、国务院办公厅印发《数字乡村发展战略纲要》。在政策带动下，数字技术不断为乡村振兴提供发展新动能。特别是在"互联网+"农产品出村进城方面成效显著，据商务部数据显示，2020年，全国农村网络零售额达1.79万亿元，同比增长8.9%；全国农产品网络零售额2884.1亿元，同比增长4.3%。2020年全年全国网上零售额117601亿元，比上年增长10.9%；其中，实物商品网上零售额97590亿元，增长14.8%，占社会消费品零售总额的比重为24.9%，比上年提高4.2%。整体来看，农村网络零售额和农产品网络零售额增速远高于全国网上零售额和实物商品网上零售额，农村电商在飞速发展。

数据驱动型服务业发展全面推进。由于服务业的产业属性与信息通信技术的结合度更高，服务业中数字经济的渗透率明显高于制造业和农业。据中国信息通信研究院测算，2020年，服务业数字经济的比重达到37.8%，同比提升近2%，说明服务业在数字经济中已经完成从先行者到引领者的转变。数字金融方面，我国数字金融的发展在全球居于领先地位。2020年10月13日，IDC Financial Insights 发布了"2020年度金融科技百强名单"（2020 IDC FinTech Rankings Top 100），其中，恒生电子（第40名）、中科软科技股份有限公司（第43名）、平安科技（第48名）、南天信息（第49名）、宇信科技（第54名）、金融壹账通（第66名）、衡泰软件（第94名）、邦盛科技（第98名）等多家中国企业入选百强名单。受益于数字金融科技的发展，金融服务得以持续下沉，据银保监会数据显示，2020年年末，全国普惠型小微企业贷款余额15.3万亿元，增速超过30%，其中5家大型银行增长54.8%。行政村已基本实现基础金融服务全覆盖。数字生活服务方面，本地生活服务业也是我国数字化程度较高的领域，广大餐饮行业、零售行业、住房和休闲娱乐行业继续拥抱数字化变革，取得了显著成效。餐饮行业采用数字化点餐的比例持续提升，微信小程序、扫码点餐等应用日益普及。生鲜、超市、杂货店等零售行业借助外卖平台实现高效配送，据美团数据显示，大量夫妻小店30%~40%的营业收入来自面向非餐类零售推出的"闪购"配送。无人超市、无人货架等新兴业态继续发展，永辉、银泰等传统商超积极拥抱数字化变革，盒马生鲜、京东超市等互联网与本地生活服务业融合发展的新业态日渐成熟。

四、量子科技取得先发优势，应用市场有望加快壮大

当前量子科技正成为各国的战略必争之地，国际社会纷纷加大研发力度和投入，力争抢占技术制高点。2020年10月16日，中共中央政治局集体学习量子科技，习近平总书记强调，要充分认识推动量子科技发展的重要性和紧迫性，加强量子科技发展战略谋划和系统布局，把握大趋势，下好先手棋。

第四章 前沿IT加速创新突破，IT体系变革激发新动能

我国量子通信技术取得先发优势，应用场景布局加快。据第47次《中国互联网络发展状况统计报告》数据显示，从发表论文研究机构来看，我国量子通信论文量超过4000篇，位列全球第一，全球发文量前25的机构中有10家来自中国。我国科研机构及高校专家团队已在时频传输技术和激光注入锁定技术、量子传感与导航技术、单光量子成像技术等领域取得突破。从应用发展来看，在量子通信上，我国发射了全球第一颗量子科学实验卫星"墨子号"，在国际上首次实现了千千米级基于纠缠的量子密钥分发；建设了"京沪干线"，开通了全球第一条量子保密通信干线，并在金融领域进行了技术验证与应用示范；中国科研团队成功实现了跨越4600km的星地量子密钥分发，我国已构建出天地一体化广域量子通信网雏形。在量子计算上，我国构建了76个光子100个模式的高斯玻色取样量子计算原型机"九章"，实现了具有实用前景的"高斯玻色取样"任务的快速求解，其处理高斯玻色取样的速度比目前最快的超级计算机快100万亿倍，比2019年谷歌发布的53个比特量子计算原型机"悬铃木"快一百亿倍；发布了基于超导技术路线的量子计算云平台，搭载了具备6位量子物理比特的"夸父"芯片。在量子测量上，正在优化的NIM6铯喷泉钟指标与世界先进水平基本处于同一数量级，已基本实现无须卫星的高精度定位，并拟将研制国际上首个适用于高轨空间平台、万秒稳定度达10^{-18}的光晶格钟原型样机，为基于高轨平台的广域超高精密光频标系统奠定了基础。

量子市场规模未来可期。2020年1月，法国市场研究与战略咨询公司Yole Development研究认为，量子科技正从基础研发阶段转向产业应用阶段，预计2030年，市场规模将达到32.55亿美元，其中量子计算的年增长速度最快，为45%~55%；量子密码的年增长速度紧随其后，约25%；量子传感的年增长速度最慢，约3%（见图4-1）。

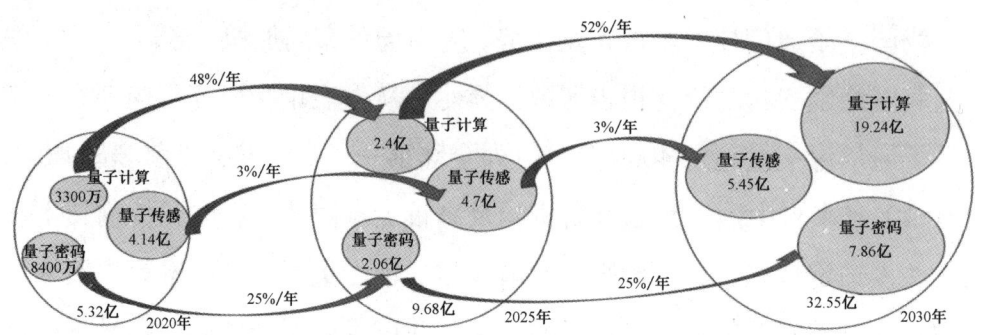

图 4-1　2020—2025—2030 年量子技术市场规模预测（单位：美元）

资料来源：Yole Development，2020 年 1 月，国家工业信息安全发展研究中心整理。

在量子计算领域，波士顿咨询公司预计量子计算将在 2030 年实现爆发式发展，催生千亿级市场规模。保守估算，到 2035 年，量子计算市场将达到 20 亿美元；到 2050 年，市场规模将飙升至 2600 亿美元。量子密码作为量子通信领域的重要部分，市场规模增长较快。据市场调研公司 Market Research Future 统计，2017—2023 年，量子密码市场年复合增长率约 14%（见图 4-2）。

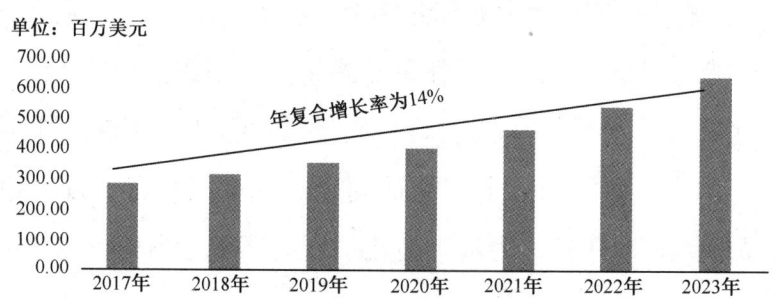

图 4-2　量子密码市场规模及增长率

资料来源：市场调研公司 Market Research Future。

五、新一代网络通信技术布局加快，新兴应用正待破茧而出

人工智能、VR/AR、三维媒体和物联网等新一代网络通信技术的大规

第四章　前沿IT加速创新突破，IT体系变革激发新动能

模商用产生了巨大的传输数据，使得5G、6G、卫星互联网等技术加快了应用步伐。

未来网络逐步从学术研究走向产业化发展。自从未来网络的概念提出以来，全球网络发展水平较高的各个国家和地区如美国、中国、欧盟、日本等从国家战略层面高度重视未来网络的创新。国际电信联盟（ITU）在ITU-T SG13全会上决议通过了成立Network 2030焦点组（Focus Group on Network 2030，FG-NET-2030）。该焦点组旨在探索面向2030年及以后的网络技术发展，包括新的媒体数据传输技术、新的网络服务和应用及其使能技术、新的网络架构及其演进。2020年，江苏省未来网络创新研究院牵头研发的"面向服务的未来网络试验环境与技术创新"重大成果入选了2020世界互联网大会"世界互联网领先科技成果"。服务定制网络架构已成功应用至我国信息通信领域的国家重大基础设施——未来网络试验设施（CENI）。该设施覆盖全国40个骨干节点、133个边缘节点。未来网络团队还基于SCN架构自主研制了全球首个大网级网络操作系统（CNOS），目前已成功在450多个城市、1100多个节点的运营商大规模骨干网中稳定运行了3年以上。与此同时，面对生产性互联网对骨干网络的确定性可控需求，未来网络团队依托CENI网络搭建了覆盖全国的大规模测试环境，首次实现了跨13城市2000km以上，30微秒以内的时延抖动控制。

6G研发工作加快布局。2020年2月，国际电信联盟启动6G研发，从国际标准化组织层面为6G进行顶层设计。目前，芬兰、韩国、美国、日本、中国等领先国家均已启动6G研发，预计到2030年，6G商用将取得进展。中国移动、中国电信、中国联通等运营商，华为、中兴、小米等通信企业均表示已开始6G通信技术的研究，跨地域、跨空域、跨海域的空天海地一体化网络成为重点发展方向。

卫星互联网商用加快。2020年4月20日，国家发展和改革委员会将卫星互联网纳入新型基础设施里信息基础设施的范畴，这是卫星互联网首

次被官方认定为新型基础建设的一部分。目前以 SpaceX、亚马逊为代表的通信卫星企业制定了以发展高通量低轨卫星通信作为商业化核心方向的战略布局，其中 SpaceX 公司是全球迄今为止拥有卫星数量最多的商业卫星运营商，星链第九批 58 颗卫星已于 2020 年 6 月 13 日成功入轨，在轨卫星数量高达 540 颗（含两颗测试星）。我国自 2017 年以来也相继启动多个卫星星座计划，目前正在宽带卫星互联网、窄带卫星物联网等领域开始积极布局。

空天地海一体网络建设提速。卫星遥感领域，目前我国陆地观测、海洋观测、大气观测三个系列的卫星遥感空间系统正在加快建设。2013 年，我国高分辨率对地观测系统的首发星高分一号卫星成功入轨，民用高分辨率遥感数据开始应用，2019 年年底，高分十二号也已完成发射升空。卫星导航定位领域，2020 年，北斗三号卫星系统最后一颗组网卫星已经成功发射，至此，北斗三号全球卫星导航系统星座部署全面完成。与美国的 GPS、俄罗斯的 GLONASS、欧盟的 Galileo 等导航系统以单一轨道卫星部署星座不同，我国北斗系统采用三种轨道卫星组成混合导航星座，能够为全球用户提供全天候、全天时、高精度的定位、导航，精确授时，辅助安全驾驶，灾难搜救及短报文通信等服务。随着组网完成，北斗产业将进一步加速发展。卫星通信广播领域，我国已经基本形成完整的通信卫星产业链，固定通信广播等卫星通信基本保障体系初步形成，"天通一号"卫星的发射则拉开了我国卫星移动通信的序幕，随着中星十六号高通量卫星投入业务运行，我国开始进入宽带卫星通信时代。

六、区块链创新多场景应用，解决方案进入高增长阶段

2020 年，区块链技术在加强新冠肺炎疫情防控、完善慈善管理、助力企业复工、保障社会服务等方面展现出良好的发展势头。中国雄安集团有

限公司和杭州趣链科技有限公司发起的"区块链慈善捐赠管理溯源平台"、北京市基于区块链的供应链债权债务平台等应用不断落地。世界各国央行开始进行数字货币测试，根据国际清算银行（BIS）的最新统计，现已将数字货币推进至实证阶段的央行占比达到62%，比一年前增长了20%。2020年下半年，中国人民银行召开电视工作会议，指出法定数字货币封闭试点已经顺利启动，将积极稳妥推进法定数字货币研发。据IDC预计，2019年至2023年区块链解决方案相关的总支出复合年均增长率预期将达到60%。

（一）区块链顶层设计不断完善，产业生态逐步成型

顶层设计不断完善。2019年1月，国家互联网信息办公室发布《区块链信息服务管理规定》，为区块链信息服务的提供、使用、管理等提供了有效的法律依据。2019年10月，习近平总书记在中央政治局第十八次集体学习时强调，区块链技术的集成应用在新的技术革新和产业变革中起着重要作用。我们要把区块链作为核心技术自主创新的重要突破口，明确主攻方向，加大投入力度，着力攻克一批关键核心技术，加快推动区块链技术和产业创新发展。

2020年4月，国家发展和改革委员会明确将区块链纳入新型基础设施建设范围，从各部委到地方政府相继出台支持区块链产业发展的政策性文件。据不完全统计，截至2020年12月，全国22个省级行政区的政府工作报告中都着重提及了区块链（见表4-8）。

表4-8　2020年全国各省级行政区政府工作报告中区块链政策汇总

地区	区块链相关内容
北京	强化核心技术攻关，围绕5G、半导体、新能源、车联网、区块链领域，支持新型研发机构，高等学校、科研机构、科技领军企业开展战略协作和联合攻关。持续改革优化营商环境。建立以区块链技术为支撑的政务信息资源共享和业务协同机制，开展"秒批""无感审批"等智能场景应用
天津	实施战略性新兴产业提升发展行动，培育人工智能、网络安全、大数据、区块链、5G等一批新兴产业集群。倾心引育科技型企业，大力支持企业拓展人工智能、大数据、区块链等技术应用场景
甘肃	加快建设"数字甘肃"。推动区块链产业布局和产业变革，加快拓展区块链在有色金属、文化旅游、通道物流、知识产权等领域的应用场景

续表

地区	区块链相关内容
上海	加快物联网、大数据、人工智能、区块链等信息技术推广应用,实施智慧城市场景开放计划
重庆	建设"云联数算用"要素集群,建设智能中枢核心能力平台,建设以AI计算、区块链等支撑的赋能平台。实施制造业高质量发展专项行动方案,出台生物医药、区块链、工业互联网等专项政策。壮大"芯屏器核网"全产业链,提档升级区块链产业创新基地,促进区块链技术和产业创新发展
山东	坚决培育壮大新动能。加快布局"新基建",年内新开通5G基站4万个,建设省级区块链产业园,在金融科技、电子政务、社会治理等领域,加快场景应用
湖北	加快产业融合发展。强化大数据、5G、云计算、人工智能、物联网、区块链等新型通用技术引领带动,加快新技术、新产业、新业态、新模式发展应用
湖南	推动制造业高质量发展,加快制造业数字化、网络化、智能化、绿色化发展,力争在人工智能、区块链、5G与大数据等领域培育形成一批新的增长点。大力发展数字经济,加快发展基于移动互联网、云计算、区块链、物联网等技术的信息服务
陕西	建设数字经济示范区,推动区块链等数字技术与实体经济深度融合
河北	推动数字河北建设,促进人工智能、区块链技术应用及产业发展
安徽	大力发展数字经济。加快建设江淮大数据中心。实施5G产业规划和支持政策,促进5G移动互联建设和"5G+"产业发展。推动物联网、下一代互联网、区块链等技术和产业创新发展。深化数字经济,推进建设"城市大脑",大力发展工业App,新增"皖企登云"企业5000家
江西	深化相对集中行政许可权改革试点,分类压缩工程建设项目审批时间。打造"赣服通"升级版,探索"区块链+无证通办"
广东	积极发展现代服务业,加快区块链技术和产业创新发展,在金融、民生服务等领域积极推广应用,打造区块链产业集聚区
福建	努力提升产业基础能力和产业链水平,深化数字福建建设、实施区块链技术创新和产业培育专项行动
山西	培育壮大战略性新兴产业,数字产业围绕"网、智、数、器、芯"五大领域,探索"区块链+产业"应用示范
辽宁	加快发展新兴产业,大力发展数字经济,稳步推进5G通信网络建设,推动人工智能、物联网、大数据、区块链技术创新与产业应用
江苏	着力培育壮大"三新"经济、加快人工智能、大数据、区块链等技术创新与产业应用,培育壮大新一代信息技术等战略性新兴产业
海南	提高优势产业效益,做特做强海南生态软件园等重点园区,重点发展游戏出口、智能物联、区块链、数字贸易、金融科技等数字经济产业。运用大数据、云计算、人工智能、区块链等技术手段提升政府效能,推动政务信息及时公开、共享
青海	着力发展数字经济。推广应用物联网、云计算、大数据、人工智能等新一代信息技术,释放对数字经济社会发展的放大,叠加和倍增效应
内蒙古	大力发展数字经济,积极布局5G通信应用和大数据、区块链、物联网、人工智能等产业
宁夏	加快制造业发展。加快人工智能、物联网、区块链等应用,力促数字经济深度融合、大发展
新疆	加快发展现代服务业,推进5G通信网络建设,大力发展云计算、区块链

资料来源:中商产业研究院。

第四章　前沿IT加速创新突破，IT体系变革激发新动能

市场规模逆势增长。2020年，我国区块链产业发展虽然面临新冠肺炎疫情的不利影响，但在中央和地方的大力推动下，区块链技术应用和产业发展实现了快速突破，区块链市场表现较为乐观。根据饮鹿网数据统计，2020年我国区块链市场规模将达到32.43亿元，同比增长60%，实现了新冠肺炎疫情之下的逆势增长。

基础设施建设成效显著。截至2020年12月初，全球共有136个城市节点完成（或正在部署）区块链服务网络BSN部署，其中中国国内128个，国际8个，实现了亚洲、欧洲、北美洲、南美洲、非洲、大洋洲六大洲的BSN城市节点部署。

产业生态逐步成型。互联网巨头纷纷加大区块链布局，腾讯推出了腾讯区块链、腾讯云TBaaS区块链服务平台等多种产品，京东推出了京东智臻链、开放联盟链、企业级区块链服务平台JDBaaS、京东智联云区块链数据服务BDS等多种产品，华为陆续推出了华为云区块链开放平台、目录区块链系统等平台产品。同时，地方区块链产业集聚生态已具雏形。我国区块链研究机构数量已超97家，清华、北大、复旦等12所国内顶尖大学开设了区块链相关专业或者研究探索设立区块链技术研究中心、研究院。区块链产业园快速发展，据前瞻研究院统计，截至2020年年底，全国共有15个省、27个城市成立45家区块链产业园区，其中2020年新增5家。杭州市是截至2020年年底数量最多的地区，共计6家，占全国区块链产业园的13.33%；其次是广州，共计5家，占比11.11%；上海有4个区块链产业园，位列第三，占比8.89%。从区块链产业园整体分布来看，产业园集中于黄渤海、长三角、珠三角、湘黔渝四大聚集区。

投融资规模持续扩大。据前瞻产业研究院对市场数据统计显示，截至2020年11月，我国区块链行业共获得投资282起，投资金额656.67亿元。同时，地方政府纷纷鼓励设立区块链产业引导基金，截至2018年12月，

全国9省（自治区、直辖市）根据自身条件推出区块链产业基金，总规模将近400亿元。

（二）区块链技术创新愈发丰富，应用落地多点开花

我国区块链产业蓬勃发展，企业数量不断增加，应用落地多点开花，涵盖了包括金融、民生、政务、知识产权、工业、农业、能源等多个垂直行业，根据陀螺研究院统计，2020年我国共落地区块链项目达194个，同比增加102.8%。近年来，区块链应用主要呈现以下特点与趋势。

一是区块链让金融服务更加便利安全。金融是经济运行的"血液"，而与区块链技术密切相关的数字货币则会成为数字经济的"灵魂"。区块链技术应用场景涉及消费支付、银行间清结算、供应链仓单保理、跨境贸易金融、数字货币、股权募集众筹、金融衍生品、信贷及风险控制、信用评级征信等。

跨境金融服务方面，国家外汇局于2019年3月22日推出跨境金融区块链服务平台，以"出口应收账款融资服务"和"企业跨境信用信息授权查证服务"为切入点，利用自主研发的区块链底层技术，采用许可联盟链，以白名单管理协作方式，建立银企间端对端的可信信息交换和有效核验、银行间贸易融资信息实时互动等机制，实现资金收付、质押物凭证、融资申请、放款等在内的多种信息共享，在联盟链管理机制上搭建了由监管部门、银行、企业等参与的跨境区块链平台。2019年10月15日，已有17个省（自治区、直辖市）的160多家法人银行自主加入成为试点，服务企业接近1600家，其中中小外贸企业占比约70%。

信贷资产登记流转方面，云象区块链公司于2020年为中央国债登记结算有限责任公司（简称"中央结算公司"）开发信贷资产登记流转平台，旨在融合信贷资产登记流转市场中产品创设、基础资产穿透登记、存续期管理、信息披露等场景的业务需求与区块链信息存证、信息溯源、多机构

协同，实现信贷资产全生命周期上链。平台正式上线时将采用云象联盟链技术，建立以银行业信贷资产登记流转中心为核心节点，各银行、资产管理机构等为参与者的联盟链，利用区块链在中央结算公司与银行、资产管理机构之间构建实时、安全、稳定的数据通道，支撑多方协同操作，解决结算业务联动，实现债权信息溯源和全生命周期管理，形成我国信贷资产登记流转市场的区块链基础设施。

二是区块链让民生服务更加便捷优质。区块链技术在民生领域应用涉及教育、就业、养老、精准脱贫、医疗健康、商品防伪、食品安全、公益、社会救助等。

志愿者公益服务方面，宇链科技与全球最大的志愿者服务平台志愿汇合作，于 2019 年 10 月在浙江杭州西湖区推出了基于区块链技术的支援服务体系，实现了公益服务信息更加公开、透明、可信。志愿汇作为"志愿中国"信息系统的产品，平台注册志愿者已经达到 7100 多万人，入驻公益组织达 43 万余个。志愿汇借助宇链区块链公益大数据平台的场景接口，实现了公益众筹、公益物资、公益财务、志愿者服务、志愿活动、慈善档案等公益服务场景的数据上链，使得人人可查看、数据可跨省验证，提升了公益服务的公信力和管理能力。

电子处方流转方面，百度于 2019 年 8 月推出重庆市渝中区电子处方流转平台，该平台旨在利用区块链+人工智能技术解决电子处方共享的问题，实现政府全方位监管和确保健康医疗服务的质量和安全，使老百姓可以足不出户，获得送药上门服务。

三是区块链让政府治理更加高效便民。区块链在电子政务应用场景涉及一网通办、电子发票、代理投票、身份认证、档案管理、公证、个人社会信用、工商管理、档案管理以及教育领域的学生征信、学历证明、成绩证明、产学合作等。

政务服务方面，北京市早期建设有市、区两级数据共享交换平台并与国家共享交换平台对接，但存在数据未落地、数据交换与目录脱节的问题，只起到交换通道作用，数据共享和开放不全面。为进一步提升数据管理效率效能，北京市在原有基础上，引入区块链等理念，实施构建"目录链"体系，将各部门职责目录和关键数据目录"上链"锁定，实现全市数据的逻辑管控。该平台为联盟链，由华为公司负责区块链底层技术支持。平台于2019年10月15日正式运营，将北京市53个部门的职责、目录以及数据联结在一起，任何一个节点的修改会快速同步到全部节点，通过基于共识与智能合约的控制达到保证目录的全面可靠。

公积金数据共享方面，趣链科技联合中国建设银行和住房和城乡建设部于2019年3月推出全国公积金数据共享平台。该平台旨在通过区块链技术解决跨部门、跨地域的数据协作和互通难题，实现业务数据的可信传输。

电子发票服务方面，腾讯公司联合国家税务总局深圳市税务局试行区块链电子发票试点项目，已经于2018年8月10日在深圳开出首张区块链电子发票。区块链电子发票上线以来，注册企业近1.5万家，包括招商银行、腾讯公司、万科物业、深圳地铁、沃尔玛、恒大集团、国美电器等，覆盖了金融保险、公共交通、零售餐饮、互联网服务等上百个行业。

四是区块链让司法处置更加公平公正。互联网社会各类在线数据的交换数量非常大，纠纷、仲裁及司法诉讼时有发生。早期涉互联网案件存在存证难、取证难的问题。随着区块链技术的发展，在电子数据保全和知识产权保护方面有了长足进展，产生了以区块链为技术支撑的司法辅助、纠纷预防平台和服务，可固化各个时间节点的在线数据，拓展出可存证确权、侵权监测、在线取证、司法出证、在线审判等一系列旨在权益保护的服务。目前已有多家企业区块链应用场景涉及知识产权方面的IP保护、商标保护、艺术品证明、软件防伪、数字内容确权、软件传播溯源等。

司法辅助平台天平链方面，2019年，北京互联网法院探索司法审判与科技的深度融合，在系统平台上，通过完善对知识产权、金融服务等多个细分场景的电子证据规则，实现了互联网应用证据材料的快速准备，建立了以审判为中心的证据认定机制。法官可借助平台技术查阅各类互联网应用存证上天平链的证据区块链验证详情，进行证据认定评分，生成证据验证报告等。该平台还通过采用智能合约技术，实现对调解、判决生效文书中约定的相关义务进行智能处理。当事人确认对方未履行完毕相关义务时，则自动触发智能合约执行，自动提交执行立案申请，促进了执行智能化、办案高效化。

五是区块链让实体经济创新提质。区块链技术的集成应用在新的技术革新和产业变革中起着重要作用。

新能源管理方面，国网电子商务有限公司于2019年研发了基于区块链的新能源云平台，该平台聚焦新能源调度与消纳难、协同效率低等痛点，建立了"横向协同、纵向贯通"的管理体系。平台以电网为枢纽，横向聚合政府部门、供应商、电网企业、能源用户等行业资源，纵向服务用户建站咨询、建设方案评估、设备采购、运行维护、结算补贴、并网等业务环节，将业务需求数据进行全流程上链。凭借链上数据可靠、防篡改等特性，贯通发展、基建、调度、营销、交易、财务等业务流程，节省了电网规划、并网报装、电力供需测算、消纳计算、补贴结算等业务的工作量，实现了新能源接网业务办理"最多跑一次"。在国网宁夏电力等单位的试点建设过程中实现了并网业务办理时限平均缩短16天，电费结算周期平均缩短4天。

物流供应链管理方面，京东于2019年9月推出链上签区块链单据平台，该平台旨在将物流中纸质单据替换为电子单据，并将单据存证在区块链上，以此为基础开展对账工作。该平台以京东自研的JD Chain为区块链底层，采用联盟链方式，基于JD BaaS进行部署和管理，解决了多组织机构间单据共享的问题，打通了单据结算难点，实现了降本增效目的。在物流供应链场景中有询价、报价、配送、妥投、计费、结算、对账等环节，其中结算是核心环节。该平台通过区块链和电子签名技术的结合解决了传统纸质单据签收不及时、易丢失、易篡改，管理成本高的问题，实现单据流与信息流合一。

畜牧业溯源方面，全链通公司于2019年7月为宿州市草源牧业公司开发铭镜溯源平台，服务于智慧畜牧业。该平台基于"物联网+区块链技术"，将畜牧产品溯源与保险业务相结合，采用联盟链，建立原料饲料溯源、智慧养殖、发情监测、智能称重等信息同步上链机制。结合智能耳标、牛脸识别等技术，解决了传统农畜牧业原始数据造假、数据断点、产业链不透明等难点问题，达到了数据真实不可篡改、数据安全存储可追溯、实时动态监管和可信的效果，形成帮助用户辨识食品质量的诚信数据基础，帮助诚信企业提升信息系统可信度，推送品牌价值，同时为行业监管提供了低成本的监管监控手段。

（三）疫情防控催生新兴需求，区块链获得快速应用

在疫情防控和复工复产中，区块链技术利用其去中心化、不可篡改、可追溯等特性发挥了重要作用。在大量捐助物资统计、追踪需求催生下，区块链全链记录技术进一步拓展应用场景，在加强疫情防控、完善慈善管理、助力企业复工、保障社会服务等方面展现出良好的发展势头（见表4-9）。

表4-9 疫情防控期间部分区块链应用

区块链应用	应用领域	发起主体
新冠风险筛查系统	疫情防控	西安交通大学
疫情防控区块链系统	疫情防控	南京审计大学
南沙区疫情防控协同系统	疫情防控	广东省广州市南沙区政府
全国抗击新冠肺炎防护物资信息交流平台	社会服务	武汉大学
区块链疫情监测平台	疫情防控	北京链飞未来科技有限公司

第四章 前沿IT加速创新突破，IT体系变革激发新动能

续表

区块链应用	应用领域	发起主体
济南疫情防控平台	疫情防控	山东省济南市政府、山大地纬
区块链慈善捐赠管理溯源平台	慈善管理	中国雄安集团有限公司、杭州趣链网络科技有限公司
区块链疫情采集监测系统	疫情防控	山东财经大学、阿里云
"出入通"微信小程序	疫情防控	杭州宇链科技有限公司
线上产业链金融平台	社会服务	国网电商
基于区块链的供应链债权债务平台	社会服务	北京市政府、北京市金控集团、微芯研究院等
不动产登记信息平台	社会服务	北京市住房和城乡建设委员会、国家税务总局等
企业复工复产报备系统	保障复工	广东省广州市南沙区政府
防疫物资信息服务平台	社会服务	支付宝
公益慈善阳光链平台	慈善管理	厦门国际银行
信贷"绿色通道"	慈善管理	浙商银行
应急物资管理系统	社会服务	众邦银行、金山云
东湖大数据复工智能管理系统	保障复工	武汉市东湖新技术开发区

资料来源：国家工业信息安全发展研究中心整理。

在加强疫情防控方面，上海市临汾街道使用的"智慧临小二"平台基于区块链技术，具备口罩预约、回沪登记、健康打卡、访客登记、社区关爱五大功能。该平台上线5分钟内1200户家庭实现了线上预约购买口罩，降低了社区居民排队购买、领取口罩引起交叉感染的风险。该平台还将各类零散数据整合形成"大数据"，帮助居委会关注2020年春节后未返程的家庭，制定人员排查方案，具有一定的针对性和有效性。同时，数据上链后，能够清晰地显示个人的行为轨迹，大量数据累计后可显示新冠肺炎疫情前后的人员变化。

在完善慈善管理方面，区块链凭借不可篡改、多方同步、信息透明的特性，与公益慈善行业的需求高度匹配，衍生出大量公益慈善领域的应用场景。新冠肺炎疫情出现后，支付宝的防疫物资信息服务平台，中国雄安集团有限公司、杭州趣链网络科技有限公司发起的区块链慈善捐赠管理溯源平台，众邦银行、金山云发起的应急物资管理系统等一批新兴的"区块链+公益捐赠"平台快速落地。基于"区块链+智能合约"的公益平台，可

以预先设定善款使用规则，实现资金自动分配，确保专款专用。同时，善款可在链上追踪，了解每笔捐赠的最终去向，切实降低了组织和个人作假的可能性。

在助力企业复工方面，武汉市东湖新技术开发区发起的东湖大数据复工智能管理系统基于区块链技术，实现企业复工备案申报、复工员工的监测管理、新冠肺炎疫情数据的实时获取、数据安全机制保障等功能，依托数据不可篡改的特性，保障数据安全隐私。广州市南沙区发起的南沙区疫情防控协同系统基于"南沙城市大脑"，运用区块链等技术，汇总整合新冠肺炎疫情重点关注人员、最新新冠肺炎疫情数据、资源调度等各类防疫信息，打通各部门的"数据烟囱"，引导人员防控，促进企业填报防疫信息，实现了防疫工作的高效信息化管理。

新冠肺炎疫情对产业格局持续产生深远影响，区块链发展机会和场景应用落地将明显提速。同时，5G 的普及也将使区块链的价值明显提升。据 IDC 预计，2020 年，我国与区块链解决方案相关的总支出将达到 4.7 亿美元，2019 年至 2023 年的年复合增长率预期将达到 60%。中国物流与采购联合会区块链应用分会和清华大学互联网产业研究院等机构发布的《后疫情时期产业区块链发展状况调研报告》调研了近 350 家企业，有近七成受访企业表示不会减少对区块链项目的资金投入，其中有 20%的受访企业表示将加大对区块链项目的资金投入。

第五章　新兴 IT 产品应用跨界落地，IT 数字赋能延展催生新模式

2020 年，突如其来的新冠肺炎疫情给我国经济社会的平稳发展带来了巨大冲击，与此同时，为满足疫情防控工作需要，以信息技术为核心的新产品新应用不断涌现，以信息技术赋能的新业态新模式正成为打造国内国外双循环经济发展格局的重要支撑。2020 年 7 月，国家发展和改革委员会等 13 个部门联合印发了《关于支持新业态新模式健康发展 激活消费市场带动扩大就业的意见》，提出支持数字经济 15 种新业态新模式的一系列政策措施。2020 年 9 月，国务院办公厅印发《国务院办公厅关于以新业态新模式引领新型消费加快发展的意见》，从加力推动线上线下消费有机融合、加快新型消费基础设施和服务保障能力建设、优化新型消费发展环境、加大新型消费政策支持力度等角度，推动以网络购物、移动支付、线上线下融合等新业态新模式为特征的新型消费发展。《中华人民共和国国民经济和社会发展第十四个五年规划和 2035 年远景目标纲要》明确提出，培育新型消费，发展信息消费、数字消费、绿色消费，鼓励定制、体验、智能、时尚消费等新模式新业态发展。

一、线上化应用需求猛增，产业服务边界迎全方位扩延

（一）物理隔离促使远程应用成为行业刚需

2020 年，受新冠肺炎疫情影响，全国大量企事业单位采取在线办公模

式，同时大中小学开学推迟也使相关教育活动改至线上，推动了在线教育、远程办公等应用需求激增。第47次《中国互联网络发展状况统计报告》显示，截至2020年12月，全国在线教育用户规模达3.42亿人，较2019年6月增长1.09亿人，占网民整体的34.6%；手机在线教育用户规模达3.41亿人，较2019年6月增长1.41亿人，占手机网民的34.6%。另外，远程办公用户规模达3.46亿人，占网民整体的34.9%，企业微信服务用户数从2019年年底的6000万人增长至2020年年底的4亿人，钉钉企业组织数量突破1700万人。

新冠肺炎疫情发生以来，教育部及各地方政府纷纷出台相关政策文件，组织中小学、高校等通过搭建云课堂平台、数字学校等形式，利用网络直播、录播等授课方式为学生提供课程服务，取得了良好成效（见表5-1）。

表5-1　疫情防控期间各地推动在线教育平台普及情况

地区/部门	措施
教育部	开通国家网络云课堂，以"一师一优课、一课一名师"项目获得部级奖的课程资源为基础，吸收其他优质网络课程教学资源，供各地学校组织学生开展网上学习
北京	开通"北京数字学校"，数字学校涵盖了义务教育阶段所有年级、所有学科的同步课程，并不断更新、完善和补充课程资源
武汉	2020年2月1日开始，组织高三等毕业年级开展在线教学，2月10日开始，组织其他年级开展在线教学
天津	利用天津市中小学备授课系统、空中课堂与一师一优课的优质课程资源，为中小学生自主学习课程提供支持，建设"天津市高校思想政治理论课教师网络集体备课平台"，打造一批思想政治理论课精品在线课程
江苏	充分发挥"名师空中课堂"等在线教育平台和网络媒体作用，为学生提供辅导、答疑等教育教学服务
浙江	线上教学以班级为单位组织授课和双向互动，以录播课为主，采取"录播+线上答疑"的形式。有条件的学校可采用"直播+线上答疑"的形式。课后辅导可采用"点播+线上答疑"的形式
福建	要求有条件的地方和学校可开发开放线上课程供学生学习，提供线上答疑辅导

资料来源：国家工业信息安全发展研究中心整理。

截至2020年12月，国家中小学网络云平台浏览人次数达到24.60亿，访问人次达到20.22亿。各地也充分利用信息技术手段，通过多种途径，

第五章 新兴IT产品应用跨界落地，IT数字赋能延展催生新模式

保障做好线上教学工作，并积累了宝贵经验。此外，新东方在线、猿辅导、作业帮等各类在线教育平台紧抓发展机遇，纷纷推出了各类满足疫情防控要求的免费产品和服务，抢占市场空间（见表5-2）。

表5-2 疫情防控期间各大在线教育平台推广举措汇总

在线教育平台	推广举措
新东方在线	向全国中小学生免费提供150万份春季班直播课程；向全国大学生免费提供10万份四六级正价课及考研、出国考试等精品课
跟谁学	为武汉地区捐赠价值2000万元的在线直播课，免费为2万名武汉中小学生开放寒假正价直播课学习
猿辅导	面对全国中小学生开放免费直播课，包括学科巩固预习课、人文大师课及能力素养课
作业帮	制定"春季加油站计划"，针对因新冠肺炎疫情推迟开学的中小学生免费推出春季校内同步直播课
网易有道	免费向全国中小学生赠送开学名师直播课，并增设500万元全勤奖学金
流利说	捐赠总价值超1200万元的在线英语课程，免费开放10万份经典绿钻课礼包，重点覆盖湖北地区
美术宝	向全国免费开放少儿公益美育课
好未来	考满分自1月26日起向湖北地区考生及全国考生免费提供在线课程和备考服务，提供托福、雅思、GRE、GMAT寒假在线备考课程；学而思网校推出全年级各学科免费直播课和自学课；启动"避风港计划"，向全国培训机构免费开放直播云在线直播系统等
科大讯飞	向湖北地区中小学免费提供智慧空中课堂
钉钉	"在线课堂"功能免费向全国大中小学开放，支持百万学生同时在线上课，并覆盖广大农村地区学校
爱学习	向全国中小学生免费开放寒春同步课
VIPKID	发布"春苗计划"，免费为全国延迟开学的孩子提供春季在线课程，同时向广大学校和教育机构免费开放在线直播平台和技术支持

资料来源：国家工业信息安全发展研究中心整理。

在远程办公领域，中国电信、浪潮、腾讯、华为、阿里、京东、用友、全时云、即构科技、视睿电子等数十家国内信息化服务企业相继推出免费远程视频会议、远程通信、共享屏幕、企业通信、企业直播、远程招聘等远程办公服务。阿里钉钉向1000万家企业免费开放在线办公系统；腾讯会议日活跃用户突破1000万人次，其国际版VooV Meeting在145个国家和地区上线，协助联合国举办数千场会议；京东云与AI提供的免费会议

服务系统,首日上线注册企业约300家。金山办公、字节跳动、石墨文档、印象笔记、彩程设计、苏宁科技等办公信息化服务企业,提供免费云办公支持,部分产品支持多人同时协作编辑一个文档,多端数据服务互通及移动办公。截至2020年9月底,WPS office移动版月活跃用户数达到2.74亿人次。

(二)云端活动引领潮流并渐成主流模式

2020年,新冠肺炎疫情发生后,为破除空间限制,大量会展、走秀、旅游等线下活动迈上"云端",虚拟现实和增强现实等新技术使云端活动更具沉浸感,成为商贸活动新潮流。特别是云端会展基于云计算等技术能力,提供线上助展、供采对接、智慧场馆、产业互联等服务,帮助会展行业实现增值,提升行业竞争力。

据中国会展业报告2020年8月发布的数据显示,新冠肺炎疫情发生以来,国内直接经济损失约300亿元。为解决线下展会无法举行给企业和行业带来的影响,商务部出台《关于创新展会服务模式 培育展览业发展新动能有关工作的通知》等文件鼓励云上办展,同时参展商及相关企业也积极筹备云上办展,使会展数字化。云端会展主要有三个方面的优势:一是实现线上线下双轮驱动,使供采对接更快更准,打破时间和空间限制,实现云展示、云对接、云洽谈、云签约;二是数字化沉淀会展服务,物联网、大数据、人工智能等技术有力支持数字化运营管理,使信息传输更加安全、稳定;三是切实提升参会体验,将信息技术深入结合线上线下场景,提升了会展的吸引力。

疫情防控期间,云端会展为全球贸易注入了新动能、新活力。广交会首次完全采用网络形式召开,近2.6万家境内外企业参展,来自217个国家和地区的境外采购商注册洽谈,约180万件商品在网上展示,数万个直播间同时在线,创造了历史纪录;2020中国—东盟数字经济合作年开幕式、

2020世界人工智能大会等重要活动均在"云端"举行；腾讯"云会展"帮助金融、文化、生活消费等领域相关机构开展大型活动超过100场。

（三）直播模式迎来风口且内容承载不断丰富

疫情防控期间，直播电商成为打破产销壁垒的重要通道，"卖房小姐姐""卖车小哥哥"等快速转战直播电商，成为零售业新风向。以淘宝、京东、拼多多为代表的电商平台和以抖音、快手为代表的短视频平台在直播电商领域互补共赢，电商平台通过"电商内容化"提高了用户黏性，短视频平台通过"内容电商化"解决了流量变现问题。据商务部数据显示，2020年，重点监测电商平台累计直播场次超2400万场，健身器材、消毒卫生用品、中高端厨房电器、宠物用品等增长均超过30%。央视、人民日报等主流媒体也加入直播带货行列，助力复工复产复市，央视新闻公益专场"谢谢你为湖北拼单"2小时完成4000多万元的交易额。2020年7月，人力资源和社会保障部等三部门发布的新职业中，"互联网营销师"被列为新职业，"直播销售员"被列为新工种。

2020年，新冠肺炎疫情带来的"宅经济"丰富了直播电商业态。传统行业加速了数字化转型，除了在传统电商业态发展得已经比较好的快消品行业开始转型做直播电商，房地产、汽车、大家电等传统大宗商品的交易也开始进入直播间，直播电商在各行业"全面开花"。

据中国互联网络信息中心数据显示，截至2020年12月，全国网络直播用户规模达6.17亿人，占网民整体的62.4%，其中直播电商用户规模约为3.88亿人（见图5-1）。疫情防控期间，网络直播用户规模激增，艾媒数据中心调查显示，近三成受访者几乎每天都看带货直播。通过近年来的市场培育，特别是受到新冠肺炎疫情影响的带动，直播电商的接受度明显提高（见图5-2）。2020年，我国直播电商市场规模达到9610亿元，预计2021年行业将持续保持高速增长，规模有望接近12012亿元。

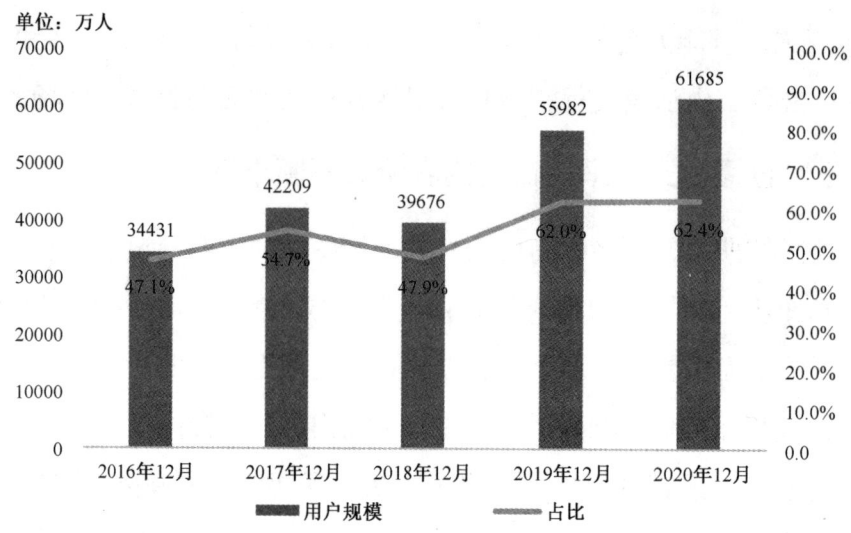

图 5-1　2016 年 12 月至 2020 年 12 月我国网络直播用户及占比

资料来源：中国互联网络信息中心。

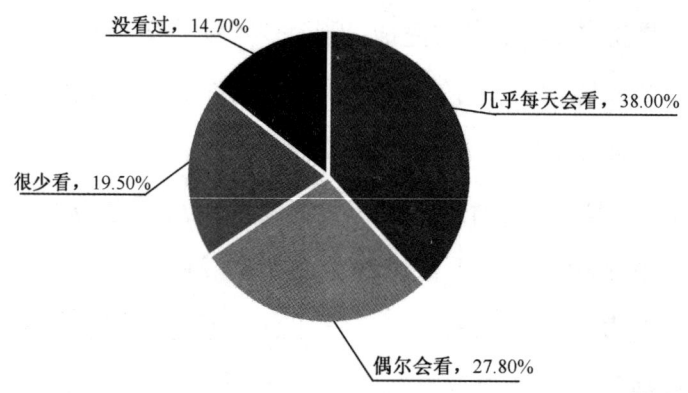

图 5-2　2020 年 4 月我国受访网民观看带货直播的比例

资料来源：艾媒数据中心。

随着移动设备的逐渐普及和移动互联网用户规模的持续扩大，在线直播行业进入多维发展、多强并行的成熟阶段。"直播+"模式以直播媒介输出社会价值，重构传统场景、创新商业模式，促进在线直播向细分领域拓展，同时也激活了社会就业生态。当前，跨界直播、跨界综艺等形式层出不穷。直播平台以自身的流量优势实现社会价值，在助力公益、助农扶贫和抗疫救援等方面发挥越来越重要的作用。未来直播平台不仅是娱乐内容传播的平台，同时也能成为社会主流资讯内容传播的重要渠道。同时，随着 5G 等建设落地，技术赋能直播升级可期，直播画质清晰度、速度流畅度将有大幅提升，助推"直播+电商""直播+文旅""直播+本地生活""直播+教培""直播+演出"等形式日益丰富。此外，直播搭建的多渠道并行方案将成为增强经济韧性的有效路径，直播所构筑起的互动场景，充分满足了消费者追求真实、现场示范商品等心理需求，相对于传统的电商模式来说更加易于激发用户的购物欲望，未来直播也将成为零售业、制造业等行业的标配销售渠道。

二、无人化模式前景可期，产业运营效率获跨越性提升

（一）"无人配送"引发高效非接触物流模式变革

无人配送服务通过打通线上线下销售，建立短途物流体系，解决传统配送服务中同城配送的问题，正成为商业发展的新趋势。2020 年新冠肺炎疫情导致的群体隔离推动了线下配送模式的变革，即无人机、无人车、机器人带来的无人配送服务模式。与传统物流配送相比，无人配送除免去疫情防控期间人员之间的直接接触外，不仅具备效率高、成本低的优势，还能扩大服务空间范围、提升运输自由度。当前，我国无人配送发展呈现以下特点：一是由于无人配送的需求不确定、受地域因素影响较大等特点，当前服务范围主要集中在一、二线城市，需求相对密集，利于扩张规模。二是随着各类电商平台、快递企业、第三方运力平台纷纷入局即时配送，服务边界不断扩展，各大平台通过更加精细、智能和高效的运作方法提升用户体验。三是新零售庞大的线上流量和逐渐完备的基础设施布局为即时配送发展提供了稳定动力。四是人工智能和大数据的应用使即时配送的资

源配置不断优化，有效提高了配送效率并降低了成本。据 YOGO Robot 数据显示，物流配送的终端配送环节占用了配送员单次配送时长的 20%～40%。无人配送打通了物流配送的最后 100 米，大幅降低了人工配送成本。

无人配送依托即时配送，不仅为用户提供了快捷的服务，并且不断改善新零售的消费体验。近年来，我国在无人配送领域的政策持续完善（见表 5-3）。据艾媒咨询数据显示，2019 年，中国即时配送行业用户规模为 4.22 亿人，2020 年增至 5.06 亿人。在艾媒报告关于即时配送用户使用的服务品类调查中，下单生鲜水果、日用品、鲜花、文件资料等服务的用户占比均超过 20%。北京多氪信息科技有限公司发布的《无人配送领域研究报告》指出，以餐饮行业配送为例，整个即时配送业务日均配送人员需求数量至少达到 85 万人，单人送货量 59 单/日，无人配送全年可替代即时配送行业劳动力成本约 612 亿元。

表 5-3　无人配送领域政策

发布时间	文件名称	具体内容
2015 年 7 月	国务院《关于积极推进"互联网+"行动的指导意见》	十一项重点行动中包括"互联网+"高效物流等
2016 年 7 月	国务院《"十三五"国家科技创新规划》	包括研发智能机器人规划
2017 年 7 月	国务院《新一代人工智能发展规划》	提出行业需要不断完善无人配送车的技术标准
2018 年 11 月	工业和信息化部等 6 部门《关于加强低速电动车管理的通知》	强调要建立长效监管机制
2019 年 7 月	民航局《关于同意扩大无人机物流配送应用试点范围的通知》	将"无人机物流配送应用试点"范围扩大到民航西南局辖区内四川、云南等地的部分地区，助力扶贫攻坚工作
2019 年 9 月	国务院《交通强国建设纲要》	明确提出要"积极发展无人机（车）物流递送"
2020 年 7 月	国家发展和改革委员会等 13 部门《关于支持新业态新模式健康发展激活消费市场带动扩大就业的意见》	提出"支持建设自动驾驶、自动装卸堆存、无人配送等技术应用基础设施"
2021 年 1 月	交通运输部《关于服务构建新发展格局的指导意见》	明确提到要"推广无人配送、分时配送"

资料来源：国家工业信息安全发展研究中心整理。

第五章 新兴IT产品应用跨界落地，IT数字赋能延展催生新模式

2020年，"站到站"无人机、网联车、机器人、共享收件箱等助力"无接触配送""免接触收货"场景落地，无人化服务的接受度大幅提升。京东无人机、无人配送机器人在河北雄安、江苏宿迁、陕西西安等地区封锁期间获得广泛应用；宝骏新能源、美团、百度等推出无人配送车、无人消杀车在北京、武汉、柳州等地在疫情防控中发挥重要作用；南京开沃汽车研发的无人驾驶小巴"蓝鲸号"已在全国20多个城市试运行。

（二）"无人商店"探索线下交易模式和流程优化

伴随着人工智能、移动支付等应用使非接触式的便捷交易成为可能，自助结账、无人商店、无人餐厅等新业态新模式迎来蓬勃发展。便利蜂、物美等积极推动门店数字化升级，方便顾客在挑选物品后自助扫码结账；京东在雄安新区、呼和浩特等十余个城市落地无人超市，并将无人货柜输出到日本、马来西亚等国家；铱星云商等机器人餐厅上线，获得消费者广泛关注。据艾媒数据中心的数据显示，至2022年，全国无人零售商店市场交易规模将超过1.8万亿元（见图5-3）。

目前无人商店具有三大发展优势：一是可以实现智能消费。以服务型共享平台Amazon Go为例，商品架子上的传感器能够识别消费者的取物行为，店内天花板也配有相关设备捕捉消费者的动态，通过对消费者的行为进行处理分析，相关机器可判断出消费者的消费金额，从而对消费者进行结算；二是高效缩减企业经营支出。无人零售能延长店铺营业时间，增加销售机会，同时大量降低了商店的人力和租金成本；三是选址更加灵活，区别于传统零售商店，无人零售商店的店铺面积可以更小，很多传统零售商店不能开店的位置也能开设无人零售商店，使无人零售商店有效地弥补了传统零售商店的空白市场。

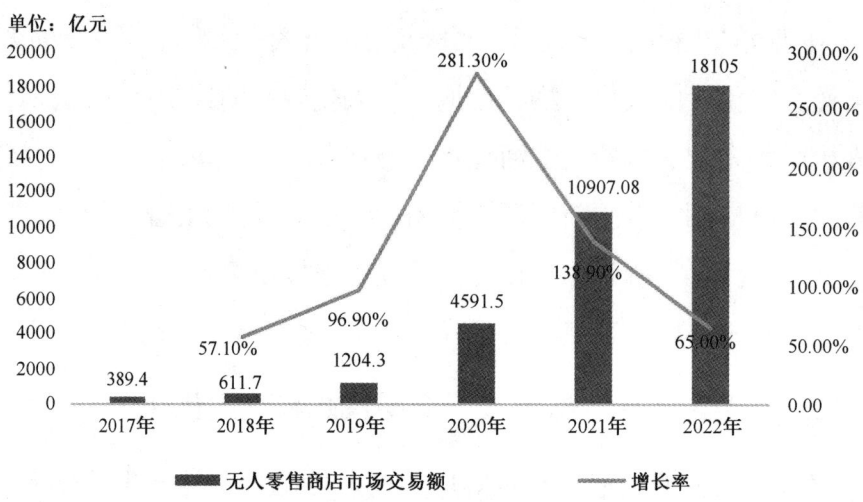

图 5-3 2017—2020 年我国无人零售商店市场交易额及增长率

资料来源：艾媒数据中心。

当前，我国无人零售商店无论数量还是成熟度均仍存在较大提升空间。预计未来无人零售商店理念的渗透会随店面覆盖率上升而逐渐深入用户群体，在平台流量导流的情况下用户规模会呈现增长态势。一是随着新零售概念逐渐被商家用户接受和认可，线上和线下相结合的形式将是未来电商最可能发展的模式。线上通过VR技术使用户足不出户体验真实逛街感觉，一方面能够使用户真切感受到商品细节和质量，另一方面模拟真实的逛街行为可以提升用户的购物体验，刺激用户消费。未来通过移动端布局场景化体验有望成为商家的着力点。二是无人零售商店将延伸消费高密度场景优先布局。无人零售商店作为未来购物的新形式，具有和目前技术和用户基础相匹配的快消产品将成为商家的青睐对象。因此，商店也将会在消费密度较大的学校、办公场所、景点等密集铺设。三是消费习惯变革有望引发行业内部重新洗牌。无人零售商店作为新零售的一种形式，将平台用户从线上拓展到线下，进一步打开用户市场，未来或许会部分取代传统零售产品成为用户消费的新习惯，后部零售平台有望实现超越。

（三）"无人工厂"开辟生产新方式和效率新高度

在新冠肺炎疫情的催化下，"5G+工业互联网"进入快车道，无人工厂、无人车间普及加快。据工业和信息化部数据显示，2020年，我国工业机器人产量保持19.1%的高速增长，显示出强劲的下游需求。2020年12月，工业机器人产量达2.97万台，同比增长32.4%。在成本上涨与经济下行的双重压力下，制造业自动化、数字化转型动力趋强。进入后疫情时代，工业机器人等智能化设备越发成为制造业企业的首选，无人化生产正成为发展趋势。

工业终端的无人化操作中积累的分布式大量异构数据，通过5G进一步互联互通，并且高度集中于云端中心，最终通过端侧与云侧的人工智能驱动，形成良性循环和反馈，从而进一步提高工业化效率。如山东翼菲自动化公司以高速并联机器人为核心，结合传送带跟踪及视觉识别技术，实现口罩自动化高效包装，单套系统可替代工人4~6人，生产效率提高一倍以上，缓解了人工紧缺问题。海尔的多场景协助机器人也在应用和推广中，不仅能够在疫情防控期间实现车间的无人化消毒、隔离区送餐送药、实时体温检测等功能，在稍加改造后，还可以用于工厂喷涂等生产场景，并有望在新冠肺炎疫情后持续发挥作用。京东数科应用智能养殖解决方案，助力位于吉林省的两个养殖园区，使100多栋猪舍降本增效，在减少人工引入错误的同时，提高了企业运营的自动化程度。

无人工厂在效率和作业标准飞速提升的同时，解放了劳动者的双手，让人们有机会从事非重复性机械劳动。如阿里的菜鸟无人仓机器人并不需要人工干预调配，消费者下单后由系统分单给机器人。机器人既能相互协作执行同一个订单的拣货任务，也能独自执行不同的拣货任务。同时，机器人能相互识别，并根据任务优先级来相互协同。目前，机器人与拣货员搭配干活，一个拣货员一小时的拣货数量是用传统拣货方式的3倍以上。

此外，美的、上海通用、老干妈等企业也在无人工厂领域，展开了诸多积极探索，并取得良好成效（见表5-4）。

表5-4 无人工厂领域应用案例

应用企业	效果
阿里菜鸟无人仓	机器人与拣货员搭配干活，一个拣货员一小时的拣货数量是用传统拣货方式的3倍以上
京东"亚洲一号"无人仓	货物的转运次数和运营成本大幅降低，极高地提升了物流效率和精度
美的自动化空调生产线	生产工艺数据自动数采率达90%以上，工厂生产线基本实现了自动化运送生产物料，生产线人数下降了50%，人机比达到4%以上，产品合格率达到99.9%
上海通用金桥工厂	10多位工人管理着300余台机器人，实现100%焊接自动化，工人每天与机器人合作生产80台凯迪拉克
老干妈自动化生产车间	全年24小时不停运转，日均生产三百万罐产品
富士康自动化生产线	成功改造了多家"黑灯工厂"。以深圳的"黑灯工厂"为例，单条生产线减员接近90%，但生产效率却提升了30%，库存周期降低了15%。其中，产能提升18%，人力耗用减少84%，实现每百万营收制造费用降低11%，管理费用降低8%
正大食品无人水饺工厂	机器24小时不停歇，水饺的生产、包装、运输等重要环节均靠机器自动完成

资料来源：国家工业信息安全发展研究中心整理。

三、柔性化制造落地加速，产业生产模式临近变革奇点

（一）工业互联网应用推动资源高效配置模式变革

2020年以来，新冠肺炎疫情导致企业短期内面临复工人数不足、产能无法全面恢复等严峻考验。自动化程度高、数字化水平高的企业通过开展远程协同办公、资源网络化调度、设备远程运维等方式能够较早复工，所受到的影响也相对较小。以部分高端IC企业为例，其主要产线自动化程度高，现场配备人员较少，在疫情防控时期也可依靠远程设备管理、网络化协作实现不停工、少停工。而部分食品生产、服装纺织、电子装配等主要依靠人工管理生产线的企业，受疫情防控影响，人员到岗难度较大，产能大幅度削减。新冠肺炎疫情使广大中小企业看到了数字化转型、生产智能化、产业链云端协同带来的突出优势，刺激制造企业业务上云、设备上云、

数据上云等需求，倒逼企业向高端化、智能化转型。据国务院发展研究中心预测，2019—2023年我国政府和大型企业上云率将从38%提升到61%（见图5-4）。

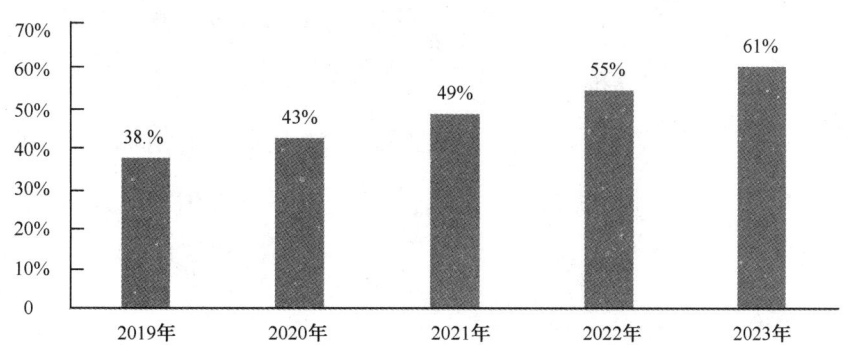

图5-4　2019—2023年我国政府和大型企业上云率预测

资料来源：国务院发展研究中心。

针对2020年疫情防控的严峻形势，工业互联网平台企业基于自身优势开展了一系列应急响应工作，在促进防疫物资有效对接、生产资源优化配置、支撑用户企业复产复工等方面取得了积极成效。

一是助力防治疫情物资的供需精准对接和高效匹配。随着疫情防控工作进入关键期，一线防疫物资供应紧张，其中一个重要原因在于供需信息不匹配，而工业互联网平台在生产要素的调配和供应链的对接方面具有显著优势。海尔工业互联网平台卡奥斯COSMOPlat发布了医疗物资信息共享资源汇聚平台，并通过平台发布防控疫情相关的物资需求与供应信息，帮助疫区需求及生产企业物资更高精度、更高效率的匹配，为政府物资调配提供数据支持，有力地支撑了疫区医疗防护物资的保障。此外，平台还通过全方位数据采集与跟踪，实时掌握物流信息，确保物流供应链高效运转。例如，武汉蓝天救援队通过该平台，不到1小时就实现了运输力量紧急对接，确保了医疗救援物资的及时送达。

二是通过生产资源动态优化配置有力促进防疫工作开展。工业互联网平台具备资源在线汇聚及调配能力，企业依托平台开展统筹调度，进行制造资源的快速配置及制造能力的快速恢复，对紧急生产需求做出快速响应，为新冠肺炎疫情时期的特殊化生产和持续供应提供保障。例如，三一重工基于根云工业互联网平台开展对工程机械设备的远程连接、远程监控、远程维护等产品全生命周期管理，通过连接并测算所有距离最近的可用设备，远程快速联络相关代理商与客户，火速驰援新冠肺炎疫情城市，确保了各系列工程机械第一时间奔赴武汉"火神山"和"雷神山"医院建设现场施工，同时通过实时监控现场全部在运行设备，为工程施工提供了有力的后台支持，保障设备在施工现场的高效作业。

三是为制造企业开展服务助力复产提效。避免企业复工后人员大量聚集是有效遏制新冠肺炎疫情蔓延的关键，而工业互联网平台在网络化协同设计制造方面具有显著优势，可通过汇聚、共享和链接工业企业的各种生产要素资源，实现企业研发设计、生产制造、供应链管理及售后服务全价值链环节的高效网络协同，在减少了人员密切接触的同时提高了生产效率。例如，华为云 WeLink、浪潮 HCMCloud 等产品在疫情防控期间面向社会开放线上协作能力，为远程办公创造了良好条件。用友通过制造云平台向面向疫情防控期间企业复产复工推出了生产设备远程监控与维护服务，用户企业可基于平台实现生产设备的远程监控、故障报修及无人化操作等，从而维持生产的正常运行，加快恢复产能。阿里云面向制造企业推出防疫复工生产管理方案，帮助企业实现返岗人员近期健康记录、防疫物资准备、生产场地设备消毒等，提升企业复工生产管理效率 50%以上。徐工信息的汉云平台通过对设备保养数据及历史故障数据进行多维度离线计算分析，为企业提供保养提醒及设备异常恢复方案。

工业互联网通过数字化技术，加速流程再造、提升生产效率、降低运营成本，既有巨大的投资需求，又能撬动庞大的消费市场，乘数效应、边际效应显著。特别是工业云领域将实现强劲增长，根据 IDC 数据预计，

第五章 新兴IT产品应用跨界落地，IT数字赋能延展催生新模式

2019—2024年我国工业云解决方案市场规模复合增长率将达35.5%，到2024年市场规模预计超过131.3亿美元（见图5-5）。

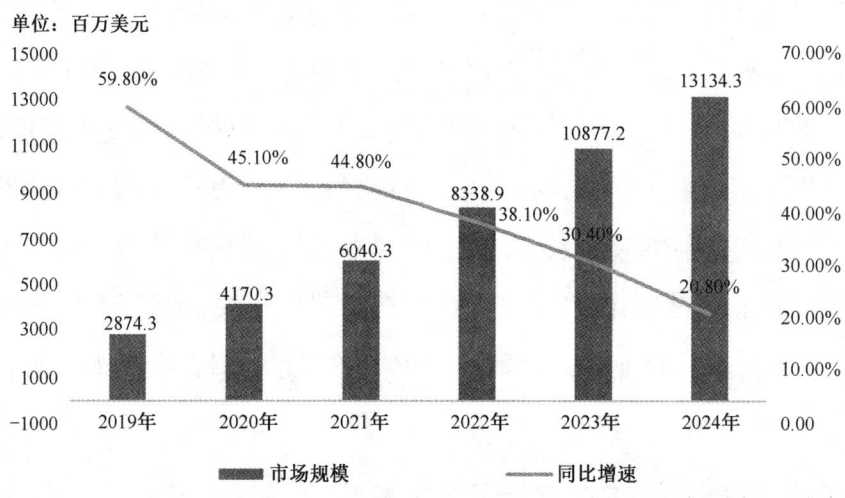

图5-5 2019—2024年我国工业云解决方案市场规模及预测

资料来源：IDC。

（二）新兴信息技术赋能制造企业开启灵活化生产

在新冠肺炎疫情防控中，移动互联网、人工智能与大数据等新兴信息技术在消毒感控领域得到了广泛应用，而大规模的应用场景空间更好地揭示了应用中的系列细节障碍，进一步推动了信息技术在大健康大卫生领域应用的技术成熟、模式完善和标准统一。同时，结合此次新冠肺炎疫情所暴露的医疗资源不足、区域间不均衡、信息化建设不足及不同机构间信息化水平差距大等问题，促使远程控制、智能机器人、智能研发等新模式快速发展。

2020年以来，受新冠肺炎疫情影响，国内口罩等医用物资曾面临严重紧缺的问题。2020年2月9日，国家发展和改革委员会、财政部、工业和信息化部印发《关于发挥政府储备作用支持应对疫情紧缺物资增产增供的通知》，鼓励企业通过技术改造、增添生产线（设备）迅速扩大产能等，

多措并举扩大重点医疗防护物资的生产供应，实施疫情防控重点医疗物资政府兜底采购收储。面对激增的防疫物资需求，我国制造企业在借助信息技术实现快速转产方面取得了显著成效。航空集团采用歼-10、歼-20的数字化制造技术，3天完成了全自动"1出2型"口罩机图纸设计，16天完成首台样机研制。工业富联快速转产口罩，自制口罩机及关键零组件，2020年2月初即实现量产，截至5月底累计交货6200万只。海尔利用智能制造关键技术和数字供应链系统，帮助企业快速完成核心产线设备和全流程生产资源调配，支持山西侯马2天内建成口罩生产线，日产口罩10万只；支持山东淄博服装企业3天内转产防护服和口罩，日产防护服2万件、口罩2万只。

（三）信息技术支撑产能共享模式迎来发展新契机

近年来，我国共享制造发展迅速，应用领域不断拓展，产能对接、协同生产、共享工厂等新模式新业态竞相涌现。国家信息中心发布的《中国共享经济发展报告（2021）》显示，2020年，中国共享经济市场交易额为33773亿元，较上年增长2.9%，其中，生产能力领域的交易规模位居共享经济整体市场的第二位，占比近三成，达10848亿元，较2019年增长17.8%（见图5-6）。

制造业产能共享主要表现为四大发展模式。一是中介型共享平台，主要是为供需双方提供对接服务及资源，诸如厂房、大型机电设备、技术等制造资源，根据需求方提出的要求，匹配合适的供应方，并负责撮合双方交易。二是众创型共享平台，由大型制造企业搭建，通过整合平台上的研发、物流、制造、分销、财务、金融、人力等服务，打造面向企业内部或面向行业的创新创业生态系统。三是服务型共享平台，通常由工业技术型企业搭建，主要依托智能工业系统，为企业提供行业数据共享、工厂维护、生产制造、系统维护等服务。四是协同型共享平台，主要由两种方式构成，一种形式是由各个参与企业以购买服务的形式共享参与;另一种形式是由第三方企业主导,负责完整的生产制造过程,匹配合适的制造企业完成订单,其主要特征是由多个企业共同使用制造资源,实现订单共享、协同生产的平台。

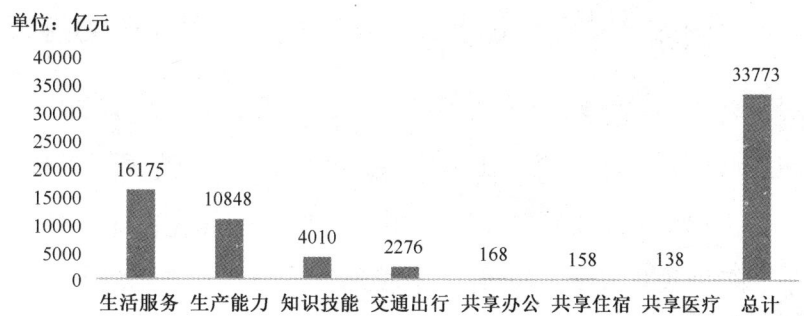

图 5-6　2020 年我国共享经济发展情况分析

资料来源:国家信息中心。

预计未来基于云平台的"共享工厂"模式将得到批量复制,成为解决国内工业企业发展痛点的有效途径之一。疫情防控进一步助推企业跨越数字化转型鸿沟,重构生产组织模式,使产能共享、订单共享、数据共享模式加速落地。福建汇立通国际贸易有限公司以石狮的服装产业链为基础,投资约 500 万元建设制衣行业"共享工厂",半个月内有超过 12 万件海外服装订单陆续上线生产。"共享工厂"科学规划生产线空档期,统一接单,快速打样、分配单量,还可以实现特殊机台和人力资源共享,有利于节约运营成本,实现报团取暖。1688 云供应链工厂平台上,每天有上万家工厂在线共享产能。

四、智慧化管理日趋成熟,产业赋能社会治理开辟新境

当前,数字技术正成为提升国家治理能力的重要支撑。《中华人民共

和国国民经济和社会发展第十四个五年规划和2035远景目标纲要》将"提高数字政府建设水平"作为未来我国经济社会建设的重要部分。在政策的助力下，我国数字政府迈上新台阶，在应对新冠肺炎疫情的挑战中，一大批新的数字应用为社会治理开辟了新空间。

（一）我国数字政府建设不断取得突破，国际影响力持续加强

近年来，我国电子政务始终紧跟国际发展步伐，不断研究新命题、拓展新方向、迎接新挑战。以人工智能等为代表的新一代信息技术在数字政府转型、数字化防疫抗疫等电子政务中的应用不断深化。与其他国家相比，我国电子政务发展的特色愈加鲜明，成效日益突出，在国际舞台的显示度与日俱增。《2020联合国电子政务调查报告——数字政府助力可持续发展十年行动》显示，我国的电子政务发展指数（EGDI）排名升至全球第45位，较2018年提升了20个位次，达到历史新高。EGDI指数达到0.79，首次实现了从"高"组别到"非常高"组别的跃升（见图5-7）。

图5-7 我国EGDI指数排名及数值变化情况

资料来源：《2020联合国电子政务调查报告——数字政府助力可持续发展十年行动》。

根据《2020联合国电子政务调查报告——数字政府助力可持续发展

十年行动》显示,近年来我国的EGDI指数始终领先印度,快速逼近俄罗斯,与美国、英国、澳大利亚等电子政务发达国家的差距明显缩小(见图5-8)。

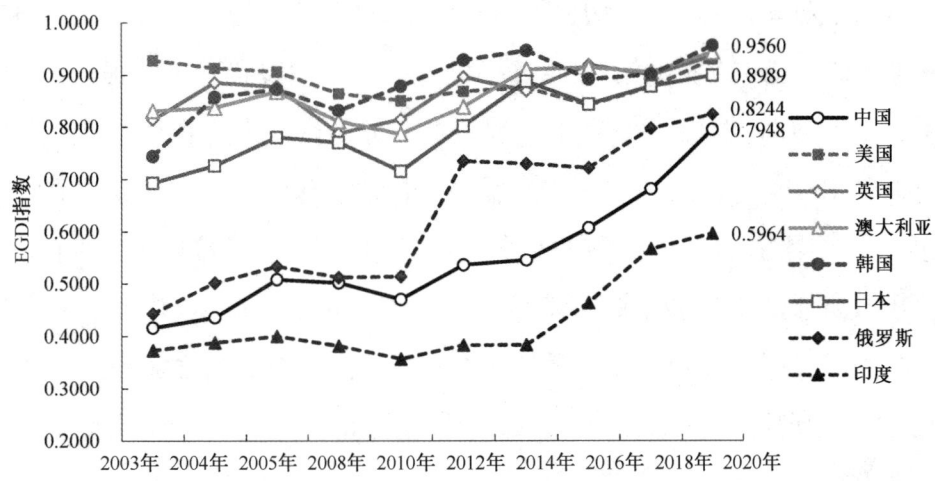

图5-8 我国与世界主要国家EGDI指数变化情况

(二)数字政府助力国家治理体系和治理能力现代化

党的第十九届五中全会在总结全面建成小康社会取得的决定性成就时指出,"十三五"时期我国的国家治理体系和治理能力现代化加快推进。数字政府对于这一进程起到了十分重要的作用。

政务信息资源开发利用成效显著。针对日益增多、由数据壁垒造成的痛点难点问题,各级部门在政务信息资源开发利用上深下功夫。一方面,政务信息整合共享取得突破性进展,中央62个部门、31个省(自治区、直辖市)和新疆生产建设兵团全面接入国家数据共享体系,累计发布数据共享服务接口超过1300个,提供数据查询核验服务超过8.3亿条次,支撑跨部门、跨地区数据共享交换量达697亿条,初步实现"网络通""数据通";另一方面,公共信息资源开放水平逐步提升,复旦大学数字与移动治理实验室数据显示,截至2020年10月,我国已有142个省级、副省级和地级政府上线了数据开放平台,与2019年下半年相比,新增了4个省级平台和 36 个地级（含副省级）平台，平台总数增长近 40%。全国开放数据集总量从 2017 年的 8398 个迅速增长到 2019 年的 62801 个，增幅近 7 倍。开放数据集的容量与 2019 年同期相比增幅近 20 倍。中国互联网络信息中心（CNNIC）发布的第 47 次《中国互联网络发展状况统计报告》数据显示，截至 2020 年 12 月，我国在线政务服务用户规模达 8.43 亿人，占网民整体的 85.3%。全国一体化政务服务平台初步建成，已成为企业和群众办事的主要渠道。国家政务服务平台上线一年多来，陆续接入地方部门 360 多万项政务服务事项和 1000 多项高频热点办事服务。截至 2021 年 1 月 31 日，国家政务服务平台总浏览量达 133 亿次，注册总数为 2.02 亿人，支撑市场主体注册用户 484.21 万人，访问用户数超过 10 亿人次，累计提供证照服务 5.5 亿次。

"互联网+政务服务"提升审批和服务效能。随着国家政务服务平台上线和地方不断创新政务服务模式，"互联网+政务服务"的应用广度和深度不断拓展，取得了实实在在的效果。一方面，助力营商环境进一步优化。北京市实现不动产登记、房屋交易及税收征管领域"一网通办"服务；深圳市上线企业"秒批"系统，通过与多个政府部门数据进行实时校验、多维度比对，将企业设立审批时限由一天大幅压缩至几十秒内，实现企业营业执照"秒批"。另一方面，各地积极探索形成政务服务创新模式。上海市全面推进"一网通办"，建成全流程一体化在线服务平台，牵头建设长三角政务服务一体化平台；浙江省实现政务服务事项"最多跑一次"全覆盖，90%以上的事项实现网上办理。

数字公共服务能力显著增强。为顺应人民的期盼，电子政务推进公共服务供给更加精准化、便捷化。一方面，电子政务推进公共服务供给"精准化"，大数据、人工智能等新一代信息技术有效地整合了信息资源，为公共服务供给提供了强大的技术支撑，使公共服务供给由粗放式向精准化转变。上海、福建、陕西等地方建立了基于大数据的贫困学生资助服务平台，实现了对家庭经济困难学生的精准认定、主动服务和精准管理；民政部门与银行等金融机构实现信息共享，通过数据比对、人工智能等技术，精准判断城乡家庭"贫富程度"，实现社会救助精准化服务；基于人脸识别技术的远程身份认证，帮助低保和高龄用户在线领取保险金和养老金，实现了不见面服务。另一方面，电子政务推进公共服务供给"便捷化"。截至2020年12月，社会保障卡持卡人数达到13.35亿人，电子社保卡签发超过3.6亿张；住院费用跨省直接结算定点医疗机构数量为4.44万家，比2019年年底增加了1.68万家，增长了60.87%，跨部门、跨地区的服务能力日益提升；依托全国中小学统一学籍系统，随迁子女跨省转学已实现全程网上办理，极大地方便了人民群众。

（三）数字政府助力疫情防控和复工复产成效凸显

新冠肺炎疫情是对国家治理体系和治理能力的一次大考。疫情防控期间，数字政府在助力疫情防控和复工复产等方面发挥了至关重要的作用，涌现出了一批政务服务新模式，"互联网+政务服务"有效保障了政务服务的正常办理。

数字技术助力政府防疫抗疫。新冠肺炎疫情发生以来，各级政府部门高度重视在疫情防控和复工复产中利用数字技术。大数据方面，国家政务服务平台上线密切接触者测量仪，依托国家"互联网+监管"系统汇聚了国家卫生健康委员会、中国民用航空局、中国国家铁路集团、客运系统等权威数据，可自主查询是否属于密切接触者。许多地方基于通信大数据判断人员流动轨迹，帮助确诊患者进行行程追溯，也为复工复产提供了重要支撑。人工智能方面，浙江省疾控中心利用阿里达摩院AI算法首次将原本数小时的疑似病例基因分析缩短至半小时，大大提升了检测效率。许多地方还借助基于AI的智能体温筛查系统，有效地提升了火车站、地铁站等密集人群地区的体温筛查速度。

"互联网+政务服务"保障政务服务正常。通过一体化政务服务平台，公众和企业在指尖上就能享受到高效、便捷的服务，解决了生产生活中亟待解决的难题，实现了在疫情防控期间"数据信息多跑腿、企业群众少出门"。浙江、江西、山东、广东、河北、上海等多个省市出台举措倡导网上办、掌上办。在浙江的新冠肺炎疫情新闻发布会上，数字化元素鲜有缺席，医保、教育、卫生健康、交通、税务等部门多次强调事项可以"网上办""掌上办"，"浙里办"App成为高频词；江西省发布《关于印发积极应对当前疫情充分依托"赣服通"平台为企业和群众提供优质高效服务十项举措的通知》，积极引导广大企业和群众通过计算机、手机App办事，努力做到"办事不出门、办事不见面"，最大限度地减少人员聚集，防控新冠肺炎疫情传播。

政务服务新模式有力支撑疫情防控和复工复产。在新冠肺炎疫情防控中，互联网平台企业的作用尤为凸显，政企合作催生政务服务新模式。北京借助微信或支付宝上的"京心相助"小程序精准对接湖北返京人员，支撑返京工作采取有组织、点对点的方式进行，从湖北到北京实现全程闭环管理，无缝对接；发端于杭州，并在全国推广的健康码，融合了包括各级政府部门、互联网企业、电信运营商等诸多主体的数据，是政企等多方数据融合应用的集中体现。当前，健康码已经成为常态化疫情防控形势下各地的"标配"。

第六章 中国 IT 产业迎来变局时刻，新时代需求孕育发展新格局

2021 年，风险性和不确定性显著增高的外部环境及处于深度性变革的产业格局正推动我国 IT 产业的发展逐渐由"链条式线性升级"转为"网状式生态升级"，我国 IT 产业的升级将不仅聚焦在技术和产品在全球价值链的上升，未来需要也必将以打造网状生态系统优势为主要落脚点。

一、迎变局，我国信息技术产业面临新发展挑战

（一）突围挑战：逆全球化加剧产业链供应链安全风险

新冠肺炎疫情的全球扩散叠加美国对我国的技术封锁不断升级，重点领域"断链"风险明显上升，不断挤压 IT 产业国际合作的渠道和空间。2020 年 6 月，美国通过的 2021 财年《情报授权法案》，多次提及我国，欲从新兴技术、供应链、人员管控、舆论抹黑等立体层面对我国进行全方位打压。此外，美国又先后修订了《外国投资风险评估现代化法案》及《出口管制改革法案》，并以维护国家安全和外交利益为由，对中国高科技企业实施出口管制和技术封锁。2020 年 8 月，特朗普政府发布"清洁网络"计划，意图在全球建立一个排除中国信息技术企业的市场环境。2020 年 10 月，美国发布《关键和新兴技术国家战略》，并将其作为"最高优先级"战略，延续了"全政府—全社会"对华战略，通过关键和新兴技术出口管

制、供应链安全审查、专利审查，织密扎牢对华技术封锁网。2020年11月，美国政府违背市场原则，下令禁止美国投资者投资所谓"与中国军方有关联"的企业。标普道琼斯指数、富时罗素、明晟MSCI将多家中国企业从市场指数中剔除。特朗普政府在大打"科技战"的同时，长臂管辖、诱捕高管、技术断供、巨额罚款等手段频出，动用国家力量瓦解中国高新技术企业的竞争优势。

从拜登政府的政策主张中，部分特朗普政府对华产业打压的政策正在延续，同时可以看到明确的"分级"施压策略。即对美国核心利益相关且具有长远利益的遏制举措作为最高优先级，反之收效不大甚至反作用于美国科技创新能力的举措则降级、暂缓甚至抛弃。例如，在维持科技优势的路线上，拜登政府强调重视研发创新而非技术管制；在科技领域选择上，拜登政府聚焦量子、5G、AI等未来性技术而非笼统打击；在人才政策上，拜登政府倾向于开放留学限制以重塑美国对人才的吸引力等。因此，拜登政府看似"不主张全面脱钩"的背后，其实是于美国更加有利的"分级脱钩"，这种选择性和针对性对中国的遏制打击恐将更加精准。在拜登政府百日执政的新闻发布会上，拜登再次提出类似特朗普政府时期美国对中国产业发展施压的论调，这意味着未来我国IT产业在国际合作中将面临更大的不确定性。

（二）创新挑战：突破产业生态封锁形势依然严峻

IT产业多年来在全球化浪潮下，形成了国际化的产业链供应链体系和发展生态。从生态视角来看，当前我国IT产业领域关键核心技术设备和产品同世界领先水平尚有一定差距，符合我国信息技术产业发展需求的中国特色生态模式构建仍处于初级探索阶段。欧美企业通常作为行业内的全球巨头和前沿技术探索的排头兵，其构建生态更多是为维持自身在技术和市场方面的垄断优势，以及面对新兴技术领域快速抢占市场。而我国信息技术产业整体上仍处于跟随发展阶段，众多领域面临更为迫切的需求仍是实现自给能力提升和零的突破。

在电子信息制造领域，美国 EDA 企业新思科技、楷登电子和德国 EDA 企业明导，几乎抢占了全球 90%以上市场份额。国产 EDA 企业目前已经可以提供相对全面的产品门类支持，但是对先进工艺制程的制程，包括 7nm/5nm 工艺节点，尚缺乏相关能力，更为重要的是在教学、教材环节，产业界和教育节尚缺少有效互动，用户对国外产品的生态依赖尚在破局阶段。在制造工艺方面，中芯国际全国产 28nm 产线已经量产，但是相关的光刻机等设备依旧依赖国外供应，同时三星等企业已经在追求 3nm 工艺。而我国高端光刻胶、蚀刻机、离子注入机、湿法设备等材料和设备的供应能力也尚在稳步提升过程中。在软件方面，操作系统领域，Netmarketshare 发布的报告显示，2020 年 Windows 市场份额占比超过 80%，位居第一。在数据库领域和浏览器领域，谷歌公司的 Chrome 浏览器在市场占据主导地位。在工业软件方面，达索系统、西门子、欧特克、SAP、甲骨文在不同领域占据市场领先地位。在新兴领域方面，英伟达通过多年在人工智能技术方面的布局，形成了牢固的生态壁垒，相关的下游软件应用等多依赖其产品和技术体系。

随着产业发展"逆全球化"形势不断严峻，我国 IT 产业现如今来到了新的历史节点，产业生态的发展升级刻不容缓。在创新链方面，企业作为创新主体的作用不断获得支持，然而如何加强企业间协同，在以"生态"为特点的 IT 领域能够形成发展合力，尚需要加强经验探索和典型实践推广。同时，政府对创新的支持方式也需要与时俱进适应国外加强自主扶持的外部环境新变化。在产业链方面，信息壁垒和技术协同是我国 IT 产业生态的重要短板。中低端产能的重复建设、高端技术和能力不足、研用脱节长期困扰我国产业生态发展。目前，我国部分省份已经开始链长制实践，未来有望通过实践探索形成IT产业生态发展新经验。在资金链方面，随着全球经济下行压力增大、新冠肺炎疫情冲击的影响，世界主要经济体经济增长均面临发展压力。直接的财政资金支持已经不适应现代产业发展的客观要求，同时部分国家也在加强对中国海外上市企业审查和调查，阻止中国企业获得全球化发展红利。目前，IT领域的前沿技术创新成本愈发高昂，IC Insights发布的2021年《麦克莱恩报告》（*The McClean Report*）显示，2020年半导体领域研发支出最高的10家公司为英特尔、三星、博通、高通、英伟达、台积电、联发科、美光、SK海力士和AMD。这10家公司中，研发费用支出最高的增加了11%，达到435亿美元，占整个半导体行业的64%。过往，我国资本市场投入注重短期回报的特点让我国IT产业创新过多集中于应用环节，相较于发达国家资本市场成熟水平和先发优势，如何通过新型金融产品、交易场所等引导全球资金资源向我国IT领域薄弱环节聚集，激发企业家、科学家热情活力，需要加快探索。

（三）融资挑战：IT数字化赋能中小企业转型成本较高

目前我国中小企业的数量超过3000万家，个体工商户数量超过7000万户，贡献了全国50%以上的税收，60%以上的GDP。根据《中小企业数字化转型分析报告（2020）》数据显示，在江苏、山东、浙江、广东等地具有代表性的2608家中小企业样本中，89%的中小企业处于数字化转型探索阶段，仅有3%的中小企业处于数字化转型深度应用阶段。在目前推广工业互联网等试点应用的过程中出现了部分中小企业转型意愿不强、观望情绪明显的现象。主要原因在于前期投入大、回报不明确等问题压抑了部分企业的应用意愿。受盈利能力不足、固定资产有限、流动比率偏低等因素影响，我国中小微企业不得不面临融资渠道少、融资成本高的问题。一方面，大量中小微企业的融资仅能通过银行贷款和民间借贷实现，通过股票、债券、基金等方式募集资金的企业数量较少。另一方面，为规避市场风险，金融机构通常将资金优先供给经营业绩良好的大型企业。据《中小企业数字化转型分析报告（2020）》数据显示，在2608家样本企业中，仅有12%的中小企业获得了银行贷款，而大型企业获得贷款的比例为25%。据复旦平安宏观经济研究中心的数据显示，部分中小微企业借贷的资金年化利率较基准预期年化利率上浮额度甚至高达200%。与在设备数字化改造及"上云上平台"上增加投入相比，中小企业更愿意把资金投入到对供应链、现有产品的简单技术升级上。同时，2020年，受资管新规及新冠肺炎疫情影响，国内整体募资环境越来越复杂严峻。在整个市场资本"荒"的背景下，信息技术产业受到了较大冲击。根据Wind数据显示，截至2020年12月中旬，全国信息技术产业完成投资案例1952起，金额规模2330.36亿元，较2019年全年下降了39.06%和36.94%，特别是互联网领域和信息技术服务领域，投资事件数量及金额规模的降幅均在40%以上。总体来看，中小企业的数字化转型空间巨大，发展环境仍需改善。

（四）监管挑战：融合发展带来新的技术治理难题

随着新一代信息技术与经济社会发展的深度融合，信息技术领域风险逐渐成为重要的国家安全风险和社会风险之一，技术治理风险日益突出并呈现出新特点。一是风险复杂性日渐增强。随着信息技术和生物、能源、新材料等技术相互融合渗透形成的"汇聚技术"（converging technologies），已成为新一轮科技革命的重要驱动力，一方面带来了经济社会发展的深刻变革，另一方面信息技术与经济社会发展深度融合，科技领域的风险与其他领域风险相互叠加渗透，呈现出明显的复合性特征并产生放大效应，带来更为复杂的系统性风险。二是技术变革带来的系统性金融风险日趋复杂。以IT金融创新为例，我国之前一直坚持"包容审慎"的原则。现阶段，我国金融科技呈爆发式增长，数字货币研发处于领先，在全球率先进入"无接触支付"时代，金融机构数字化转型加速，部分企业一度成为全球最大的独角兽企业。在信息化时代，金融科技加快发展，也导致了数据高度集中，增加了发生系统性金融风险的可能性，因此防范系统性金融风险一直是三大攻坚战的重中之重。党的十九届五中全会提出"维护金融安全，守住不发生系统性风险底线"，中央经济工作会议强调"金融创新必须在审慎监管的前提下进行"，说明大型互联网企业进入金融领域将带来市场垄断、监管套利、数据安全和保护，及更易触发系统性金融风险等一系列问题，金融科技创新将会面临更多不确定性的风险挑战。三是技术进步带来的个人隐私泄露风险。疫情防控期间，互联网、大数据、云计算等新一代信息技术在支撑疫情防控方面发挥了重要作用，健康码、行程码等数据上报程序在追踪感染者、密接者的活动轨迹，统计日常健康状况，预判新冠肺炎疫情态势等方面发挥了重要作用，但同时也带来了个人隐私数据泄露等问题，精准诈骗、广告骚扰等现象屡见不鲜。如何处理好大数据防疫与个人隐私保护的关系值得深思。

二、育新机，信息技术领域呈现融合发展新趋势

（一）信息技术软硬协同将引领新一轮科技革命和产业变革

目前，新一代信息技术正处于加速发展和融合创新的爆发期。新材料、新器件和新工艺正在重构后摩尔时代的集成电路产业体系，向网络化、平台化、服务化转型。软件加速定义一切，深度学习、人工智能、虚拟现实、量子计算等技术都离不开软件。同时，新一代信息技术与制造、能源、材料、生物等技术加速融合创新，孕育出智能制造、生物芯片、工业互联网、能源互联网等新产品新产业新业态，引发多领域系统性、革命性和群体性的技术突破。此外，新一代信息技术加速向经济社会各领域融合渗透，正在引发生产力和生产关系的深刻变革，社会生产呈现出生产方式智能化、

第六章　中国 IT 产业迎来变局时刻，新时代需求孕育发展新格局

产业形态数字化、产业组织平台化的新特征。

在多样化应用需求的拉动下，信息技术应用场景不断扩展，技术迭代需求不断提高，单一的硬件技术突破越来越无法满足技术升级与变革的要求。从技术供给端来看，摩尔定律作为过去半个世纪以来，电子信息产业硬件技术提升的根本推力已渐显疲惫，其3个基本要素即"性能提升""成本稳定""规律明显"均已开始发生松动，而新的技术升级曲线还处于探索孕育过程当中。因此，在当下的技术换挡期，半导体晶体管尺寸逐渐触及物理极限，电子信息产业硬件技术水平的提升正处于一个局部降缓期，难以独立满足下游应用对技术升级的需求。从下游需求端来看，根据安迪比尔定律，IT 产业中下游应用软件会在第一时间快速消耗掉硬件性能的提升，而当前大数据、云计算、人工智能等新一代信息技术的不断落地又对硬件计算能力的需求急速攀升。根据 IDC 相关统计显示，全球近 90% 的数据将在这几年内产生，预计到 2025 年，全球数据量将比 2016 年的 16.1ZB 增加十倍，达到 163ZB。可见，新兴信息技术的不断成熟及应用边界的扩展对电子信息产业硬件技术的迭代提出更高要求，已显著超出硬件技术自身的技术升级节奏，硬件端的算力、功耗和灵活性等越来越难以满足下游应用端日益增长的需求。

面对单一硬件技术突破已无法满足信息技术产业技术升级与迭代需求的形势，软件技术作为硬件性能提升的"倍增器"与"放大器"，"软硬协同"正成为硬件"技术瓶颈"的关键破局刀。英特尔表示，硬件架构的每一个数量级的性能提升，通过"软硬协同"能带来两个数量级的整体性能提升。面向不断扩展的多元化计算需求，英特尔已提出基于制程和封装、架构、存储、互连、安全和软件六大技术支柱的全新产品和技术战略，且在软件方面，英特尔推出"oneAPI"项目，以简化跨 CPU、GPU、FPGA、人工智能和其他加速器的各种计算引擎的编程开发，全面释放硬件系统性

能。为了充分释放硬件特别是专用芯片的计算性能，谷歌通过软件层面针对性改造其 EfficientNet 模型架构，实现在边缘计算硬件 Edge TPU（ET）上取得与在数据中心大型机上相媲美的性能表现，模型的定制化改造也使得 Coral 开发板和 USB 加速器等硬件的性能可以更为充分发挥，为突破机器学习领域的高性能开发瓶颈给出了新的路径。华为也在加强布局软硬件协同，其开发的 GPU Turbo 软件技术通过对系统底层图形处理框架进行重构，可将图形处理器的效率提升 60%，功耗降低 30%，将 GPU 的性能发挥到极致。

此外，随着 AI、云计算、区块链等新兴信息技术的成熟与应用，"软件定义"与"需求引导"效应进一步促使"软硬协同"模式成为信息技术产业发展的必然选择。一方面，在"软件定义"时代下，软件作为人机交互的直接窗口，在硬件性能的实现过程中扮演越来越必要的角色。电子信息硬件技术直接对接应用的场景在软件定义时代越来越少，硬件性能的展示对软件技术的依赖性越来越强。另一方面，在"需求引导"时代下，电子信息技术应用场景的多样化需求显著提升，在电子信息制造技术升级步伐整体放缓的同时，产业发展的动力来源中多元化需求的引导效应占比逐渐提升。但是单一的电子信息产业硬件产品作为制造实体，其独立状态下的功能扩展潜力较为有限，难以直接覆盖多元化的应用需求，借助软件技术将硬件性能应用于不同场景正在成为电子信息技术价值实现的基本路径。多数边缘计算终端本身并不对应任何应用场景，也不具备直接实现某些应用的能力，但当其嵌入整个物联网系统中，在网络上层的软件系统的调配下，则可应用于多种环境并满足多种类的应用需求。

（二）信息技术与制造业融合发展将推进供应链数字化创新

从我国中长期战略布局来看，加快建设数字经济、数字社会、数字政府，以数字化转型整体驱动生产方式、生活方式和治理方式变革已经成为

第六章　中国IT产业迎来变局时刻，新时代需求孕育发展新格局

我国今后重点发展的方向。同时，稳定产业链和供应链不仅是应对风险挑战的关键之举，更是加快构建新发展格局、赢得发展主动权的重要手段。畅通国民经济循环，关键在于供应链上下游之间能否形成贯通的数字链，用信息技术打通供应链堵点、疏通供应链难点、提升供应链运行效能。可以预见，在构建新发展格局的新形势下，新一代信息技术与制造业供应链融合发展是大势所趋，供应链数字化转型对确保产业链和供应链稳定、提升产业链供应链现代化水平、畅通国内国际双循环具有重要意义。通过不断刺激消费、扩大内需，数字供应链也将获得前所未有的发展机遇。

数字技术赋能碳中和将成为新发展趋势。2020年中央经济工作会议将"做好碳达峰、碳中和工作"列为2021年的重点任务之一，提出我国二氧化碳排放力争在2030年前达到峰值，力争在2060年前实现碳中和。IT产业肩负着绿色经济先驱者的重任，华为预计到2025年，IT平均每连接的碳排放量将降低80%，IT产业带来的全球节能和减排量，将远超其自身的运行能耗和碳排放量。从碳中和的战略地位来看，2020年7月，在欧盟宣布碳中和计划之前，已有30多个国家宣布碳中和目标，包括墨西哥、马尔代夫等，此后中国、日本、韩国接连提出碳中和目标。美国总统拜登也提出美国要重回《巴黎协定》，基本要求就是美国要提出碳中和的时间表和路线图。拜登政府的能源政策将对我国造成更大的碳减排压力，并推动全球碳减排进程。目前，全球重要的经济体，也就是占全球GDP 75%、占全球碳排放量65%的国家和地区开始碳中和，这将深刻影响全球产业链的重构、重组和新的国际标准。比如，苹果手机要实现碳中和，负责组装的企业就要实现碳中和，为其提供零部件和原材料的环节要实现碳中和，为其提供芯片的企业也要实现碳中和，产业链上的每一个环节都要实现碳中和，这就会对产业链形成一个新的标准。从互联网巨头的布局来看，谷歌正致力于让所有数据中心实现无碳能源目标，其碳智能计算平台将帮助谷歌根

据计算负载来匹配相应的清洁能源（如风能和太阳能）；苹果近期宣布在2030年实现其整个供应链的100%碳中和，覆盖设备生命周期的每个环节——从设计、制造、耐用性和维修到回收，朝着闭环供应链的目标前进。华为通过持续的技术创新，提供数字能源解决方案，持续牵引产业链各方共建低碳社会；腾讯成为首批启动碳中和规划的互联网企业之一，进行"人工智能+环保"的新布局，为解决食物、能源、水等地球级挑战，提供了新的可持续发展方案；蚂蚁供应链在为客户提供"一站式"包装服务的同时，正尝试联合专业机构为客户提供专业的"碳中和"方案。

"软件定义"加速重构汽车行业竞争格局。进入新发展阶段，中央坚持"房住不炒"的政策不变，稳定和扩大汽车消费成为中央政策调整方向。近期，从中央出台鼓励新能源汽车消费、汽车下乡、增加号牌指标投放等一系列政策举措来看，新能源汽车产业将成为2021年乃至"十四五"期间拉动内需的有力引擎。目前，全球软件产业正迎来技术融合突破、应用纵深拓展、生态迭代孵化的新时期，软件技术加速向网络化、平台化、智能化方向演进。以"软件定义"为特征的多行业融合应用，正在推动经济社会各领域的转型升级与创新发展，驱动制造业加快数字化转型、信息消费持续扩大升级、数字经济时代加速到来。随着智能网联汽车技术的发展，"软件定义汽车"将成为重要的发展趋势之一，软件逐渐成为车企的核心竞争力。从企业战略布局趋势来看，在汽车产业工业技术软件化应用挑战和机遇并存的当下，跨国车企已经开始行动，大众集团宣布成立了专门的软件研发部门，计划到2025年将软件自研比例提高到60%，所有新车型将会使用vw.OS汽车操作系统及大众与微软合作的汽车云服务。国内车企也不甘落后，上汽、广汽和长安等纷纷与国内互联网企业合作，推出各具特色的相关产品。据麦肯锡预测，未来10年，中国车企将加速向软件公司和数字化转型。综合来看，在软件定义汽车的新时代，我国汽车产业具备超大规模国内市场优势,有望推动全球汽车产业、交通产业乃至信息产业竞争新格局的形成。

信息技术和建筑业加速融合发展。BIM技术应用发展演变这些年,随着BIM应用环境的不断改善,BIM产品的逐步成熟,BIM应用的价值逐步显现,总体呈现以下特征。一是从施工技术管理应用向施工全面管理应用拓展。BIM技术的载体是模型,所以在施工阶段的应用也是从模型最容易产生价值的技术管理应用开始的。经过这些年的应用实践,BIM应用以专业化工具软件为基础,逐步在深化设计、施工组织模型等技术管理类业务中得到应用。按照项目管理"技术先行"的管理特征,技术管理成果和其他管理融合更有利于BIM技术的优势发挥和价值实现。因此,BIM技术不再单纯地应用在技术管理方面,而是深入应用到项目各个方面的管理,如生产管理、商务管理、项目普及与项目管理层面的融合应用。近年来,在BIM技术应用的过程中,企业对BIM的认识更加的全面,BIM技术与项目管理系统的集成应用受到的关注度显著提升,体现出多方协作的趋势。二是从项目现场管理向施工企业经营管理延伸。过去,BIM的应用主要是聚焦项目本身,解决业务岗位的技术问题。随着BIM技术应用的深入,逐步体现出从项目现场管理向施工企业经营管理延伸的趋势。企业基于统一的BIM模型进行技术、商务、生产、管理的统一共享与业务协同,保证项目数据口径统一和及时准确,实现企业与项目的高效协作,提供企业对项目的标准化、精细化、集约化管理能力。三是从设计施工阶段应用向建筑全生命周期辐射。随着BIM技术在施工阶段的应用价值的凸显,BIM应用正形成以施工应用为核心,向设计和运维阶段辐射,全生命一体化的协同运用。BIM作为载体,能够将项目在全生命周期内的工程信息、管理信息和资源信息集成在统一模型中,打通设计、施工、运维阶段分块割裂的业务,解决数据无法共享的问题,实现一体化、全生命周期应用。

智慧安全赋能城市治理。"十四五"开篇之际,我国智慧城市建设迎来发展新机遇。城市是经济社会运行发展的最重要承载体,发展智慧城市越发成为加快数字社会建设的重要路径,让城市更加"聪明"和平安也成为大势所趋。在"十四五"规划和2035年远景目标中,以数字化助推城乡发展和治理模式创新、分级分类推进新型智慧城市建设、推进城市大脑建设、优化国家应急管理能力体系建设、构建应急智慧信息和综合监测预警网络体系等智慧城市建设工作已被列为发展重点。目前北京、江苏、广东等多地已明确了在"十四五"时期通过提升政府治理数字化水平,完善应急管理体系的发展思路。可以预见通过新一代通信技术、大数据、人工智能、区块链、云计算等信息技术的创新应用,推动政务信息化、产业数字化,形成多部门实时化、联动化、系统化的安全治理机制,实现"一网城市管理""一图资源统览""一体联动指挥""一站基层治理"等智慧安全新格局,将是IT产业发展的重要新领域。

(三)产业链与创新链融合促进将推动IT产业链现代化发展

2020年4月23日,习近平总书记在陕西考察时强调,我国经济稳中向好、长期向好的基本趋势没有改变。要坚定信心、保持定力,加快转变经济发展方式,把实体经济特别是制造业做实做强做优,推进5G、物联网、人工智能、工业互联网等新型基建投资,加大交通、水利、能源等领域投资力度,补齐农村基础设施和公共服务短板,着力解决发展不平衡不充分问题。要围绕产业链部署创新链、围绕创新链布局产业链,推动经济高质量发展迈出更大步伐。

产业链和创新链的融合发展促进了新产业新业态的形成和扩展。围绕创新链布局产业链,是依托科学发现、技术发明、工艺提升、原创成果开辟新的产业和业态。创新链所引发的创新行为与产业链相融合,既提升了产业各个环节的价值,也拓展和延伸了产业链条。当前"逆全球化"潮流不断涌现，我国产业链不稳定性风险增大。新冠肺炎疫情加速蔓延和逆全球化呈现叠加态势，全球产业链供应链出现"更短、更本地化、更分散化"的趋势将进一步加强，我国产业链面临外迁和断链的风险。在此次疫情防控中，我国利用5G、大数据、人工智能等新兴技术来推动疫情防控、复工复产、新药研发等，效果显著，这表明，向产业领域提供高质量的科技供给，将科学知识转化为经济社会价值是稳经济促发展的重要破局路径。面对新发展要求，IT产业将继续在新的探索中获得不断成长。

产业链创新链融合发展将推动我国产业迈上全球价值链中高端。产业链的每一个环节或节点上都可能成为创新的爆发点，衍生出一条创新链，从而带动整个产业链中各个环节的共同创新。创新链作为原始驱动力，镶嵌于产业链各个环节中，借助产业链上各个环节的价值增值实现循环。打造创新闭环就是要"围绕产业链部署创新链，围绕创新链布局产业链"，这种闭环关系体现了创新链与产业链深度融合，科技与经济深度融合。从我国产业发展的实践来看，创新链对产业链的带动作用越来越明显，所处的能级也越来越高，从支撑、带动向引领演进，闭环的耦合性、韧劲越来越强。比如珠三角地区自改革开放以来一直发展出口导向型经济，受市场驱动形成了较为完整的电子信息产业链，很多大企业围绕产业需求而组建研发机构，推动企业创新发展。当前，我国关键核心技术受制于人的局面并没有得到根本性改变，许多产业还处于全球价值链的中低端，这种产业水准参与国际经济循环时，抗风险能力较弱。面对产业链参与国际经济循环的挑战，IT企业不仅需要疏通产业链上下游关系，保持产业链供应链的稳定性和竞争力，还要面向研发设计、服务等高附加值环节延伸，提升价值链水平将是新时期重要的突围道路。

（四）产融合作将有力提升IT产业链供应链稳定性和竞争力

IT产业的发展不仅要实现自身的快速扩张，还须通过产业链的有效延伸，达到产业提升的目的。当前，全新的现代化产业链格局正在形成，不同类型企业在参与产业链中逐步形成了高度互补、互相合作、互相支持的关系。产业作为实体经济的实际载体，其发展离不开金融资本的支持；金融作为产业经济的血脉，是产业政策得以成功实施的重要保证。产业资本和金融资本的融合发展正在成为产业革命的重要力量。

美国作为市场经济体制最完善的国家之一，其资本市场高度发达，行业投融资非常活跃，也为企业的创新活动提供了丰富的融资渠道，产业发展的各个阶段、各个环节均能够在金融市场上获得资金支持。日本的产融合作发展模式则以财团为主导，财团通过各种程度的参控持股形式，渗透到产业链的上下游企业中，将产业资本和金融资本有机结合，以支持本国的产业发展。韩国的金融系统长期以来受到政府政策的影响，为战略性产业特别是大中型企业，提供了大量低息的长期贷款，使这些企业在短期内实现了飞速增长，并迅速扩张。

近年来，我国发展面临着综合成本逐渐上升、产业外迁风险加剧、低端产能过剩与高端产品有效供给不足等方面的挑战，亟须由规模速度型发展向质量效益型发展转变。目前从中央政府层面已经推出了多项减税降费举措，同时鼓励金融资本服务实体经济。可以预见聚焦工业互联网、物联网、云计算、工业软件等重点领域需求，围绕网络平台建设、产品孵化、商业创新、营销资源、创投资本、服务支持等方面，积极利用金融资本赋能产业技术创新和应用发展，加快打造多元化资金支持体系，将有利于为产业发展破解当前全球经济下行叠加保护主义抬头的不利局面，形成产业与金融良性互动、共生共荣的生态环境，为IT产业链供应链的稳定和竞争力提升提供助力。

（五）产教融合将推动IT人才供给侧结构改革契合发展需求

从国家中长期战略布局来看，《中共中央关于制定国民经济和社会发展第十四个五年规划和二〇三五年远景目标的建议》强调,"加大人力资本投入,增强职业技术教育适应性,深化职普融通、产教融合、校企合作,探索中国特色学徒制,大力培养技术技能人才"。2019年,国家发展和改革委员会等6部门联合印发了《国家产教融合建设试点实施方案》,在未来5年试点布局50个左右产教融合型城市。2020年6月,教育部办公厅、工业和信息化部办公厅联合印发《特色化示范性软件学院建设指南(试行)》,强调"聚焦国家软件产业发展重点,在关键基础软件、大型工业软件、行业应用软件、新型平台软件、嵌入式软件等领域,培育建设一批特色化示范性软件学院,探索具有中国特色的软件人才产教融合培养路径";2020年7月,教育部、工业和信息化部联合印发《现代产业学院建设指南(试行)》,将在未来4年的时间内,发挥企业重要教育主体作用,深化产教融合,推动高校探索现代产业学院建设模式,实现教育链、创新链、产业链的深度融合;2020年12月,国务院学位委员会正式下达通知,设集成电路专业为一级学科。因此,"十四五"期间,深化产教融合,将成为推进集成电路人才供给侧结构性改革的有力抓手,也将成为推动集成电路和软件产业高质量发展、增强产业核心竞争力的主攻方向。

(六)IT产业高水平对外开放将孕育产业链网络化合作新空间

近年来,逆全球化声浪在世界各地此起彼伏,对国际合作造成了严重的伤害,全球价值链、产业链、供应链加速重构,国际分工体系与国际贸易格局持续变化。在此背景之下,党的十九届五中全会再次强调,要坚持实施更大范围、更宽领域、更深层次的对外开放,依托我国大市场优势,促进国际合作,实现互利共赢。国务院印发《新时期促进集成电路产业和软件产业高质量发展的若干政策》,明确提出了从财税、研发、进出口、市场应用、人才等方面鼓励国内企业与境外企业合作,并支持企业走出去，发展对外贸易。由于我国信息技术产品供应链较为完善，产业整体的全球化布局，我国 IT 产业对外合作与开放的力度正持续增加。我国信息技术产品出口形势超出预期，2020 年，手机、集成电路出口额分别比 2019 年增长 0.4%、15%。同时，我国取消了 7 项信息技术产品进口暂定税率，通过一系列优化营商环境举措，吸引外来投资者在华投资，深化集成电路产业和软件产业全球合作，为进一步形成深层次的国际合作奠定了基础。

三、开新局，"十四五"蓝图催生 IT 产业发展新格局

2020 年，我国 IT 产业走过了不平凡的一年，在危机中育新机、于变局中开新局。面向 2021 年及"十四五"期间发展需要，面对日趋复杂严峻的国际竞争格局，我国 IT 产业需要坚持以习近平新时代中国特色社会主义思想为指导，准确识变、科学应变、主动求变。在时代机遇面前，IT 产业链中的政府、企业、高校、科研院所等主体，需要共同努力，全面塑造新时代我国 IT 产业发展的新优势、新格局。

（一）加强技术创新，强化核心能力

我国目前正处于由追赶型创新到自主型创新转变的关键时期，适应市场需求的原始创新和科技源头供给不足成为制约创新的重要障碍，亟须政府加强技术基础设施建设和基础研究投入，为企业技术创新和商业化推广应用提供各种软硬件支撑，保障企业提升自主创新能力。政府层面，需要继续加大对 IT 领域基础研究的支持力度。基础软件、基础材料、关键核心设备是制约我国 IT 产业乃至国民经济发展的重要短板，必须加大支持力度，形成良好的发展环境。需要围绕 IT 产业重点技术领域，梳理技术和产品短板清单、需求清单、实施清单，鼓励引导社会资本加大投入力度，提

第六章　中国IT产业迎来变局时刻，新时代需求孕育发展新格局

升高端通用芯片、传感器芯片、物联网智能硬件核心芯片、人工智能芯片等的市场供给能力，夯实新业态自主创新基础。建立健全"政产学研用金"相结合的"六位一体"产业技术创新体系，构建"基础研究+技术攻关+成果产业化+科技金融"的全过程科技创新生态链，集聚国内高校、科研院所、企业、人才资源，提升基础研究和原始创新能力。企业方面，需要加强创新意识，发挥创新主体作用，提供自主创新积极性，加强技术基础研究布局。同时在云计算、大数据、区块链、量子科技、5G等领域，充分利用政府采购、应用试点等渠道，以应用为牵引，发挥国内国际双循环市场拉动作用，扩大市场占有率，加快成长为新时期创新型IT龙头企业。

（二）强化链式意识，突出示范牵引

目前产业链的稳定性、安全性成为各方关注的重点，需要IT产业链环节上各主体加强链式意识，建立新型产业链网状结构，发挥节点企业的示范作用，形成更加稳固的产业基础。主要路径包括：一是加快IT产业链协同典型模式推广和标准建设。分地区、分行业及时加强信创产业链协同发展典型模式经验的总结和推广，为全面推进提供指南。各类硬件设备、软件平台、传感网络在跨主体、跨行业、跨区域的应用过程中，需要加强相关标准体系建设，提升各产业链网络主体间生产设备、信息系统等数据的协同水平。加强关键标准制修订，鼓励国家标准、行业标准与团体标准协同发展。二是以产业链供应链生态安全评估为牵引，提升产业链的稳定性。在安全和发展的主题下，围绕国内大循环建设和稳外资要求，需要进一步完善IT产业链供应链生态安全评估机制。围绕供应链安全、网络安全等角度，加强IT产业发展生态安全评估，从产业生态完整性、龙头企业强健性、核心技术自主创新支撑性、人才队伍供给保障性、数据信息安全性等角度建立评估体系和评估机制，分地区、分领域开展常态化安全评估工作，以评估推动IT产业链供应链的安全防护能力建设。三是发挥产业基地的

载体作用，完善产业园区载体发展评价指标体系和考核办法。加大远程办公、无人技术、人工智能、智慧医疗、车联网、工业电商等新业态引导力度，鼓励地方围绕"一园一特色"，建立新业态示范区。发挥重点产业园区、新型工业化示范基地、制造业创新中心等带动作用，打造产业集群和应用基地，聚焦柔性制造、云制造、共享制造等新制造模式，加快无人工厂、无人生产线、无人车间等标杆工厂建设。设立试点示范区域，拓展无人设备应用水平。推进京津冀、长三角、珠三角产业链补链、强链协同合作，建立协同发展对接目录，支持园区合作共建。

（三）打造产业高地，构建生态体系

产业生态控制力主导着IT产业的变革方向。面对新发展的要求，我国IT产业各主体，需要加强协作，共建适应时代变化的生态系统。

把握软硬协同规律开展产业布局。一是在布局操作系统、数据库、工业软件、人工智能软件等软件生态时，需要协同引进集成电路、数据中心等硬件企业，提高软/硬件企业在当地集聚和相互适配水平，形成区域产业生态竞争力。加快推动新一代信息技术和制造业融合发展，鼓励企业推进供应链的数字化转型，提高灵活应变和协同能力。围绕电子信息、智能装备等产业发展需要的中试需求，布局建设共享产线等新型中试服务平台；建设通用软/硬件适配测试、检测和运维体系，补齐创新体系生态短板。二是鼓励软/硬件企业协同创新，建立新发展生态。如图像识别、无人机、车联网、工业互联网等领域，需要软/硬件企业同科研院所积极组建联合体协同攻关，在交叉空白领域形成新技术、新产品、新应用。三是抓住新业态新模式数字化、智能化的特征，持续推进5G基础设施建设和千兆网络覆盖范围，建立安全可信可控的新型基础设施体系。需要加快工业互联网大数据中心、城市车联网驾驶和测试环境、卫星互联网、规模化柔性数据生产服务平台、网络安全防护体系等基础环境建设，为新产业提供基础底座。

同时,打造开源代码托管平台、数据标注平台、工业数据模型库、北斗数据集等数据生态,更好地发挥数据要素赋能作用。借助工业互联网平台应用创新体验中心、国家工业互联网大数据分中心、工业互联网"双跨"平台、工业互联网企业网络安全分类分级试点、5G应用创新服务平台等创新载体,持续推动释放数据价值,加快虚拟经济与实体经济融合,打造区域发展新优势。同时有条件的城市、产业园区,可加强先进制造业和现代服务业深度融合发展试点工作,大力发展新产业、新业态和新模式,培育壮大新增长点和增长极。四是支持全球领先的软件企业、国内外知名的开源社区在当地建立分支机构、研发中心,完善产业链供应链体系。面向云计算、人工智能、物联网、大数据等快速发展变化领域,加强培育中国特色开源生态体系。

建设新型产业投资融资体系。以市场资金为主体的投融资模式将是未来产业发展的重大趋势。一是协同建立区域性投资基金。政府可同龙头企业联合,整合政府、产业、科研、金融等多方资源,创新资金支持手段,设立新型产业投资基金,共同孵化IT前沿领域重点企业。二是各类金融机构需要加大对IT企业的信贷支持力度,优先支持金融机构推出符合软件等轻资产企业融资需求的信贷创新产品,积极探索知识产权质押和融资租赁,强化对IT产业链金融赋能。三是加强产融对接,金融机构可围绕产业项目融资需求,制定专项融资方案。结合各地的IT产业发展基础和市场空间,设立面向中长期信贷专项资金,扩大中长期低息贷款政策覆盖面,降低IT企业融资成本。四是政府可充分利用引导基金和政府投资平台,引导社会资本参与重点项目建设,加强对重点软件等创新产品和服务的首购、订购支持。

(四)立足国内市场,推动消费转型

政府层面,可通过实施应用场景促进工程,丰富IT新模式新技术在生

产制造、农业生产、商务办公、文体娱乐、出行旅游、医疗养老等方面的应用，进一步发挥工业互联网、工业电商赋能作用，提升"共享工厂"、柔性制造供应链协同水平，构建区域产业创新生态。鼓励北斗导航、汽车、无人机等装备企业加强协同，拓展智慧出行、智慧农业等新应用。优化商务办公模型、数据、案例、模板、教材等数据资源集聚路径，引导平台型企业与企业、学校合作丰富在线办公、课程、辅导、培训等线上服务场景。同时，通过建立新技术消费体验中心，通过消费体验券、"千企试用行"、消费节等方式，加快需求培育。引导银行等金融机构同新业态供给企业加强合作，创新消费金融服务产品，合理延长个人信贷、信用卡等免息还款期限，刺激新技术消费。企业层面，可通过积极围绕 VR/AR、4K/8K 超高清等新技术推广，创新云赛事、云展览、云旅游、云体验等新消费应用，拓展产品应用。同时加强自动驾驶、在线问诊、远程会诊、数字养老等新兴消费场景的产品创新。科研院所方面，可通过加强在数据要素脱敏、利用、存储等方面强化共性标准、技术等供给能力，为信息消费升级拓容提供基础保障支撑。

（五）扩大开放合作，坚定发展主张

国际合作是我国 IT 产业发展的重点方向，应从提升全球资源配置能力、促进人才交流、加强平台建设等方面，多角度谋划合作布局，有针对性地开展国际合作。一是提升全球创新资源配置能力。产业创新主体需要积极抓住发展机遇，提高利用全球创新资源的能力，提出、发起和组织 6G、生物芯片等前沿领域国际大科学计划、大科学工程，并以此聚集全球资源，开展高水平科学研究。二是政产学研用各方需要强化合作，加强海外新法律新规则的研判和分析，规范海外经营行为，遵守国际惯例，促进技术、服务"走出去"的同时，积极向全球价值链高端跃升。提升各类创新主体的知识产权保护和维权意识，打造公平竞争的国际化创新创业环境。三是

建设合作平台链接全球创新资源。产业公共服务机构，可发挥桥梁作用，优化各层级国际科技合作基地和平台；鼓励各类创新主体搭建合作平台，共建新型联合研发机构，打造创新合作新高地；同时，完善国际创新合作信息、资金、渠道、培训等中介服务平台，提升服务质量。

附录

附录 A IT 产业发展指数（ITII）模型

2017 年，本书课题组对 IT 产业发展评价指标体系进行修订，将 4 个维度指标修改为产业实力、产业创新、产业融合和产业环境 4 个一级指标，并对二级指标进行了修订完善。在此基础上，2018 年本书课题组对三级指标进一步细化，综合考虑选取能力型指标和效果型指标，以更加量化、客观、全面的数据反映 IT 产业整体发展情况（见附图 A-1）。在本书编制过程中，课题组保持模型的稳定，继续使用改版后的指标体系。

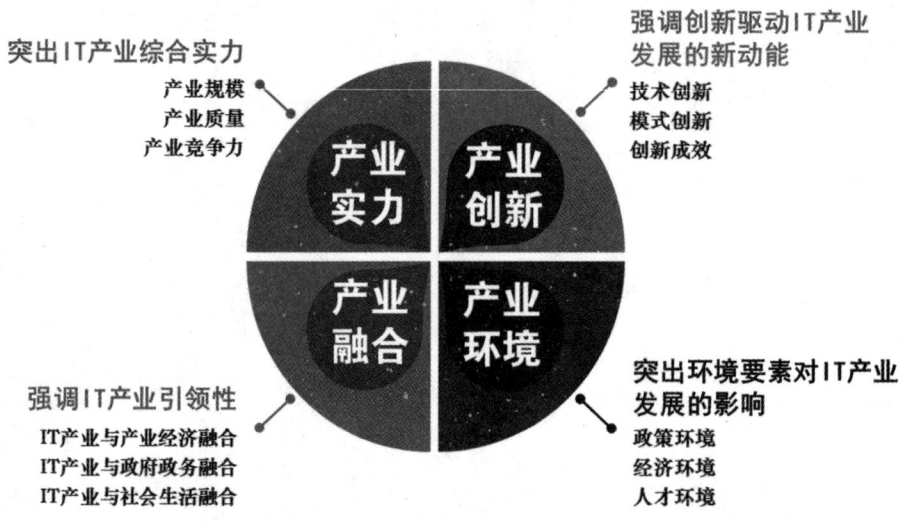

附图 A-1 IT 产业发展评价指标体系

资料来源：国家工业信息安全发展研究中心。

其中，产业实力和产业创新是内生指标，主要用于评价产业本身的发展情况。产业实力主要突出IT产业的综合实力，强调产业的成长性，包括产业规模、质量和竞争力；产业创新从技术创新、模式创新两个方面构建IT产业创新能力，并综合创新成效的效果型指标，强调创新驱动IT产业发展的新动能。产业融合和产业环境是外生指标，主要用于评价IT产业与外部的交互影响。产业融合强调IT产业的引领性，主要考虑IT与产业经济、政府政务、社会生活的融合发展；产业环境突出政策、经济、人才等环境要素对IT产业发展的影响。产业创新和产业环境从供给侧对IT产业发展进行评价，产业实力和产业融合在更大程度上围绕IT产业的需求侧进行评价。

评价模型和方法参考世界经济论坛的竞争力评价，按照IT产业对经济社会的影响，将IT产业发展分为要素驱动、效率驱动和创新驱动3个发展阶段。在不同的阶段，产业实力、产业创新、产业融合和产业环境对IT产业发展的贡献率会有所不同，相应的评价权重也会进行动态调整（见附表A-1）。本报告使用条件广义方差极小法选取了21项三级指标。在数据采集后，对原始数据进行数据趋同化处理和无量纲化处理后计算结果，通过加权求和得出ITII指数。

附表A-1 IT产业发展评价指标权重与发展阶段

权重	阶段				
	阶段1：要素驱动	阶段1向阶段2过渡	阶段2：效率驱动	阶段2向阶段3过渡	阶段3：创新驱动
增加值占比*	<1%	1%~3%	3%~5%	5%~7%	>7%
产业实力	50%	35%~50%	35%	20%~35%	20%
产业创新	15%	15%~20%	20%	20%~25%	25%
产业融合	25%	25%~30%	30%	30%~35%	35%
产业环境	10%	10%~15%	15%	15%~20%	20%

*各阶段划分以IT产业增加值占GDP比重为依据。
资料来源：世界经济论坛，国家工业信息安全发展研究中心。

附录B 2020年中国IT产业十件大事

一、芯片设计进入5nm阶段

2020年10月，华为发布麒麟9000芯片，采用台积电5nm工艺，拥有更强大的5G能力、AI处理能力，以及更强大的CPU和GPU。

二、5G加快建设

2020年，中国建成全球最大5G网络，新增5G基站约58万个，建成共享5G基站33万个，累计建成5G基站71.8万个。实现了5个"全球第一"：全球第一张且规模最大的共建共享5G网络；全球第一个200MHz大带宽高性能5G网络；全球第一张TDD+FDD混合组网的5G网络；全球第一个最大规模5G SA网络；全球第一个5G SA共享网络。

三、在线教育、远程办公、线上活动等应用的需求激增

随着疫情防控的不断深入，远程办公、网络授课、线上求医问药兴起，线上化应用需求猛增，产业服务边界迎来全方位扩延。云办公理念和工作习惯的培养在逐步形成，后疫情时代文档协作、视频会议、云办公等相关细分领域龙头企业或将出现重组。

四、企业数字化进程加速

新冠肺炎疫情使广大中小企业看到了数字化转型、生产智能化、产业链云端协同带来的突出优势，刺激了制造企业业务上云、设备上云、数据上云等需求，加快企业向高端化、智能化转型的步伐。

五、量子计算不断提速

2020年12月，我国科学家宣布成功构建了76个光子的量子计算机"九章"，标志着我国成为世界上第二个实现"量子计算优越性"的国家。目前，中、美、英、俄、日、欧等国家和地区纷纷加快布局，出台各类政策支持量子信息技术的发展。

六、区块链越来越受重视

2020年4月，国家发展和改革委员会首次将"区块链"列入新型基础设施的范围。2020年，各地区块链相关政策达190余项，广东省、山东省、北京市等22个省份出台了区块链专项政策，同比2019年大幅增加。根据国家知识产权局统计，2020年，中国公开的区块链专利数量达10393项。

七、供应链碳中和成为新发展趋势

华为、腾讯、阿里等IT龙头企业加快推动供应链碳中和。华为通过持续的技术创新，提供数字能源解决方案，持续牵引产业链各方共建低碳社会；腾讯成为首批启动碳中和规划的互联网企业之一；蚂蚁供应链在为客户提供一站式包装服务的同时，正尝试联合专业机构为客户提供专业的"碳中和"方案。

八、"软件定义"加速重构汽车行业竞争格局

2020年4月，工业和信息化部正式发布《2020年智能网联汽车标准化工作要点》。2020年是完成智能网联汽车标准体系建设第一阶段目标的收官之年，也是下一阶段工作谋篇布局之年。"软件定义汽车"已经成为产业链头部企业的战略共识。上汽、广汽和长安等企业纷纷与国内互联网企业合作，推出各具特色的相关产品。据麦肯锡预测，未来10年，中国车企将加速向软件公司和数字化转型。

九、企业加速云布局

2020年，在新冠肺炎疫情影响下，在线办公和学习、电子商务、视频、游戏等"宅经济"爆发，直接拉动云计算服务需求。2020年，信息技术服务实现收入49868亿元，同比增长15.2%，增速高出全行业平均水平1.9%，占全行业收入比重为61.1%。其中，云服务、大数据服务共实现收入4116亿元，同比增长11.1%。

十、碳基芯片实现技术突破

以氮化镓、碳化硅为代表第三代半导体应用从小范围应用正在向泛科技产业扩展。中国科学院上海微系统与信息技术研究所研制出的8英寸石墨

烯晶圆已经可以量产,如果能将晶圆进行完美切割,国产芯片或许能够实现"换道超车"。

附录C 2020年中国软件和信息服务业主要指标完成情况

指标名称	本期累计	同比增速/%
企业个数/个	40308	—
软件业务收入/亿元	81616.0	13.3
其中:(1)软件产品收入/亿元	22757.7	10.1
(2)信息技术服务收入/亿元	49867.7	15.2
(3)嵌入式系统软件收入/亿元	1498.2	10.0
软件业务出口/亿美元	7492.3	12.0
利润总额/亿元	478.7	-2.4
从业人员平均人数/万人	704.7	3.1

资料来源:工业和信息化部。

附录D 2020年中国软件和信息技术服务业综合发展指数

指标	本年指数	比2019年上升幅度	贡献率/%
规模效益	136.4	8.4	22.1
技术创新	165.0	12.8	33.8
结构优化	115.0	5.3	12.9
发展环境	120.3	16.0	20.2
支撑服务	147.5	7.0	11.0

资料来源:工业和信息化部。

附录E 2020年通信业主要指标完成情况

指标名称	单位	全年累计	比2019年同期增长/%
电信业务总量(按2019年不变价)	亿元	15032	20.6
电信业务收入	亿元	13564	3.6
其中:固定通信业务收入	亿元	4673	12.0
其中:固定增值业务收入	亿元	1743	26.9

附录

续表

指标名称	单位	全年累计	比2019年同期增长/%
固定数据及互联网业务收入	亿元	2376	9.2
其中：移动通信业务收入	亿元	8891	-0.4
其中：移动数据及互联网业务收入	亿元	6204	1.7
移动短信业务收入	亿元	401	2.4
固定资产投资完成额	亿元	4072	11.0
移动互联网接入流量	亿Gb	1656	35.7
移动短信业务量	亿条	17796	18.1
固定电话主叫通话时长合计	亿分钟	1026	-14.9
移动电话去通话时长合计	亿分钟	22448	-6.2

指标名称	单位	全年到达	比2019年年末净增（+）、减（-）
固定电话用户合计	万户	18191	-913
移动电话用户合计	万户	159407	-728
其中：4G用户	万户	128876	679
其中：移动互联网用户	万户	134852	2999
其中：手机上网用户数	万户	134599	3059
互联网宽带接入用户	万户	48355	3427
其中：xDSL用户	万户	304	-144
FTTH/O用户	万户	45414	3675
其中：100Mb速率以上用户	万户	43463	5074
其中：城市宽带接入用户	万户	34165	2715
农村宽带接入用户	万户	14190	712
IPTV（网络电视）用户数	万户	31515	2120
蜂窝物联网终端用户数	万户	113563	10785
固定电话普及率	部/百人	13	-0.6
移动电话普及率	部/百人	113.9	-0.5

资料来源：工业和信息化部。

附录F 2020年全国电子信息百强企业榜单

排名	企业名称
1	华为技术有限公司
2	联想集团
3	海尔集团公司
4	小米集团

续表

排名	企业名称
5	TCL（集团）
6	四川长虹电子控股集团有限公司
7	比亚迪股份有限公司
8	海信集团有限公司
9	京东方科技集团股份有限公司
10	天能控股集团有限公司
11	中国普天信息产业集团有限公司
12	浪潮集团有限公司
13	中兴通讯股份有限公司
14	超威集团
15	亨通集团
16	紫光集团有限公司
17	杭州海康威视数字技术股份有限公司
18	宁波均胜电子股份有限公司
19	中天科技集团有限公司
20	中国信息通信科技集团有限公司
21	欧菲光集团股份有限公司
22	康佳集团股份有限公司
23	河南森源集团有限公司
24	通鼎集团有限公司
25	中芯国际集成电路制造有限公司
26	舜宇集团有限公司
27	南瑞集团有限公司
28	福建省电子信息（集团）有限责任公司
29	富通集团有限公司
30	歌尔股份有限公司
31	航天信息股份有限公司
32	浙江大华技术股份有限公司
33	上海仪电（集团）有限公司
34	华勤通讯技术有限公司
35	创维集团有限公司
36	晶科能源有限公司
37	天马微电子股份有限公司
38	永鼎集团有限公司
39	联合汽车电子有限公司

续表

排名	企业名称
40	欣旺达电子股份有限公司
41	深圳华强集团有限公司
42	四川九洲电器集团有限责任公司
43	广东德赛集团有限公司
44	同方股份有限公司
45	新华三信息技术有限公司
46	浙江富春江通信集团有限公司
47	闻泰通讯股份有限公司
48	苏州东山精密制造股份有限公司
49	江苏长电科技股份有限公司
50	晶澳太阳能科技股份有限公司
51	万马联合控股集团有限公司
52	合力泰科技股份有限公司
53	上海诺基亚贝尔股份有限公司
54	许继集团有限公司
55	深圳市大疆创新科技有限公司
56	株洲中车时代电气股份有限公司
57	广州视源电子科技股份有限公司
58	广州无线电集团有限公司
59	天津中环半导体股份有限公司
60	陕西电子信息集团有限公司
61	湖北凯乐科技股份有限公司
62	上海星地通通信科技有限公司
63	立讯电子科技（昆山）有限公司
64	上海华虹（集团）有限公司
65	浙江晶科能源有限公司
66	广东生益科技股份有限公司
67	深圳市兆驰股份有限公司
68	阳光电源股份有限公司
69	深圳长城开发科技股份有限公司
70	昆山联滔电子有限公司
71	惠科股份有限公司
72	深圳市泰衡诺科技有限公司

续表

排名	企业名称
73	铜陵精达特种电磁线股份有限公司
74	东方日升新能源股份有限公司
75	普联技术有限公司
76	宁波方太厨具有限公司
77	通光集团有限公司
78	公牛集团股份有限公司
79	深南电路股份有限公司
80	北京智芯微电子科技有限公司
81	华域视觉科技（上海）有限公司
82	安徽天康（集团）股份有限公司
83	深圳传音制造有限公司
84	深圳市三诺投资控股有限公司
85	上海龙旗科技股份有限公司
86	风帆有限责任公司
87	中航光电科技股份有限公司
88	天水华天电子集团股份有限公司
89	曙光信息产业股份有限公司
90	深圳市思贝克集团有限公司
91	中国四联仪器仪表集团有限公司
92	利亚德光电股份有限公司
93	中电太极（集团）有限公司
94	骆驼集团股份有限公司
95	浙江南都电源动力股份有限公司
96	深圳市长盈精密技术股份有限公司
97	深圳市共进电子股份有限公司
98	中国华录集团有限公司
99	中国乐凯集团有限公司
100	长飞光纤光缆股份有限公司

资料来源：中国电子信息行业联合会。

附录 G 2020年度软件和信息技术服务竞争力前百家企业名单

排名	企业名称
1	华为技术有限公司
2	深圳市腾讯计算机系统有限公司
3	阿里巴巴（中国）有限公司
4	北京百度网讯科技有限公司
5	中国通信服务股份有限公司
6	海尔集团
7	京东集团
8	中兴通讯股份有限公司
9	浪潮集团有限公司
10	海信集团有限公司
11	杭州海康威视数字技术股份有限公司
12	网易（杭州）网络有限公司
13	中软国际有限公司
14	北京小米移动软件有限公司
15	国网信息通信产业集团有限公司
16	航天信息股份有限公司
17	南瑞集团有限公司
18	中国信息通信科技集团有限公司
19	软通动力信息技术（集团）有限公司
20	东软集团股份有限公司
21	联通系统集成有限公司
22	宁波均胜电子股份有限公司
23	东华软件股份公司
24	同方股份有限公司
25	亚信科技（中国）有限公司
26	烽火通信科技股份有限公司
27	中国民航信息网络股份有限公司
28	新华三技术有限公司
29	浙江大华技术股份有限公司
30	广州酷狗计算机科技有限公司
31	深圳市大疆创新科技有限公司
32	用友网络科技股份有限公司

续表

排名	企业名称
33	平安科技（深圳）有限公司
34	文思海辉技术有限公司
35	深圳市思贝克集团有限公司
36	成都积微物联集团股份有限公司
37	中国软件与技术服务股份有限公司
38	福建网龙计算机网络信息技术有限公司
39	新大陆科技集团有限公司
40	太极计算机股份有限公司
41	中科软科技股份有限公司
42	神州数码信息服务股份有限公司
43	马上消费金融股份有限公司
44	北京车之家信息技术有限公司
45	佳都集团有限公司
46	北京全路通信信号研究设计院集团有限公司
47	和利时科技集团有限公司
48	深信服科技股份有限公司
49	广州广电运通金融电子股份有限公司
50	深圳天源迪科信息技术股份有限公司
51	中控科技集团有限公司
52	四川九洲电器集团有限责任公司
53	北明软件有限公司
54	北京华宇软件股份有限公司
55	湖南快乐阳光互动娱乐传媒有限公司
56	完美世界股份有限公司
57	恒生电子股份有限公司
58	国电南京自动化股份有限公司
59	北京金山云网络技术有限公司
60	北京易华录信息技术股份有限公司
61	北京搜狗科技发展有限公司
62	北京昆仑万维科技股份有限公司
63	博彦科技股份有限公司
64	卡斯柯信号有限公司
65	广联达科技股份有限公司
66	北京猎豹移动科技有限公司
67	金蝶软件（中国）有限公司

续表

排名	企业名称
68	云南南天电子信息产业股份有限公司
69	石化盈科信息技术有限责任公司
70	瓜子汽车服务（天津）有限公司
71	启明星辰信息技术集团股份有限公司
72	北京久其软件股份有限公司
73	广州海格通信集团股份有限公司
74	江苏润和科技投资集团有限公司
75	讯飞智元信息科技有限公司
76	浙大网新科技股份有限公司
77	中车青岛四方车辆研究所有限公司
78	安克创新科技股份有限公司
79	信雅达系统工程股份有限公司
80	大连华信计算机技术股份有限公司
81	北京天融信科技有限公司
82	北京旋极信息技术股份有限公司
83	北京四维图新科技股份有限公司
84	华云数据控股集团有限公司
85	朗新科技集团股份有限公司
86	中创软件工程股份有限公司
87	中移系统集成有限公司
88	厦门信息集团有限公司
89	厦门吉比特网络技术股份有限公司
90	福州达华智能科技股份有限公司
91	北京智明星通科技股份有限公司
92	银江股份有限公司
93	浙江宇视科技有限公司
94	北京四方继保自动化股份有限公司
95	深圳中琛源科技股份有限公司
96	领航动力信息系统有限公司
97	厦门亿联网络技术股份有限公司
98	武汉天喻信息产业股份有限公司
99	京北方信息技术股份有限公司
100	武汉佰钧成技术有限责任公司

资料来源：中国电子信息行业联合会。

附录 H 2020 年中国互联网综合实力前百家企业

排名	中文名称
1	阿里巴巴（中国）有限公司
2	深圳市腾讯计算机系统有限责任公司
3	美团公司
4	百度公司
5	京东集团
6	网易集团
7	上海寻梦信息技术有限公司
8	北京小桔科技有限公司
9	北京字节跳动科技有限公司
10	腾讯音乐娱乐集团
11	三六零安全科技股份有限公司
12	新浪公司
13	北京五八信息技术有限公司
14	苏宁控股集团有限公司
15	小米集团
16	用友网络科技股份有限公司
17	北京爱奇艺科技有限公司
18	搜狐公司
19	携程集团
20	湖南快乐阳光互动娱乐传媒有限公司
21	武汉斗鱼鱼乐网络科技有限公司
22	北京车之家信息技术有限公司
23	上海基分文化传播有限公司
24	唯品会（中国）有限公司
25	央视国际网络有限公司
26	北京猎豹移动科技有限公司
27	网宿科技股份有限公司
28	芜湖三七互娱网络科技集团股份有限公司
29	同程旅游集团
30	广州华多网络科技有限公司
31	浙江世纪华通集团股份有限公司
32	四三九九网络股份有限公司
33	人民网股份有限公司

续表

排名	中文名称
34	咪咕文化科技有限公司
35	行吟信息科技（上海）有限公司
36	浪潮集团有限公司
37	科大讯飞股份有限公司
38	黑龙江龙采科技集团有限责任公司
39	上海连尚网络科技有限公司
40	东方财富信息股份有限公司
41	拉卡拉支付股份有限公司
42	新华网股份有限公司
43	巨人网络集团股份有限公司
44	广州多益网络股份有限公司
45	北京六间房科技有限公司
46	美图公司
47	贝壳找房（北京）科技有限公司
48	鹏博士电信传媒集团股份有限公司
49	上海东方网股份有限公司
50	上海钢银电子商务股份有限公司
51	深圳市梦网科技发展有限公司
52	北京网聘咨询有限公司
53	上海米哈游网络科技股份有限公司
54	好未来教育科技集团
55	汇通达网络股份有限公司
56	深圳乐信控股有限公司
57	北京昆仑万维科技股份有限公司
58	满帮集团
59	华云数据控股集团有限公司
60	北京趣拿信息技术有限公司
61	前锦网络信息技术（上海）有限公司
62	竞技世界（北京）网络技术有限公司
63	无锡市不锈钢电子交易中心有限公司
64	北京蜜莱坞网络科技有限公司
65	上海二三四五网络控股集团股份有限公司
66	波克科技股份有限公司
67	杭州边锋网络技术有限公司
68	福建网龙计算机网络信息技术有限公司

续表

排名	中文名称
69	二六三网络通信股份有限公司
70	北京光环新网科技股份有限公司
71	深圳市迅雷网络技术有限公司
72	北京世纪互联宽带数据中心有限公司
73	厦门点触科技股份有限公司
74	新中冠智能科技股份有限公司
75	北京农信互联科技集团有限公司
76	成都积微物联集团股份有限公司
77	联动优势科技有限公司
78	汇付天下有限公司
79	深圳市房多多网络科技有限公司
80	上海创蓝文化传播有限公司
81	深圳市创梦天地科技有限公司
82	探探科技（北京）有限公司
83	多点生活（中国）网络科技有限公司
84	广州荔支网络技术有限公司
85	汇量科技集团
86	武汉物易云通网络科技有限公司
87	江苏零浩网络科技有限公司
88	东方明珠新媒体股份有限公司
89	瓜子汽车服务（天津）有限公司
90	北京搜房科技发展有限公司
91	上海识装信息科技有限公司
92	北京五八到家信息技术集团有限公司
93	贵州白山云科技股份有限公司
94	广州趣丸网络科技有限公司
95	驴妈妈旅游网
96	厦门吉比特网络技术股份有限公司
97	海看网络科技（山东）股份有限公司
98	山东世纪开元电子商务集团有限公司
99	浙江华坤道威数据科技有限公司
100	易车公司

资料来源：中国互联网协会。

附录Ⅰ 2020年国外工业信息安全相关重要政策文件

国家/地区	时间	名称	类型	关注重点	主要内容
美国	2020年1月	《网络安全成熟度模型认证（CMMC）1.0版》	部门文件	供应商网络安全	美国国防部发布的该文件对所有国防工业供应商提出了强制性第三方网络安全成熟度认证要求，为国防工业供应商构建了一套体系化网络安全评价标准。该标准将供应商网络安全成熟度由低到高划分为1~5五个等级，第三方评估机构按照认证标准对所有国防供应商进行认证评级，获得相应等级的网络安全认证是供应商获得国防部合同订单为前提条件
	2020年2月	《通过负责任地使用定位、导航与授时服务（PNT）增强国家弹性》	行政令	关键基础设施安全	美国总统签署的该行政令旨在确保在电网、通信、移动设备、交通运输等基础设施获得广泛应用的定位、导航和授时服务（PNT）的中断或操纵不会破坏其关键基础设施的可靠性和有效运行
	2020年2月	《2020—2022年国家反情报战略》	战略文件	关键基础设施安全	美国国家情报总监办公室国家反情报与安全中心公布的该战略列举了美国受外国情报实体打击最大的五个关键领域，包括关键基础设施、核心供应链、经济、民主、网络和技术行动，美国必须投入精力和资源以确保国家安全。战略指出国外情报机构创造性地组合使用传统间谍活动、经济间谍活动、供应链渗透和网络行动，渗入美国关键基础设施，窃取信息、研究、技术和工业机密
	2020年3月	《国家5G安全战略》	战略文件	5G基础设施安全	美国白宫发布的该战略强调美国要与合作伙伴和盟友共同领导全球安全的5G通信基础设施的开发、部署和管理，并提出四项战略措施，分别是：加快美国5G国内部署；评估5G基础设施相关风险并确定其核心安全原则；解决全球5G基础设施开发和部署过程中对美国经济和国家安全的风险；推动负责任的5G全球开发和部署
	2020年5月	《工业控制系统网络安全最佳实践》	指导性文件	工业控制系统安全	美国网络安全和基础设施安全局（CISA）、能源部（DOE）、英国国家网络安全中心（NCSC）联合发布的《工业控制系统网络安全最佳实践》提供了针对工业控制系统（ICS）可借鉴可推广的网络安全实践，通过图表的方式总结了ICS常见的风险考虑因素、短期和长期的网络安全事件影响、保护ICS流程的最佳做法，并重点介绍了NCSC在安全设计原则和运营技术方面的产品

续表

国家/地区	时间	名称	类型	关注重点	主要内容
美国	2020年5月	《确保美国大容量电力系统安全》	行政令	电力系统安全	美国总统发布的该项行政令指出大容量电力系统日益成为恶意网络攻击的目标，禁止美国购买对国家安全造成风险的海外电力设备。能源部长根据该行政令授权设立和发布认定特定设备和供应商的标准，并识别使用中的禁用设备，对这些设备进行监控和替换。该行政令还要求能源部牵头成立关于能源基础设施采购政策的特别工作组。2020年7月8日，美国能源部（DOE）、电力办公室发布了一份信息请求文件（RFI），与其他机构协商制定具体实施规则
	2020年7月	《保护工业控制系统：一体化倡议（2019—2023年）》	战略计划文件	工业控制系统安全	美国国土安全部网络安全和基础设施安全局（CISA）发布的该计划是其五年工业控制系统（ICS）战略，旨在加强产学研协同合作，与行业和政府合作伙伴共同制定计划，集中力量保护ICS和保护关键基础设施。该倡议就工业控制系统安全提出了四项指导建议，包括成立工控安全行业组织——工业控制系统（ICS）社区；针对原有和在建的工业控制系统部署不同的安全举措，提升整体防御能力；强化数据分析和信息共享；强化安全风险识别和预测
	2020年8月	《CISA 5G战略：确保美国5G基础设施安全和韧性》	部门文件	5G基础设施安全	美国国土安全部网络安全和基础设施安全局（CISA）发布的该文件在美国国家5G安全战略的指导下明确了五项战略举措，包括通过强调安全性和弹性来支持5G政策和标准的开发；增强对5G供应链风险的态势感知并采取安全措施；与利益相关方合作，加强和保护现有基础设施，以支持未来的5G部署；鼓励5G市场创新，以培养值得信赖的5G供应商；分析潜在的5G使用案例，共享风险管理策略
	2020年12月	《物联网网络安全改进法案》	法律	物联网安全	美国总统签署的该法案旨在提升物联网（IoT）设备的安全性，要求美国国家标准技术研究院（NIST）制定并发布有关解决与物联网设备开发、管理、配置和修补有关的标准和指南，要求管理和预算办公室（OMB）发布与根据NIST联邦机构指南一致的指导方针，还要求NIST制定并发布有关安全漏洞（包括联邦机构内部使用的IoT设备中的安全漏洞）的报告和披露的指南，要求参与向政府开发和销售物联网产品的承包商和分包商报告漏洞和后续解决方案

附录

续表

国家/地区	时间	名称	类型	关注重点	主要内容
欧盟	2020年1月	《5G网络安全"工具箱"》	指导性文件	5G网络安全	欧盟委员会发布的该"工具箱"基于欧盟成员国对其5G网络基础设施风险评估，结合欧盟现行网络安全框架和措施，提出了战略性和技术性举措，尤其强调过度依赖单一来源5G网络供应商可能导致的安全风险，建议成员国适当组合适用"工具箱"措施，防范安全风险
	2020年3月	《欧洲新工业战略》	战略文件	5G网络安全、网络安全技术	欧盟委员会发布的该战略旨在促进欧洲工业数字化转型，提升其全球竞争力和战略自主性。该战略将强化欧洲工业和战略主权作为三大策略之一，提出欧盟正在开展5G和网络安全方面的工作，还将开发一个关键的量子通信基础设施，希望在未来10年内部署一个基于量子密钥分发技术的端到端的安全基础设施，以保护欧盟及其成员国的关键数字资产。为实现上述目标，战略指出欧盟将开展2019年发布的《5G通信和网络安全建议》的后续行动
	2020年11月	《保护物联网准则》	指导性文件	物联网供应链安全	欧盟网络安全局（ENISA）发布该文件，提出了确保物联网供应链安全的准则，旨在帮助物联网制造商，开发人员，集成商以及与物联网供应链有关的所有利益相关者在构建、部署或评估物联网技术时做出更好的安全决策。该准则建议应将网络安全专业知识进一步整合到组织的各个层面，在产品开发周期的早期阶段发现并解决供应链风险，建议在物联网开发过程的每个阶段都采用"设计安全"，尽早发现设备潜在安全问题
澳大利亚	2020年8月	《2020年网络安全战略》	战略文件	总体网络安全	澳大利亚政府发布的该战略是继澳大利亚《网络安全战略2016》4年规划之后出台的最新网络安全战略，概述了其确保个人、关键基础设施提供商和企业网络安全的策略。按照该战略，澳政府将投资16.7亿美元建立新的网络安全和执法能力，协助行业加强自我保护。该战略包括价值13.5亿美元的网络增强态势感知和响应（CESAR）计划，并从政府、企业和社区3个方面提出了愿景
	2020年9月	《行为准则：保障消费者物联网安全》	指导性文件	物联网安全	澳大利亚政府发布的该行为准则旨在为业界提供有关设计具有网络安全功能的物联网设备的最佳实践指南，适用于在澳大利亚连接到互联网收发数据的所有物联网设备，包括智能冰箱、智能电视、婴儿监视器和安全摄像机等日常设备。该准则为物联网设备的制造商提供了13条行为准则以提升物联网设备的安全性

续表

国家/地区	时间	名称	类型	关注重点	主要内容
加拿大	2020年8月	《物联网设备制造商隐私指南》	指导性文件	物联网安全	加拿大隐私事务专员办公室发布的该指南规定了物联网设备制造商生产或设计的带有嵌入式传感器的设备收集个人信息方面的合规性，明确制造商在保护个人隐私方面的责任，建议将隐私影响评估作为产品开发的一部分，并强调制造商有义务采用加密等技术保护措施来保护个人信息
新加坡	2020年10月	《新加坡安全网络空间总蓝图》	战略文件	运营技术（OT）系统安全	新加坡副总理在2020年新加坡国际网络周开幕式上发布的新加坡安全网络空间总蓝图以新加坡2016年网络空间安全战略为基础，重点内容包括确保核心数字基础设施安全、保护网络空间活动、增强民众网络安全实践应用能力等。总蓝图指出新加坡将组建一个由国际专.家组成的OT网络安全专家小组，针对OT领域迅速发展带来的安全威胁与挑战提出相关建议

资料来源：国家工业信息安全发展研究中心整理。

参考资料

1. Gartner, Gartner Market Databook 3Q20 Update, 2020 年 10 月。
2. Gartner, A Guide to Distributed Cloud: The Next Frontier of Cloud Computing, 2020 年 11 月。
3. IDC,《全球智能手机跟踪报告》,2020 年 10 月。
4. IDC,《全球智能网联汽车预测报告(2020—2024)》,2020 年 11 月。
5. IDC, Worldwide Blockchain Spending Guide(2020V2), 2020 年 8 月。
6. WSTS, Semiconductor Market Forecast Autumn 2020, 2020 年 12 月。
7. Dell'Oro,《2020 年第三季度全球整体电信设备市场报告》,2020 年 12 月。
8. IDC, Worldwide Big Data and Analytics Spending Guide(2020V2), 2020 年 8 月。
9. 国家工业信息安全发展研究中心,《我国软件产业竞争力与发展思考》,2019 年 8 月。
10. 国家工业信息安全发展研究中心,《我国自主软件产业生态构建及对策研究》,2020 年 3 月。
11. 中国电子技术标准化研究院,《中小企业数字化转型分析报告(2020)》,2020 年 7 月。
12. 央视网,《工业互联网加速中国新型工业化进程》,2021 年 1 月。
13. 工信微报,《全面开启数字经济新时代——"十三五"工业互联网发展回眸》,2020 年 10 月。

14. 人民网，《我国建成全球最大 5G 网络》，2020 年 12 月。
15. 工业和信息化部，《〈工业互联网标识管理办法〉解读》，2020 年 12 月。
16. 毕马威，《2020 年中国内地和香港 IPO 市场回顾及 2021 展望》，2020 年 12 月。
17. 美国国务院，《关键与新兴技术国家战略》，2020 年 10 月。
18. 美国白宫国家量子协调办公室，《美国量子网络战略愿景》，2020 年 2 月。
19. 美国白宫，《2022 财年美国研发预算优先事项》，2020 年 8 月。
20. 欧盟委员会，《塑造欧洲数字未来》，2020 年 2 月。
21. 欧盟委员会，《欧洲新工业战略》，2020 年 3 月。
22. 日本经济产业省，《产业技术远景 2020》，2020 年 5 月。
23. 日本总务省，《6G 综合战略计划纲要》，2020 年 4 月。
24. 日本政府，《统合创新战略 2020》，2020 年 7 月。
25. 国际数据公司，《2020 年中国工业云市场——内外兼修，协同发展》，2020 年 12 月。
26. 人民网，《我国建成全球最大 5G 网络》，2020 年 12 月。
27. 工业和信息化部，《〈工业互联网标识管理办法〉解读》，2020 年 12 月。
28. 德勤，《2020 年中国内地及香港 IPO 市场回顾与 2021 年前景展望》，2020 年 12 月。
29. 毕马威，《2020 年中国内地和香港 IPO 市场回顾及 2021 展望》，2020 年 12 月。

编者的话

《中国 IT 产业发展报告（2020—2021）》对 2020 年度中国 IT 产业总体发展情况进行了评价，并以新形势、新体系、新生态、新动能、新模式、新格局为视角对产业发展进行了深入分析。简版报告已经在"第四届数字中国建设峰会"上向参会嘉宾、媒体和观众进行了介绍。

本报告的策划、编写和审定由李颖主持完成。赵岩担任编写组组长，黄鹏、高晓雨担任副组长。申畯、褚玉妍负责全书的统稿和校对工作。

本报告的编者及分工如下：

第一章：褚玉妍、申畯、陈倩倩。

第二章：王宏洁、马瑞敏、王慧娴、闫寒、李晓婷、李端、殷利梅、郑磊、路广通。

第三章：李宏宽、马瑞敏、王慧娴、申畯、孙倩文、徐杰。

第四章：陈倩倩、胡思洋、王宏洁、王丽颖。

第五章：王慧娴、申畯、于金平、褚玉妍。

第六章：申畯、胡思洋、陈倩倩、王慧娴、李宏宽、王宏洁。

附录：陈倩倩、申畯、王丁冉。

在本报告的编写过程中，邬贺铨（中国工程院院士）、高新民（中国互联网协会常务副理事长）、宫亚峰（国家信息技术安全研究中心原副总工）、常利民（工业和信息化部科技司原副巡视员）、石峰（国家信息技术安全研究中心研究员）等众多专家给予了悉心指导，并提出了宝贵的意见和建议。焦建彬、王大伟、轩运动对本报告中的应急管理相关内容提供了技术支持，杨志锋对本报告编写工作提供了帮助。电子工业出版社对本报告的出版给予了大力支持,在承担繁重的编辑任务的同时,还对本报告提出了许多中肯的意见,在此一并表示衷心的感谢。

《中国 IT 产业发展报告(2020—2021)》编写组

2021 年 9 月